Arnold Christians

Off-Road-Fahrschule

Arnold Christians

OFF-ROAD FAHRSCHULE

DER SICHERE UMGANG MIT GELÄNDEWAGEN, SUV & CROSSOVER

HEEL

HEEL Verlag GmbH
Gut Pottscheidt
53639 Königswinter
Telefon 0 22 23 / 92 30-0
Telefax 0 22 23 / 92 30 26
Mail: info@heel-verlag.de
Internet: www.heel-verlag.de

Verantwortlich für den Inhalt: Arnold Christians
Lektorat: Jost Neßhöver

Satz und Gestaltung: Huwer-Design, Hürth

Printed in Slovenia

ISBN: 978-3-95843-702-9

A On-Road – Simple Tricks fürs sichere Fahren auf der Straße...... 16

B Technisches Grundwissen 28

N Extra-Infos – Interessantes rund ums Hobby Geländewagen 220

Vorwort

Wo alle Straßen enden, beginnt der Reiz, mit perfektem Fahrkönnen, souveräner Technikbeherrschung und eigener Erfahrung sicher und ohne Schaden das Ziel zu erreichen.

Walter Röhrl hat es einmal so definiert: „Autofahren heißt Kräfte übertragen." Es kann namentlich im Gelände recht schwierig sein, immer genügend Kraft auf den Boden zu bringen, um auf unterschiedlichsten Untergründen nicht steckenzubleiben.

Alle in diesem Buch gemachten Angaben zu Fahrtechniken und die Darstellungen spiegeln die Erfahrung des Autors wider und sind keine Dogmen, an die man sich sklavisch halten muss. Es sollen lediglich die vom Autor erprobten und sicheren Fahrtechniken dargestellt werden.

Zur Benutzung dieses Buches: Das sehr differenzierte Inhatsverzeichnis enthält auf den ersten Blick sehr viele Abschnitte: Das dient der Auffindbarkeit auch des individuellsten Problems. In der Praxis hilft natürlich der ganzheitliche Ansatz: Alles ist da irgendwie mit allem verknüpft, und DAS typische Gelände gibt es sowieso nicht!

Für den Fall der Fälle dient das Kapitel über Notreparaturen. Da geht es vor allem darum, das Fahrzeug wieder so fahrtüchtig zu machen, dass sich zumindest die nächste Oase oder Stadt erreichen lässt.

Und schließlich gilt: Das Wichtigste im Gelände ist und bleibt das Auge des Fahrers. Nur wer vorausschauend und sehr aufmerksam fährt, erkennt Gefahren frühzeitig und wird imstande sein, sie zu umfahren oder rechtzeitig zu halten.

Nicht zuletzt deshalb heißt die wichtigste Regel im Gelände: „So langsam wie möglich, so schnell wie nötig!"

Die Ratschläge und Tipps für den Umgang mit dem Geländewagen sind vom Autor sorgfältig erwogen und geprüft worden. Es kann dennoch keine Garantie für deren Gesetzmäßigkeit übernommen werden.

Auf das Einhalten aller geltenden Gesetze und Vorschriften wird hier ausdrücklich hingewiesen.

Selbstverständlich erhebt der Autor keinen Anspruch auf Vollständigkeit.

Das Fahren abseits aller Straßen birgt auch bei der Einhaltung aller im Buch beschriebenen Fahrtechniken immer noch ein Restrisiko für Mensch und Maschine.

Einige Tipps für den Not-und Pannenfall beinhalten Maßnahmen, nach deren Umsetzung das Fahrzeug unter Umständen nicht mehr den Regeln der Straßenverkehrszulassungsordnung entspricht. Bevor Sie also wieder am Straßenverkehr teilnehmen wollen, muss das Fahrzeug entsprechend instandgesetzt sein.

Mit dem Begriff Geländewagen sollen in diesem Buch auch die Fahrzeuge der Gattung SUV und Crossover angesprochen werden.

Eine Haftung des Autors und des Verlages für Personen-, Sach-, Vermögens- oder sonstige Schäden ist ausdrücklich ausgeschlossen!

Zum Autor

Arnold Christians, Jahrgang 1965, hat nach dem Studium des Bauingenieurwesens einige Zeit ein Bauunternehmen geführt und dabei den Bezug zu Geländewagen erhalten. Anfang 1993 kaufte er seinen ersten Land Rover. Gleich darauf begann er mit großem Erfolg, an diversen Trial-Veranstaltungen im norddeutschen Raum teilzunehmen. Über eine Expedition nach Libyen, mehrfache Sahara-Rallyeteilnahmen (einmal dritter Gesamtsieger sowie diverse Klassensiege), Rallye-Organisation und das Führen von Touristengruppen mit eigenen Geländewagen durch die Sahara führte sein Weg 1998 zur Gründung der Firma OFF-TEC.

OFF-TEC richtet für Autohäuser und -hersteller Off-Road-Veranstaltungen und Fahrtests aus sowie weitere Events und Geländewagen-Fahrschulen. Auch für andere Event-Firmen ist Arnold Christians als Instruktor („Off-Road Moderator") im gesamten Bundesgebiet tätig. Regelmäßig finden unter seiner Leitung Geländewagen-Fahrschulen für Anfänger und Fortgeschrittene in Off-Road-Geländen statt.

Arnold Christians sammelte weitere Erfahrung bei Wettbewerben wie Trial- und Trophy-Veranstaltungen, Land Rover Experience 2001, Endausscheidung in Wülfrath, zweiter Platz bei der Nissan Off-Road Challenge 2003 sowie diversen Fahrsicherheitstrainings. Seit einigen Jahren ist er lizensierter Geländewagen-Fahrtrainer für den Geländefahrsicherheits-Grund- und Aufbaukurs. Seit 1994 Mitglied im Deutschen Land Rover Club.

Warum dieses Buch?

Die Gattung der SUV- und Crossover-Fahrzeuge erlebt seit Jahren ein Zulassungshoch nach dem anderen. 2016 gab es allein in Deutschland 86 Modellreihen – ohne Crossover. Der Marktanteil von rund 25 Prozent zeigt, dass Geländewagen, SUV und Crossover (in der Statistik zusammengefasst) immer wichtiger werden, zuletzt mit Platz drei in der Zulassungsstatistik hinter Kompaktklasse und Kleinwagen.

Da es auf dem deutschen Markt kaum eine Handvoll Bücher gibt, die sich mit dem Thema Off-Road-Fahren beschäftigen, habe ich mich an ein möglichst umfassendes Buch gemacht, das markenunabhängig alles zum Thema anschaulich erklärt, zur Schulung dient und Hilfe in vielen Fragen gibt. So gehört sogar das Kapitel „Fahren On-Road" dazu, denn vor dem Off-Road kommt das On-Road!

Selbst für erfahrene Off-Roader hält dieses Buch noch Neues und Wissenswertes bereit und bietet neue Denk-ansätze fürs sichere Fahren abseits aller Straßen. Einen guten Geländewagen und Ausrüstung kann sich jeder kaufen. Wer im Gelände weiter- und ankommen will, benötigt jedoch Fähigkeiten, die sich nur durch häufiges Üben und genaue Geländebeurteilung erwerben lassen. Dabei helfen finanzielle Mittel nicht immer weiter.

Dieses Buch hilft nicht, die Rallye Dakar zu gewinnen, wohl aber, Ziele zu erreichen – ohne, dass der Gelände-wagen in seine Einzelteile zerfällt!

Viel Spaß und allzeit „Achs- und Differenzial-Bruch".

Arnold Christians, im Sommer 2018

Geradeaus, eben, asphaltiert – auch fürs Gegenteil vom Off-Road-Fahren gibt es wertvolle Tipps.

On-Road
Simple Tricks fürs sichere Fahren auf der Straße

Die Sitzposition

Die Sitzposition in einem Geländewagen unterscheidet sich grundsätzlich von der in einem Sportwagen. Der größte Unterschied ist die aufrechte Sitzposition. Sie bietet bessere Übersicht über das Fahrzeug und macht das vorausschauende Fahren erst möglich.

Eine gute und richtige Sitzposition hat direkten Einfluss auf die Fahrsicherheit, aufs eigene Fahrkönnen und somit aufs Handling des Geländewagens. Und das geht so: Treten Sie das Kupplungspedal durch. Es muss noch eine Beugung im Kniegelenk zu erkennen sein. Das ist etwa bei einem Unfall von enormer Bedeutung. Sollte das Bein durchgestreckt sein, sind Verletzungen in Knie und Hüftgelenk programmiert. Leicht gebeugt, kann das Knie beim Aufprall weiter einknicken und das Bein aus dem Weg nehmen.

Zur perfekten Sitzposition zählt natürlich auch die Stellung der Rückenlehne. Sie sollte möglichst steil stehen, was bei einem Unfall das Durchrutschen (Durchtauchen) unter dem Beckengurt verhindern hilft.

Tipp: Durch die steilere Stellung der Rückenlehne kommen Sie auch besser an das Lenkrad, der Handballen sollte den oberen Kranz des Lenkrades berühren, während die Schulterblätter noch Kontakt zur Rückenlehne haben.

*Gute Sitzposition: Aufrecht, leichte Beugung
im Kniegelenk, Arme angewinkelt*

Die Höhenverstellung des Sicherheitsgurtes

Was immer wieder vergessen wird, ist die Höhenverstellung des Sicherheitsgurtes. Nur wenn der Sicherheitsgurt optimal eingestellt ist, kann er seiner Schutzfunktion auch voll gerecht werden. Der obere Verstellbereich des Gurt-Umlenkpunktes sollte noch unterhalb der Schulter liegen. Überschlägt sich das Auto im schlimmsten Fall, wird man nicht aus dem Sitz gehoben.

Der Gurt hält über den oberen Umlenkpunkt die Fahrzeuginsassen im Sitz. Liegt der Umlenkpunkt oberhalb der Schulter, werden die Fahrzeuginsassen bis zu diesem Punkt aus dem Sitz gehoben und zwischen Fahrzeugdecke und Sitz im Rhythmus des Überschlages hin- und hergeschleudert. Jeder kann sich vorstellen, dass das nicht ohne Verletzungen ablaufen wird. Eine Ausnahme von dieser Regel gibt es, wenn eine Verletzung oder sonstige medizinische Gründe gegen diese Einstellung des Gurts sprechen.

Selbst ambitionierte Rallyefahrer beachten oft diesen Grundsatz nicht! Meist werden gute und teure Hosenträgergurte ins Fahrzeug eingebaut wie sichere 4-Punkt-Gurte mit 3"-Schultergurten. Der Anschlagpunkt für den oberen Schulterbereich wird dann aber oft leider weit entfent im Heck montiert. Der Effekt im Falle eines Überschlags ist der gleiche wie der oben geschilderte. Ein Hosenträgergurt muss direkt hinterm Sitz verankert sein. Das setzt allerdings, wenn es perfekt sein soll, Sport- oder Schalensitze mit Gurtführung durch die Lehne voraus. Der Gurtverlauf zwischen Kopfstütze und Rückenlehne ist eher gefährlich.

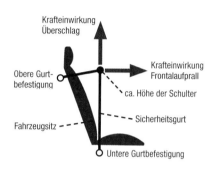

Richtig anschnallen: So wirken die Kräfte beim Unfall.

Der häufige Auffahrunfall spielt sich so ab:
▶ Das Fahrzeug trifft auf das Hindernis,
▶ die Insassen bewegen sich nach dem Aufprall nach vorn und belasten den Gurt, und erst
▶ nach dem Ende der Gurtelastizität und der „Gurtlose" kommt es zum maximalen Zurückhalten durch den Sicherheitsgurt.

Nur wenn die auf den Körper einwirkenden Kräfte möglichst „exakt" in den Sicherheitsgurt eingeleitet werden, ist die körperliche Belastung am geringsten. Das bedeutet, dass bei einem Auffahrunfall die obere Schultergurtbefestigung möglichst parallel, also auf gleicher Höhe (eher etwas tiefer) mit der Schulter liegen sollte. Das Gleiche gilt beim Überschlag: Da sollte sich die untere Gurtbefestigung möglichst in einer vertikalen Linie mit der Schulter befinden.

Dieses gilt es stets zu bedenken, wenn Sicherheitsgurte in einem Fahrzeug eingestellt oder eingebaut werden. Also: Immer möglichst kurze Wege zu den Gurtbefestigungen am Fahrzeug!

Tipp: Nur der unterste Umlenkpunkt der Sicherheitsgurthöhenverstellung garantiert eine sichere Sitzposition im Falle eines Überschlags.

Gefahr durch dicke Jacken

Wer sich im Winter in molliger Daunenjacke hinters Lenkrad setzt, gefährdet aufgrund des nicht optimal eng anliegenden Sicherheitsgurtes seine Gesundheit. Über der dicken Jacke sitzt der Gurt im unteren Bereich des Beckens nicht perfekt. Bei einem Unfall kann er tief in den Bauch einschneiden und schwerste innere Verletzungen verursachen. Durch die Jacke hat der Gurt großen Abstand zum Körper. Der wird beim Aufprall weit nach vorn geschleudert und dann abrupt gestoppt.

Tipp: Vor Fahrtantritt sollten Sie die Jacke ausziehen und den Sicherheitsgurt festziehen. Dessen unterer Teil soll die Hüftknochen eng umschließen.

Nicht zu vergessen: die Kopfstützen

Ein riesiges Sicherheitsplus sind Kopfstützen. Um Halswirbelverletzungen (Schleudertrauma) beim Auffahrunfall zu vermeiden, sollten sie hoch genug eingestellt sein. Selbst bei einem leichten Unfall wird man aus dem Sitz gehoben. Damit der Kopf beim Zurückschlagen noch auf die Kopfstütze trifft, sollte die Oberkante auf Scheitelhöhe sein. Beim Einstellen der Kopfstützen muss zusätzlich darauf geachtet werden, dass zwischen Hinterkopf und Kopfstütze höchstens die flache Hand passt.

Tipp: Achten Sie darauf, dass auch alle rückwärtigen Sitzplätze mit ausreichend verstellbaren Kopfstützen ausgestattet sind!

Das Einstellen der Außenspiegel

Ist das richtige Einstellen der Spiegel heutzutage wirklich noch ein Thema? Leider ja! Es ist im alltäglichen Straßenverkehr immer wieder zu beobachten, dass Autofahrer sich am Lenkrad aus dem Sitz ziehen, um den rückwärtigen Verkehr etwa beim Überholen zu beobachten. Diagnose: falsch eingestellter Außenspiegel.

Aber was muss man im linken und im rechten Spiegel überhaupt sehen? Als erstes soll der Außenspiegel Orientierungshilfe sein. Wenn Sie in normaler Haltung sitzen, sollten Sie nur durch Drehen der Augen – und nicht des gesamten Kopfes – einen kleinen Teil der hinteren Kante des Geländewagens sehen können. Werden sie überholt, können sie Geschwindigkeit und Abstand des Überholenden dank des „Maßstabs" Autoaußenkante leichter einschätzen.

Fahren sie einen SUV oder Geländewagen mit großen Spiegeln, sollten die so stehen, dass Sie auch einen kleinen Teil des Hinterreifens sehen können. Sie müssen beim Rückwärts-Einparken zwar etwas aus dem Sitz heraus, haben so aber eine gute Orientierungshilfe.

Diese Spiegeleinstellung ist auch Off-Road etwa in Spurrinnen von enormer Bedeutung. Nur so können Sie beim Fahren über spitze Steine verhindern, dass die hinteren Reifen aufgeschlitzt oder beschädigt werden. Die meisten Reifenpannen erleiden Geländefahrer an der Hinterachse, weil die nicht im Sichtfeld des Fahrers liegt.

Der Innenspiegel sollte das Sichtfeld links hinter dem Fahrzeug abdecken. Ein überholendes Auto sollte nahtlos vom Innenspiegelblick in den des linken Außenspiegels rollen.

Tipp: Mit jedem Wechsel des Fahrzeugs oder der Sitzposition müssen auch alle Spiegel wieder neu ausgerichtet werden. Nehmen Sie sich die Zeit zu Ihrer eigenen Sicherheit!

Die Vollbremsung oder Panikbremsung

Wussten Sie, dass für eine echte Vollbremsung auf trockener Straße ein Pedaldruck von 80 bis 100 kg aufgebracht werden muss? Mit der richtigen Sitzposition ist das kein Problem.

Aber was heißt eigentlich Vollbremsung? Sie verdient ihren Namen, wenn alle Reifen, die mit der Fahrbahn Kontakt haben, auch blockieren. Im Normalfall reicht das „normale" Fahrkönnen gerade aus, die Vorderräder zum Blockieren zu bringen, es ist dann jedoch ein noch deutlich höherer Pedaldruck nötig, bis auch die Hinterräder blockieren. Wer es nicht glaubt, möge es auf einem Verkehrsübungsplatz oder einem großen freien Parkplatz einmal üben. Eine zweite Person beobachtet die Hinterräder. Die Vollbremsung ist Übungssache und enorm wichtig!

Tipp: Sollten Sie zur Panikbremsung gezwungen sein, etwa durch ein plötzlich auftauchendes Hindernis, fixieren Sie es niemals mit den Augen! Suchen Sie stattdessen nach einer Umfahrungsmöglichkeit und behalten Sie die im Auge! Es gibt eine einfache, aber ganz wichtige Regel im Straßenverkehr: „Dort, wo ich hinsehe, fahre ich auch hin."

Achtung: Bei heftigen Lenkradbewegungen kann sich das Fahrzeug aufschaukeln. Zum Abfangen des Fahrzeugs siehe den übernächsten Abschnitt.

Der Gegenverkehr hat Vorfahrt

Stellen Sie sich folgende alltägliche Situation vor: Sie wollen nach links in eine Straße abbiegen, müssen aber wegen Gegenverkehrs warten. Achten Sie jetzt auf die Stellung Ihrer Vorderräder: In den meisten Fällen zeigen diese bereits in die einzufahrende Straße. Sollte Ihnen in dieser Situation ein Fahrzeug ins Heck fahren, was bei 80 % aller innerstädtischen Auffahrunfälle der Fall ist, werden sie in den Gegenverkehr gedrückt. Auch mit der schnellsten Reaktion wäre der Unfall unvermeidlich. Die Unfallfolgen kann sich jeder selber ausmalen.

Tipp: Nie mit eingeschlagenen Vorderrädern an einer Abzweigung oder Kreuzung warten.

Das Aufschaukeln des Geländewagens

Ein Geländewagen mit der Höhe von zwei Metern und einer Bauchfreiheit von vielleicht 35 Zentimetern wird bei einem abrupten Ausweichmanöver wie dem berühmten „Elchtest" aufschaukeln. Nach nur zwei abrupten entgegengesetzten Lenkradbewegungen (einmal nach links und einmal nach rechts) ist das Aufschaukeln bereits in vollem Gange. Ein Teufelskreis bildet sich, denn nach jeder Lenkbewegung muss mit der nächsten die vorherige wieder korrigiert werden.

Besonders auf schmalen Straßen ist das gefährlich und überfordert Untrainierte. Gerade Fahranfänger fallen in der völlig unbekannten Situation in Schreckstarre und können nicht handeln. Sie gehen dann nicht vom Gas und bremsen auch nicht, sondern versuchen, durch instinktives Lenken das Fahrzeug wieder einzufangen – wodurch sich das Aufschaukeln erheblich verschlimmert.

Im Slalom wird das Aufschaukeln provoziert.

Wer jetzt kein ESP (Elektronisches Stabilitätsprogramm) oder vergleichbare technische Hilfsmittel hat, wird sich von der Straße drehen. Doch es bleiben zwei Möglichkeiten: Kräftig Gas geben – das wirkt aber nur bei ausreichend starkem Motor – oder vollbremsen. Die Vollbremsung ist meist die sicherste, weil einfachste Möglichkeit. Sie sollte kurz aber heftig sein (siehe Abschnitt „Die Vollbremsung …"). Dieser kurze Bremsimpuls stellt sofort die Richtungsstabilität wieder her. Grundvoraussetzung sind allerdings funktionsfähige Stoßdämpfer.

Die Vollbremsung rettet Sie auch aus folgender nicht seltener Situation: Sie nehmen eine Autobahnausfahrt mit zu hohem Tempo und merken, dass die Reifen den „Grip" verlieren und der schwere Geländewagen in Richtung Grünfläche rutscht. Jetzt heißt es: „Vollbremsen, so lange es noch geht!" Kurz vor dem Verlassen der Straße runter von der Bremse, etwas Gas geben und in die Kurve einlenken.

Tipp: Wer diese Situation theoretisch schon einmal durchgespielt hat, hat es später in der Praxis leichter.

Das Abkommen von der Fahrbahn nach rechts

Häufig ist von Unfällen zu lesen, bei denen ein Fahrzeug auf gerader Strecke mit dem Gegenverkehr kollidiert ist. Wie kommt es dazu, vor allem, wenn es im Polizeibericht dazu heißt: „Abkommen von der Fahrbahn nach rechts"?

Sollte es Ihnen passieren, dass Sie durch eine Unachtsamkeit nach rechts von der Fahrbahn abkommen und im weichen Fahrbahnseitenraum (Bankett) landen, versuchen sie NICHT wie die meisten Autofahrer durch schlagartiges Linkslenken ihren schweren Geländewagen wieder auf die Straße zu bekommen. Dessen Reifenprofil ist da längst mit Erdreich zugeschmiert, und die Vorderräder finden nicht gleich Halt an der Fahrbahnkante.

Die meisten werden also instinktiv noch weiter nach links einlenken – bis die Vorderreifen tatsächlich greifen und der Wagen unkontrolliert über die Straße in den Gegenverkehr schießt. Ein kurzes Glück herrscht, wenn gerade kein Gegenverkehr kommt. Leider muss dann wieder schlagartig nach rechts gelenkt werden, was zur Folge hat, dass selbst die besten Anti-Schleuder-Programme nichts mehr ausrichten können.

Tipp: Natürlich gibt es für den besonnenen Fahrer eine Lösung: Kommen Sie nach rechts von der Straße ab, geraten die Reifen in den weichen Boden und lassen das Erdreich lautstark in die Radkästen prasseln. Sie werden trotz der ungewohnten Geräuschkulisse nicht in Panik verfallen, sondern halten das Lenkrad gerade, bremsen sanft und treten NICHT die Kupplung. Keine Angst vor Leitpfosten – die schwarzweißen Kunststoffpfähle brechen unter Ihrem Geländewagen ab. Hat sich die Geschwindigkeit deutlich verringert, können sie gefahrlos wieder auf die Straße lenken, und werden nicht auf die Titelseite der Lokalzeitung kommen sondern höchstens anonym als Randnotiz wegen „verschmutzter Fahrbahn" auftauchen.

Weichplastik-Hohlkörper: der Leitpfosten

Auskuppeln in der Kurve?

Wer einen Geländewagen mit Automatikgetriebe besitzt, kann zum nächsten Abschnitt wechseln, hier aber trotzdem etwas lernen. Selbst sehr erfahrene Fahrzeuglenker sind immer wieder zu beobachten, wie sie beim Abbiegen das Kupplungspedal treten, selbst in Autobahnausfahrten. Wird aber der Motor vom Getriebe abgekoppelt, verändert sich die Fahrphysik gravierend. Wer das ausprobieren möchte, sollte mit 30 km/h zwei bis drei Kreisrunden fahren und dann plötzlich die Kupplung treten. Das Fahrzeug wird sofort instabil und bricht aus.

Tipp: Deshalb niemals mit getretenem Kupplungspedal durch eine Kurve fahren oder auch „nur" abbiegen. Was nützt die modernste Technik wie ESP oder ASR, wenn sie im Notfall nicht regelnd und helfend eingreifen kann!

Bremsen und Ausweichen

Die Vollbremsung haben Sie kennengelernt. Jetzt geht es ums richtige Ausweichen.

Stellen Sie sich folgende Alltagssituation vor: Sie fahren innerorts auf gerader Straße. Ein Fahrzeug kommt von rechts aus einer Seitenstraße und nimmt Ihnen die Vorfahrt. Trotz Vollbremsung reicht der Bremsweg nicht aus. Der andere hat seinen Fehler bemerkt und gestoppt, blockiert aber Ihren Fahrstreifen, Sie müssen nach links ausweichen.

Fahrzeuge mit ESP können ohne größere Probleme nach links ausweichen und anschließend wieder nach rechts zur eigentlichen Fahrspur lenken. Es darf auch mit ESP auf keinen Fall die Kupplung getreten werden, das Fahrverhalten des Geländewagens ändert sich dramatisch, weil das System nicht mehr über die Motorsteuerung eingreifen kann. Bleibt die Bremse beim Ausweichen voll getreten, kann das ESP auch nicht korrekt arbeiten, da es übers ABS-System gesteuert wird. Besser ist es, die Bremse beim Ausweichen etwas zu lösen.

Sicherlich sehr viel Theorie, aber besser einmal durchgedacht und anschließend erinnert, als die Augen vor einem der häufigsten innerstädtischen Unfalltypen zu verschließen.

Übung: Vollbremsen mit anschließendem Ausweichen

Fahrzeuge ohne ESP sind schwerer abzufangen und schaukeln sich sehr schnell auf. Das erfordert etwas mehr Fahrkönnen. Auch hier weichen wir nach links aus, machen dann aber eine sehr kurze Vollbremsung, lösen die Bremse sofort wieder, lenken nach rechts und kurz geradeaus, machen wieder eine sehr kurze Vollbremsung und können anschließend wieder auf unsere rechte Spur einlenken. Die sehr kurzen Vollbremsungen haben nur einen Zweck: Sie sollen das Aufschaukeln des hohen und schmalen Geländewagens verhindern. Voraussetzung sind wieder einwandfrei funktionierende Stoßdämpfer! Diese Übung wird in den Fahrsicherheitstrainings oft als „Bremshaken" bezeichnet.

Das vorausschauende Fahren

Vorausschauend fahren Sie sicherer, durch das höhere Sitzen im Geländewagen fällt es Ihnen auch leichter, weiter nach vorn zu sehen. Die meisten Autofahrer auf Autobahnen, Bundes- oder Landstraßen fixieren nur das Heck des direkt vorausfahrenden Fahrzeugs. Sie reagieren also immer erst dann, wenn der Vordermann bremst. So werden bei einer Vollbremsung wertvolle Zeit und damit Meter verschenkt. Nur wer weit nach vorne schaut, erkennt Gefahren wesentlich früher – und kann auch besser die Fahrspur halten.

Ein Beispiel für vorausschauendes Fahren: Ein Autofahrer hält an der Einmündung einer Nebenstraße und möchte auf Ihre vorfahrtberechtigte Straße einbiegen. Sie sollten jetzt auf den Fahrer achten, ob er Sie auch sieht. Wenn Sie feststellen, dass der Fahrer gerade zur anderen Seite blickt, bleiben Sie bremsbereit, er könnte losfahren, ohne Ihr Fahrzeug zu bemerken.

Vorausschauendes Fahren bedeutet auch, möglichst weit in Kurven hineinzusehen. Ist die Kurve frei von Hindernissen befahrbar oder wird sie in ihrem Verlauf immer enger?

Wie sieht es bei Ihnen mit den Rückspiegeln aus? Auch das ist vorausschauendes Fahren: immer zu wissen, was von hinten kommen kann. Nur wer weiß, welche Fahrzeuge hinter ihm herfahren, wird auch von einem lauten Motorrad, das mit hoher Geschwindigkeit überholt, nicht überrascht! Zur Erinnerung: Die Rückspiegel sind dann korrekt eingestellt, wenn sie sich aus dem Augenwinkel beobachten lassen.

Was bedeutet eigentlich Geländewagen oder SUV?

Geländewagen
Geländewagen sind Automobile zum Befahren von schwierigem Gelände abseits asphaltierter Straßen. Sie zeichnen sich meist durch folgende Merkmale aus:
- ▶ höhere Bodenfreiheit, mindestens 20 cm
- ▶ kurze Karosserieüberhänge vorn wie hinten
- ▶ Rahmenbauweise, auch Leiterrahmen genannt
- ▶ Allradantrieb, permanent oder zuschaltbar
- ▶ untersetztes Getriebe (Getriebereduktion)
- ▶ Differenzialsperre, meist Mitteldifferenzial, teilweise gegen Aufpreis Achsdifferenzialsperren
- ▶ verschränkungsfähiges Fahrwerk
- ▶ robuste Starrachsen
- ▶ größere Räder, meist 16 Zoll, gröberes Reifenprofil ab Werk
- ▶ robuste und möglichst einfache Technik

Ein klassischer Geländewagen ist dieser Mercedes G 460.

Nun ist klar, dass es kaum noch „echte" Geländewagen gibt. Die meisten Geländewagen fallen mittlerweile in die Kategorie SUV.

Es gibt noch Ausnahmen, die teils noch neu oder aber gebraucht zu haben sind:

▶ Land Rover Defender
▶ Toyota HZJ
▶ Nissan Patrol
▶ Mercedes G
▶ Iveco Massif
▶ Jeep Wrangler

SUV

Ein „Sport Utility Vehicle" (sportliches Vielzweck-Fahrzeug) ist fast einem PKW vergleichbar mit gleichem oder ähnlichem Fahrkomfort, jedoch mit erhöhter Geländegängigkeit. SUV ähneln technisch üblicherweise normalen Personenwagen, verfügen aber über Allradantrieb. Die Form des Aufbaus ähnelt der von Geländewagen.

Typische technische Unterschiede sind:

▶ das Getriebe eines SUV verfügt nicht immer über ein Untersetzungsgetriebe
▶ Einzelradaufhängung und selbsttragendes Chassis
▶ meistens ohne Differenzialsperren
▶ geringere Bodenfreiheit
▶ deutlich schlechtere Rampen- und Böschungswinkel
▶ keine oder sehr geringe Achsverschränkung
▶ meist mit elektronischen Reglern überfrachtet, als Ausgleich für das Fehlen von Achsverschränkung und Untersetzungsgetriebe.

Es wird klar, dass fast alle heute zulassungsfähigen Geländewagen in die Klasse der SUV gehören.

Ein typischer Vertreter der Gattung SUV ist der Mercedes-Benz GLC.

Crossover

Crossover (Kreuzung) oder Softroader sind Mischformen unter anderem aus SUV, Kombilimousine und Sportwagen. Sie haben meist Allradantrieb und etwas mehr Bodenfreiheit, aber weder Untersetzungsgetriebe noch Achssperren und auch nicht das Äußere eines Geländewagens. Diese Fahrzeuggattung eignet sich nicht fürs Gelände, sondern bestenfalls fürs Ziehen von Anhängern auf Wiesen. Dafür haben sie nicht die Geländewagen-Nachteile wie höheren Kraftstoffverbrauch, schlechtere Fahrleistungen und schwerfälliges Fahrverhalten. Crossover sind oft sportliche Pkw mit Allradantrieb und meist starken Motoren.

Typische Crossover sind Audi A6 allroad, Nissan Qashqai, BMW X6, X5, X3, X1, Volvo XC 70 und Subaru Forester.

4WD

4WD steht für Four Wheel Drive. Es bedeutet nichts anderes als Vierradantrieb. Es gibt keinen Hinweis darauf, ob es ein permanenter oder ein zuschaltbarer Allrantrieb ist, hat sich aber als allgemein gebräuchlicher Begriff für mit Zuschalt-Allrad ausgestattete Fahrzeuge eingebürgert.

Verteilergetriebe oder Low Range

Ein Verteilergetriebe ist ein hinter dem Basis-Getriebe (Hauptgetriebe) verbautes Getriebe. Es wird bei Fahrzeugen verwendet, bei denen mehrere Achsen angetrieben werden (Geländewagen). Das Getriebe verteilt die Antriebsleistung auf mehrere (bei Geländewagen meistens zwei) Achsen über einen Abtrieb je Achse. Je nach Typ lassen sich einzelne Achsen zu- und abschalten. Ins Verteilergetriebe ist auch die Untersetzung (Low-Range) integriert, die für Geländewagen zwingend erforderlich ist.

Differenzialsperre

Die gebräuchlichste Differenzialsperre (weil meist serienmäßig) ist das Zentraldifferenzial, auch Mittendifferenzial oder Längsdifferenzial genannt. Sie ist hinter dem normalen Getriebe (Handschaltung, Automatik oder sequenziell) in ein zusätzliches Verteilergetriebe eingebaut.

Die Räder einer Achse legen beim Fahren in einer Kurve unterschiedlich lange Wege zurück und drehen sich somit unterschiedlich schnell. Daher dürfen sie nicht starr miteinander verbunden sein. Damit jedes Rad mit eigener Geschwindigkeit drehen kann, ist ein offenes Differenzial nötig.

Achsdifferenzialsperren sind zwischen den beiden Rädern einer Achse eingebaut. Sie bestehen aus einem normalen Differenzial und einer mechanischen Sperre, die unter schweren Bedingungen (Fahrt im Gelände oder auf Eis) manuell zugeschaltet werden muss und das Differenzial außer Funktion setzt und blockiert, so dass die vom Differenzial bekannte Ausgleichsfunktion nicht mehr gegeben ist. Man nennt diese Form der Sperre auch „100-%-Sperre".

Bei den gebräuchlichsten nachrüstbaren Sperren unterscheidet man drei Funktionsprinzipien: Die schaltbare Überdrucksperre (etwa Druckluft), die Unterdrucksperre und die automatische Achsdifferenzialsperre. Mittlerweile gibt es für jeden Geländewagen eine 100-%-Differenzialsperre zum Nachrüsten.

Achsverschränkung

Mit das Wichtigste für einen Geländewagen ist es, möglichst alle Räder auf dem Boden zu halten. Nur so können Antriebs- und Bremskräfte übertragen werden. Daher ist die möglichst große Verschränkung der Räder respektive der Achsen sehr wichtig. Die diagonale Achsverschränkung ist der Wert des Abstandes der maximalen Auslenkung der Vorderachse zur Hinterachse.

Dieser Achsverschränkungswert spielt etwa bei einer Dünenüberquerung eine große Rolle. Ein zu hartes Fahrwerk mit minimaler Achsverschränkung wird große Probleme bereiten und sich schnell einsanden. Bei einem derart harten Fahrwerk hilft nur das Nachrüsten einer Achssperre.

Diagonale Achsverschränkung

Der Wert der Achsverschränkung wird nicht an einer Achse gemessen, sondern über beide Achsen. Da die meisten Geländewagen eine deutlich bessere Achsverschränkung an nur einer Achse (vorne oder hinten) haben, würde sich sonst kein vergleichbarer Wert errechnen lassen.

Allzu schnell ist man zu schnell, technisches Basiswissen ist wichtig.

Technisches Grundwissen

Der Allradantrieb

Der Allradantrieb wird in zwei Systeme unterschieden: In den zuschaltbaren und den permanenten Allradantrieb. Grundsätzlich wird bei beiden Allradsystemen die Kraft des Motors über das Getriebe zu beiden Achsen verteilt.

Der Zuschaltallrad hat den Vorteil, dass er im überwiegenden Fahrzustand (Heckantrieb) das gewohnte Fahrverhalten heckangetriebener Pkw zeigt. Der Verbrauch ist im Vergleich zu einem permanenten Allradantrieb um 0,3 bis 0,5 Liter auf 100 km niedriger. Zu Beginn der Geländewagenentwicklung war der Zuschaltallrad das einfachste und preisgünstigste System. Hergestellt wird der Zuschaltallrad heute fast nur noch für klassische Geländewagen. Opel Frontera, Toyota Land Cruiser HDJ und HZJ, Nissan Patrol, Mercedes G der Baureihe 460 und 461, Suzuki Jimny und Samurai haben so etwas.

Auf der Straße hat der Heckantrieb, bedingt durch die hohe Karosserie und das Eigengewicht, bei Kurvenfahrt erhöhten Schlupf an der Hinterachse. Durch den erhöhten Schlupf können die Hinterräder sehr schnell fast vollständig die Fähigkeit verlieren, Seitenführung aufzubauen, was nicht nur für ungeübte Fahrer gerade auf nasser Fahrbahn schwer beherrschbar ist. Dieser gefährliche Effekt tritt besonders stark bei Pick-Ups mit Heckantrieb auf. Wird die zweite Achse (meist die Vorderachse) zugeschaltet, findet kein Drehzahlausgleich zwischen beiden Achsen mehr statt. Dieses hat zur Folge, dass es bei Kurvenfahrt zu Verspannungen im Antriebsstrang und Getriebe kommt und damit auch zu einem hohem Reifenverschleiß.

Fahrzeuge mit permanentem Allrad haben für den Drehzahlausgleich zwischen Vorderachse und Hinterachse ein Differenzial im Verteilergetriebe. Dieser Drehzahlausgleich zwischen den Achsen findet auch dann statt, wenn er nicht gebraucht wird, etwa auf glatter oder verschneiter Fahrbahn oder Off-Road. Es dreht immer das Rad durch, das am wenigsten Traktion hat oder bei Geländefahrt in der Luft hängt. Nur ein zentrales Sperrdifferenzial mit 100-prozentiger Sperrwirkung kann das verhindern. Ohne es verliert der Geländewagen im Ernstfall den Vorteil des Allradantriebes, da das vollständige Motordrehmoment an einem Rad ohne Traktion verpuffen kann. Permanenten Allradantrieb besitzen die BMW X-Modelle, Subaru, Toyota Land Cruiser, Mercedes G Typ 463 sowie ML und GLK, Suzuki Vitara, Lada Niva, Modelle von Audi, Land Rover, Jeep, VW und Porsche.

Dass der Allradantrieb gute Beschleunigung gerade auf nassen, vereisten und verschneiten Fahrbahnen bietet, kann zu einem falschen Sicherheitsgefühl verführen. Mit Allrad hat das Fahrzeug zwar eine bessere Traktion als zweiradangetriebene Fahrzeuge, aber zum Bremsen haben Allradfahrzeuge auch nur vier Räder, so dass sie keine kürzeren Bremswege haben.

Tipp: Ohne die Sperrung des Ausgleichs- oder Verteilergetriebes (Mitteldifferenzialsperre) ist der Allradantrieb bereits bei nur einem durchdrehenden Rad wirkungslos. Das bedeutet: Auch beim permanenten Allradantrieb muss immer noch die Mitteldifferenzialsperre aktiviert werden, bevor es ins Gelände geht.

Der tiefste Punkt des Fahrzeugs

Nicht immer kann man Hindernissen wie kleinen Baumstümpfen oder Steinen ausweichen. Diese werden dann meistens zwischen die Räder genommen. Da ist es wichtig zu wissen, wo sich der tiefste Punkt am Geländewagen befindet. In der Regel und bei Starrachsen sind das die Achsdifferenziale. Deshalb muss das Hindernis so überfahren werden, dass eine Berührung damit auszuschließen ist. Im Idealfall liegen bei den klassischen Geländewagen die Achsdifferenziale (in der Grafik in Gelb) weit außen und auf einer Seite. So bleibt viel Platz zum Überfahren von Hindernissen.

SUV und Crossover mit Einzelradafhängung bieten auch reichlich Angriffsfläche am Unterboden – Auspuff, Ölwanne, Getriebe und Tank. Nur ein Blick unter das Fahrzeug gibt da wirklich Aufschluss. Ins Gelände geht es nur mit massivem Stahl- oder Aluschutz.

Differenzial-Anordnungen

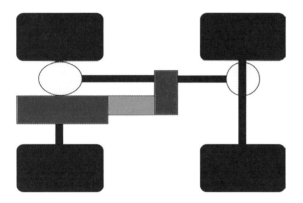

Achsdifferenziale auf einer Seite haben die meisten klassischen Geländewagen wie Mercedes-Benz G, Range Rover, Land Rover Defender, Toyota HZJ.

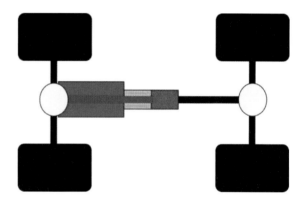

Ein mittiges Achsdifferenzial hat unter anderem der Hummer.

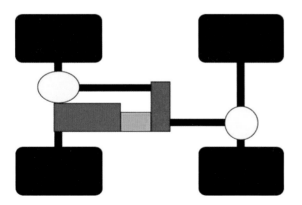

Versetzt links und rechts angeordnete Achsdifferenziale haben Jeep CJ, ältere Jeep Cherokee und einige weitere Geländewagen.

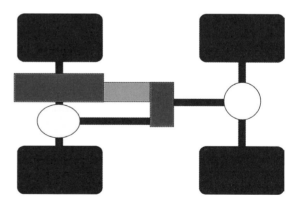

Außen und mittig kombinieren Grand Cherokee, Jeep TJ, Mercedes-Benz ML und die meisten SUV.

Der Motor stirbt auf den Bahngleisen ab

Eine schreckliche Vorstellung: Das Auto bleibt mit abgestorbenem Motor auf den Gleisen eines Bahnübergangs liegen. Ein Fahrzeug mit Schaltgetriebe lässt sich in den meisten Fällen dennoch bewegen: Sind Batterie und Anlasser in Ordnung, lässt sich bei eingelegtem ersten Gang das Auto mit dem Startermotor aus der Gefahr bringen. Sollte es eine Anlasssperre im 1. Gang haben, versuchen Sie es im 2. Gang oder indem Sie die Fußbremse leicht bis zum Aufleuchten der Bremslichter treten (da hilft nur ein Test). Ein normaler Anlasser hat zwischen 0,6 bis 2,5 kW. Das reicht aus, um das Fahrzeug, wenn auch etwas holprig, von Bahnschiene oder Straßenrand zu bekommen. Achtung: Das gilt in den meisten Fällen nicht für Autos mit Automatikgetriebe, auch nicht im ersten Gang.

Tipp: Sollten Sie auf Bahnschienen liegenbleiben, verlassen Sie sofort das Fahrzeug und bringen sich und Ihre Mitfahrer in Sicherheit!

Der plötzliche Turbo-Tod

Der Turbolader gibt dem Diesel richtig Kraft und ist daher längst weit verbreitet auch im Geländewagensektor. Das „Turbo-Loch" ist heute kein Problem mehr, wohl aber der „plötzliche Turbo-Tod".

Turbolader werden mit dem Motoröl gekühlt, daher muss das auch ganz genau vorgegebene Spezifikationen erfüllen. Doch auch mit dem richtigen Öl kann der Lader bei schlechter Behandlung den vorzeitgen Exitus erleiden. Wird der Motor abgestellt, stoppt auch der kühlende Ölfluss. Wer also nach schneller und langer Autobahnfahrt gleich den Zündschlüssel dreht, klemmt auch dem rotglühenden Turbolader (bis 1000 °C bei Vollgas) die Kühlung ab, das Öl verbrennt im Lader, und die verkokten Reste setzen sich in den Leitungenab sowie auf den Laderschaufeln, wo sie für starke Unwucht sorgen. Die Folge: Der Turbolader kann blockieren oder wird durch die Unwucht zerstört. Das gilt für alle Marken und Baureihen, für Diesel und Benziner – und es lässt sich ganz leicht vermeiden:

Tipp: Nach dem Anhalten lassen Sie den Motor für eine halbe oder eine ganze Minute weiterlaufen. Der Turbolader ist dann so weit abgekühlt, dass das Öl nicht mehr verbrennen kann. Dieses gilt für Benzin- und Dieselmotoren.

Lagerschaden vermeiden

Lagerschäden an der Kurbelwelle sind zu Recht gefürchtet und treten in der Regel nur bei handgeschalteten Autos auf. Betroffen ist in der Regel das so genannte Passlager, das die Längsverschiebbarkeit der Welle begrenzt und beim Auskuppeln den Druck der Kupplung aufnimmt. Das Lager wird erst geschmiert, wenn nach dem Anlassen die Ölpumpe läuft. Ausgerechnet beim Start, wenn der Fahrer normalerweise die Kupplung tritt, wird das Lager also ungeschmiert belastet, was erheblich den Veschleiß fördert.

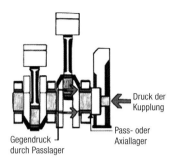

Druck der
Kupplung

Pass- oder
Axiallager

Gegendruck
durch Passlager

Tipp: Gehen Sie zum Starten des Motors in den Leerlauf und treten Sie nicht das Kupplungspedal. So vermeiden Sie den Kupplungsdruck aufs Lager.

Den Kupplungsdruck nimmt das Passlager auf.

Reifenlehre: AT- und MT-Reifen

Geländewagen- und SUV-Fahrer stehen vor der Profilwahl: AT- oder MT-Reifen? Beide haben grobes Profil, das sich mehr oder weniger gut für den Einsatz im leichten oder im schweren Gelände eignet.

AT-Reifen

MT-Reifen

AT (auch AT/T) steht für „All Terrain", also jedes Gelände. Diese Off-Road-Reifen sind Allzweckpneus für Leute, die etwa zu gleichen Teilen im Gelände und auf Straßen unterwegs sind. Das Profil taugt für die Autobahn wie fürs gelegentliche Offroaden im leichten Gelände und für den Winter. Einige AT-Reifen besitzen neben der M+S-Kennzeichnung auch das Schneeflockensymbol. Der Aufbau der Karkasse ist im Vergleich zu der von Straßenreifen meist um etwa 50 Prozent verstärkt, besonders an den Flanken zum Fahren mit reduziertem Luftdruck. AT-Reifen tragen große Profilblöcke, die sich im Gelände gut selbst reinigen und dennoch möglichst viel Kontaktfläche zur Straße haben. Das Fahren auf feuchter Straße und im Schnee wird so sicherer.

Der MT- oder Mud-Terrain-Reifen für schweres Gelände ist ein purer Off-Road-Reifen für alle, die den größten Teil ihrer Zeit am Steuer im schweren Gelände verbringen. Das Profil taugt für extremes, schlammiges, matschiges und felsiges Gelände. Alle MT-Reifen haben die M+S-Kennung, das Schneeflockensymbol ist hier nicht möglich.

Die Karkasse ist im Vergleich zum AT-Reifen oft nochmals um 50 Prozent verstärkt, besonderes Augenmerk wird auf die Reifenflanke zum Fahren mit Luftdruck um 1 Bar gelegt. Bei diesem Luftdruck berühren die Reifenflanken etwa im Weichsand den Boden und tragen das Gewicht des Fahrzeugs mit.

MT-Reifen zeichnen sich durch extrem grobes Profil mit kleineren Profilblöcken aus, die sehr gute Selbstreinigung im Gelände ermöglichen. Sie haben nur noch rund 40 % Positivanteil (straßenberührend). Mit derart kleiner Kontaktfläche wird das Fahren auf feuchten Straßen und im Schnee extrem gefährlich. Es verlängert sich der Bremsweg auf feuchter Straße teilweise um mehr als 50 % im Vergleich zu einem AT-Reifen. Das ausgeprägte Stollenprofil gibt diesen Off-Road-Reifen aber maximale Traktion in Matsch und Schlamm durch perfekte Selbstreinigung. Das bedeutet extreme Zugkraft auch auf Geröll und Felsen.

Die widerstandsfähige Gummimischung sorgt bei wenig Luftdruck in der Reifenflanke für hohen Schutz gegen Abschürfen und Einschnitte. Das bis in die Flanke gezogene Profil sorgt im Gelände für die nötige Verzahnung mit dem Untergrund und für Traktion mit reduziertem Luftdruck. Die verstärkte Karkasse tut ihr übriges zur Sicherheit gegen Verletzungen/Beschädigungen im schweren Off-Road-Einsatz.

Es gibt noch mehr als nur AT und MT

Die Qual der Wahl lässt sich vergrößern. Für Geländewagen und SUV gibt es fünf Reifenfamilien:
1. Street-Terrain (ST) sind sicher und komfortabel auf befestigten Straßen und Wegen, vergleichbar mit normalen Straßenreifen, jedoch für schwere Fahrzeuge geeignet.
2. Winterreifen mit der Schneeflocke als Symbol: Auch M+S-Reifen haben noch eine gesetzliche Zulassung als Winterreifen, taugen aber – gerade als MT-Reifen – kaum als solche.
3. All-Terrain (AT) sind als Kompromissreifen für Gelände und Straße gut geeignet.
4. Mud-Terrain (MT) sind fast ausnahmslos für Geländeeinsätze geeignet. Das Fahren auf der Straße erfordert gerade bei Feuchtigkeit größeres Können.
5. Spezialreifen sind meist nur abseits der Straße erlaubt und dienen etwa für Off-Road-Motorsport, Trophy, Schlammrennen oder extremes Felsenklettern.

Tipp: Den perfekten Reifen für alles gibt es leider nicht, auch wenn der AT der beste Kompromiss ist. Anspruchsvolle Offroader haben zwei komplette Reifensätze und tauschen vor der Einfahrt ins Gelände.

Was die Zahlen auf dem Reifen bedeuten

Beachten Sie bei der Auswahl Ihres neuen Reifens die Angaben zur passenden Reifengröße im Kfz-Schein Ihres Fahrzeugs. Wenn Sie im Besitz der COC-Papiere (Certificate of Conformity, die Betriebsgenehmigung) sind, finden Sie dort weitere Werksfreigaben für unterschiedliche Reifengrößen.

Tipp: Alle Reifenhersteller geben auch andere Rad- und Reifenkombinationen frei. Vor dem Wechsel auf andere Reifengrößen oder auch nur breitere Reifen konsultieren Sie die Internet-Seiten der Hersteller oder Ihren sachkundigen Reifenhändler. Das ist auch bei der Suche nach Winterreifen sehr hilfreich.

Die Angaben in Ihrem Kfz-Schein beschreiben Maße, Bauart, Traglast (Loadindex) und Geschwindigkeitsindex (Speedindex) nach folgendem Beispiel:

275/70	R	16	114	H
Breite und Höhe	Reifenbauart	Felgengröße	Loadindex	Speedindex

Das Buchstabenkürzel für den Geschwindigkeitsindex (SI) beschreibt folgende zulässige Höchstgeschwindigkeiten (in km/h) für Ihren Reifen:

L	M	N	P	Q	R	S	T	U	H	VR	V	ZR	W	Y
120	130	140	150	160	170	180	190	200	210	>210	240	>240	270	300

Geschwindigkeitsindex oder Speedindex

Die Traglast eines Reifens wird über eine Kennzahl, den Loadindex (LI), angegeben. Die effektive Traglast ist nicht identisch mit der Kennzahl, sondern wird laut nachfolgender Tabelle in Kilogramm übersetzt.

LI	Kg	LI	Kg	LI	Kg	LI	Kg
50	190	70	335	90	600	110	1060
51	195	71	345	91	615	111	1090
52	197	72	355	92	630	112	1120
53	200	73	365	93	650	113	1150
54	212	74	375	94	670	114	1180
55	218	75	387	95	690	115	1215
56	224	76	400	96	710	116	1250
57	230	77	412	97	730	117	1285
58	236	78	425	98	750	118	1320
59	243	79	437	99	775	119	1360
60	250	80	450	100	800	120	1400
61	257	81	462	101	825	121	1450
62	265	82	475	102	850	122	1500
63	272	83	487	103	875	123	1550
64	280	84	500	104	900	124	1600
65	290	85	515	105	925	125	1650
66	300	86	530	106	950	126	1700
67	307	87	545	107	975	127	1750
68	315	88	560	108	1000	128	1800
69	325	89	580	109	1030	129	1850

Traglast oder Loadindex

Reifenbauart: Was ist ein Radialreifen?

Die Abkürzung R für Radialreifen (Gürtelreifen) beschreibt den Reifenaufbau. Die so genannten Cordfäden der Karkasse sind radial, also im 90-Grad-Winkel zur Laufrichtung angeordnet. Zwischen der Karkasse, die auch bei preiswerten Straßenreifen meist aus zwei Lagen besteht, und der Lauffläche liegt ein zusätzlicher Gürtel aus Kunstfasern oder Stahlcorden. Dieser steife Gürtel sorgt für kleineren Rollwiderstand und verhindert Bewegungen in der Aufstandsfläche. Weniger Bewegung im Rad bedeutet eine deutlich geringere Wärmeentwicklung und weniger Verschleiß. Der steife Gürtel hält auch das Profil in der Aufstandsfläche geöffnet, was für bessere Haftung auf Nässe und Schlamm sorgt. Zusätzlich sind weitere Gewebe- oder Stahllagen in die Flanken und an der Oberseite des Reifens eingelegt, was auch für AT- und MT-Reifen gilt.

Unterschiedliche Bezeichnungen

Wer in anderen Ländern unterwegs ist, kommt nicht immer so ohne weiteres an die passende Reifendecke. Dazu hier eine Gegenüberstellung unterschiedlicher Reifenbezeichnungen in den gebräuchlichsten Größen, die sich in ihren Abmessungen kaum voneinander unterscheiden:

Standardgröße in Zoll	Metrisches System	Amerikanisches System
8 R15	225/75 R15	28x8,5 R15
9 R15	235/75 R15	30x9,5 R15
10 R15	255/75 R15	31x10,5 R15
–	285/75 R15	31x11,5 R15
11 R15	325/60 R15	32x11,5 R15
12 R15	–	33x12,5 R15
6.00-R16	175 R16	–
7.00-R16	215/85 R16	–
7.50-R16	235/85 R16	32x9,5 R16
–	255/85 R16	33x10,0 R16
–	225/75 R16	28x9,5 R16
–	245/75 R16	31x9,5 R16
–	265/75 R16	32x10,5 R16
–	285/75 R16	33x11,5 R16
9.00-R16	255/100 R16	–
–	280/85 R16	35x10,5 R16
–	305/70 R16	33x12,5 R16
–	315/75 R16	35x12,5 R16
–	375/55 R16	33x15,5 R16
–	375/65 R16	36x15,5 R16

Achten Sie auf Ihre Reifen

Hier die wichtigsten bekannten und nicht so bekannten Tricks und Hinweise:

Luftdruck

Trotz modernster Fertigungstechnologie verringert sich der Luftdruck in den Reifen ständig. Kontrollieren Sie ihn deshalb mindestens alle 14 Tage.

Welchen Luftdruck Ihre Reifen benötigen, entnehmen Sie der Bedienungsanleitung Ihres Geländewagens, soweit es sich noch um die Originalbereifung handelt. Das gilt besonders für runderneuerte Reifen, die auf zu niedrigen Luftdruck sehr empfindlich reagieren können!

Sind andere Reifen oder Größen montiert, erkundigen Sie sich bei Ihrem Reifenhändler oder beim Hersteller nach dem korrekten Wert. Eine Schätzung reicht nicht aus, da die empfohlenen Luftdrücke teilweise ganz erheblich von dem der Originalbereifung abweichen. Falscher Luftdruck beeinflusst Reifenverschleiß und Fahrsicherheit!

Dass sich ein Reifen beim Fahren ständig verformt, dürfte hinlänglich bekannt sein. Dabei entsteht Wärme, und deshalb steigt nach längerer Fahrt auch der Luftdruck. Bei zu niedrigem Luftdruck wird dieser Wärmeeintrag extrem, und der wachsende Druck kann bei schneller Fahrt den Reifen platzen lassen.

Tipp: Luftdruck immer am kalten Reifen prüfen und nie vom warmen Reifen Luft ablassen! Es wird für die Straße empfohlen, den Luftdruck um 0,2 Bar über den Werksangaben einzustellen. Dadurch ist der Rollwiderstand der Reifen deutlich geringer. Mit das wichtigste Geländewagenzubehör ist ein Reifendruckmanometer!

Profil

Kontrollieren Sie regelmäßig und besonders vor längeren Fahrten oder beim Herausfahren aus einem Off-Road-Gelände das Profil Ihrer Reifen auf Beschädigungen und Auffälligkeiten wie eingedrungene Steine, Einschnitte und Beschädigungen.

Mindestprofiltiefe

Europaweit gilt: Sommer- wie Winterreifen müssen mindestens 1,6 mm Profiltiefe aufweisen. Unter 4 mm ist die Wirksamkeit von Winterreifen bereits stark eingeschränkt, besonders im Tiefschnee. Reifen unter 4 mm können eine Verzahnung zum Schnee nicht mehr aufbauen. Achtung: Bei einer Profiltiefe unter 4 mm gilt der Winterreifen in Österreich bereits als Sommerreifen.

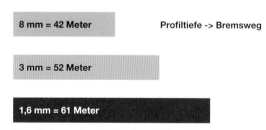

8 mm = 42 Meter

3 mm = 52 Meter

1,6 mm = 61 Meter

Profiltiefe -> Bremsweg

Der Einfluss der Profiltiefe auf den Nassbremsweg

Auf der Darstellung ist gut der Bremsweg in Abhängigkeit von der Profiltiefe bei Feuchtigkeit zu erkennen. Der ADAC rät deshalb ebenfalls zu einer Profiltiefe von mindestens 4 mm. Zu geringe Profiltiefe, besonders bei Winterreifen, erhöht die Aquaplaninggefahr.

Die Mindestprofiltiefe zeigen die im Profil eingearbeiteten Abrieb-Indikatoren (TWI – Tread Wear Indicator) an. Sie bilden bei 1,6 mm Restprofiltiefe schmale durchgehende Stege. Die Lage der Indikatoren ist ganz oben auf der Seitenwand des Reifens durch kleine Dreiecke und/oder die Buchstaben TWI sichtbar gemacht.

Links: TWI im Profil

Rechts: TWI-Hinweis an der Reifenflanke

Rundlauf

Ungleichmäßige Profilabnutzung deutet auf gestörten Radumlauf hin, hervorgerufen etwa durch defekte Stoßdämpfer, falsch eingestellte Spur, Unwucht oder falschen Luftdruck. Von all dem können Sie nur den Luftdruck selbst kontrollieren und einstellen.

Reifenschäden

Das in Off-Road-Kreisen berühmt-berüchtigte Platzen der Reifen auf der tunesischen Autobahn, auf dem Rückweg aus der Wüste zum Hafen La Goulette, ist sicher hinlänglich bekannt. Aber wie kommt es immer wieder zu diesen Reifenplatzern?

Da die Reifen in den Wochen zuvor allerhand auszuhalten hatten, kann es zu Schäden an Reifen und Felgen gekommen sein. Daher sollten die Reifen, bevor es wieder auf Schnellstraßen und Autobahnen geht, auf Risse, Beulen, Einschnitte und Fremdkörper überprüft werden. Verletzungen der Reifen sorgen bei höherem Tempo für derart viel Wärme, dass der Reifen im Bereich der Beschädigung zerstört werden kann. Dann läuft er sofort von der Felge, und der Geländewagen wird instabil.

Tipp: Nutzen Sie jede Rast, um alle Reifen einmal anzufassen. Ein verletzter Reifen ist an der hohen Oberflächentemperatur sofort zu erkennen. Vorsicht, der Reifen kann wirklich extrem heiß sein!

Ein geplatzter Reifen läuft sofort von der Felge!

Reifenalter

Reifen altern, ob sie benutzt werden oder nicht. Sind sie älter als sechs Jahre, taugen sie allenfalls noch als Ersatzrad für den Notfall. Das Alter des Reifens ist an der DOT-Nummer (Department of Transportation) auf der Flanke zu erkennen. Die war einst dreistellig (168 bedeutete: Herstellung in der 16. Woche des Jahres 1998) und hat seit 2000 vier Stellen. Ein Reifen mit der 2716 etwa wurde in der 27. Woche 2016 produziert.

Tipp: Auch wenig benutzte Reifen können durch Lagerung rissig werden. Das ist gut sichtbar im Bereich der Felge. Diese Reifen dürfen dann auf keinen Fall als Fahrbereifung eingesetzt werden.

Reserverad

Das Reserverad sollte stets einen um 0,5 Bar höheren Druck haben, damit es ständig betriebsbereit ist. Achten Sie darauf, dass es auch zur Fahrbereifung passt. Bei der Verwendung unterschiedlicher Radsätze sind die entsprechenden Radschrauben nicht zu vergessen!

Auf das hier sollten Sie immer achten:

Die Reifen beeinflussen entscheidend das Fahrverhalten und die Sicherheit des Geländewagens. Deshalb sollten diese Tipps besonders beachtet werden.

Reifen haben ein Gedächtnis und können bei Verletzungen, etwa durch einen Bordsteinrempler, noch Monate oder Jahre später kaputtgehen.

Die Reifenflanke ist beschädigt, und es droht ein Reifenplatzer.

Traglast (Loadindex)

Die Traglast oder besser die Tragfähigkeit der Reifen ist immer in Abhängigkeit zur zugelassenen Geschwindigkeit des Reifens zu sehen. Ist er für 160 km/h zugelassen, hat er auch den angegebenen maximalen Lastindex bei dieser Geschwindigkeit. Wird nun im Gelände der Luftdruck verringert, nimmt auch die Tragfähigkeit des Reifens ab. Das ist enorm wichtig zu wissen etwa beim Fahren im Sand mit einem Druck von nur 1,0 Bar. Mit geringem Druck reduziert sich auch die mögliche Höchstgeschwindigkeit des Reifens ganz erheblich.

Wird mit normalem Luftdruck gefahren, aber nicht schneller als 5 km/h, kann sich beim MT-Reifen die Traglast fast verdoppeln! Ein Reifen kann bei geringerer Geschwindigkeit wesentlich mehr tragen. Um das Ausbeulen der Reifenflanke zu verringern, sollte der Luftdruck erhöht werden.

Tipp: Man kann also mit der Traglast eines Reifens im Notfall ein wenig „jonglieren", etwa wenn für kurze Strecken hohe Lasten transportiert werden müssen, vielleicht zum Anlegen eines Kraftstoffdepots.

Auf welche Achse gehören die besseren Reifen?

Erstaunlicherweise ist diese Frage immer noch beliebter Diskussionsstoff. Abgesehen davon, dass stets alle Reifen gut sein sollten, gilt grundsätzlich: Die Hinterachse ist die Führungsachse des Autos und somit für die Stabilität beim Fahren und Bremsen hauptverantwortlich. Ereilt Sie etwa bei höherem Tempo ein massiver Reifenschaden an der Vorderachse, so werden Sie das Fahrzeug mit behutsamen Brems- und Lenkmanövern sicher zum Stehen bringen. Sollte es aber an der Hinterachse passieren, ist Gegenlenken nicht möglich, aufgrund der fehlenden Seitenführungskräfte der Hinterachse bricht das Heck aus, und Ihr Fahrzeug kommt unweigerlich ins Schleudern. Dabei ist es unerheblich, ob ihr Fahrzeug Front-, Heck- oder Allradantrieb besitzt.

Tipp: Die besten Reifen gehören immer auf die Hinterachse, unabhängig vom Antriebssystem! Die Hinterachse ist als Führungsachse die wichtigste.

Reifendruckkontrollsystem

Seit dem 1. November 2014 ist für alle neu zugelassenen Pkw das Reifendruckkontrollsystem RDKS vorgeschrieben – bislang nur für Pkw, bei einer Zulassung als Lkw noch nicht. Bei Fahrzeugen mit RDKS ist das Wechseln der Reifen nicht mehr so einfach möglich, da alle Reifen mit dem System ausgerüstet werden müssen. Anschließend ist der Fahrzeugbordcomputer wieder auf den richtigen Luftdruck der neuen Reifen einzustellen.

Weitere Fachbegriffe

Es gibt mittlerweile ein Sammelsurium an Begriffen im 4x4-Bereich. Einen kleinen Teil möchte ich hier einmal erklären. Die folgenden Systeme können von Hersteller zu Hersteller in der Begrifflichkeit variieren, die Technik ist aber meistens identisch.

Verteilergetriebe mit Untersetzungsgetriebe

Das zweite Getriebe des Geländewagens wird über einen zweiten Schalthebel oder elektropneumatisch zugeschaltet. Es verteilt die Antriebskraft auf Hinter- und Vorderachse, in der Untersetzung (Geländereduktion) wird die Antriebskraft je nach Geländewagen um den Faktor 2,50 bis 2,75 erhöht.

Mit Einlegen der Untersetzung reduziert sich auch die Höchstgeschwindigkeit. Sie wird so berechnet:

Formel: Max. Geschwindigkeit in der Untersetzung = (1 / Faktor Untersetzung) x max. Straßengeschwindigkeit

Beispiel: JEEP Wrangler 2.8 CRD Rubicon, Höchstgeschwindigkeit 172 km/h, Untersetzungsfaktor 1:4,0

Rechnung: (1 / 4,0) x 172 = 43 km/h in der Untersetzung

Je höher die Geländereduktion (Untersetzung), desto geringer die Höchstgeschwindigkeit und desto größer die Kraft.

Klassisches Besteck oben, moderner Wählknopf für die Automatik unten:
Die Untersetzung macht den Geländewagen.

Ob Hobby- oder Profifahrer – alle sollten fleißig üben. Bei langem Radstand reicht eine falsch angefahrene Bodenwelle fürs Ende im Gelände.

Starrer Durchtrieb

Er entsteht beim Zuschalten des Mitteldifferenzials und erfolgt automatisch mit dem Einlegen der 4x4-Gelände-untersetzung bei Fahrzeugen ohne permanenten Allradantrieb. Mit gesperrtem Mitteldifferenzial sollte nur auf unbefestigtem Untergrund oder Glätte gefahren werden.

Freilaufnabe

Besitzt kein aktuell erhältlicher Geländewagen. Ältere Fahrzeugen wie Nissan Patrol GR und Iveco Massif haben noch Freilaufnaben an der Vorderachse, die vor der Einfahrt ins Gelände verriegelt werden. Freilaufnaben sollen den Verbrauch auf der Straße senken, indem der komplette Antriebsstrang der Vorderachse abgekoppelt wird.

Tipp: Wer Freilaufnaben an seinem Fahrzeug hat, kann sie auch dauerhaft in der Stellung „Lock" (also verriegelt) lassen. Der Verbrauch erhöht sich nur um 0,2 bis 0,3 Liter/100km, der Allrad bleibt aber stets verfügbar. Zusätzlicher Verschleiß entsteht nicht.

Geländeuntersetzung

Sie soll bei den meisten Modellen im Stand eingelegt werden. Konsultieren Sie Ihr Handbuch. Bei einigen Wagen lässt sich die Untersetzung besser und leichter bei 2 bis 3 km/h im Leerlauf (mit getretenem Kupplungspedal) respektive in Fahrstufe N einlegen.

Es gibt auch Geländewagen, bei denen das Einlegen noch bis 60 km/h auf gerader Strecke möglich ist. Folgen Sie den Herstellerangaben. Übrigens kann es selbst im Modellprogramm ein und desselben Herstellers unter-schiedliche Prozedere geben. Bei Autos der Marke Jeep ist das Einlegen der Geländeuntersetzung stets nur im Stand möglich. Um sicher zu gehen: Handbuch lesen und andere Auto-Besitzer fragen.

Weitere wichtige Parameter

Böschungswinkel

Den Böschungswinkel begrenzen die Überhänge des Fahrzeugs. Den Schenkel bildet die gedachte Verbindungs-linie zwischen dem Aufstandpunkt des Rades und der Unterkante der Stoßstange. Anbauten wie Anhänger-kupplung und Seilwindenstoßstange verändern den Winkel mehr oder weniger stark. Es empfiehlt sich in jedem Fall, vor ernsthaften Touren ins Gelände den eigenen Böschungswinkel zu ermitteln, mitunter stimmen sogar Herstellerangaben nicht ganz genau.

Rampenwinkel

Wenn beim Überfahren eines Hügels der Geländewagen in der Mitte aufsetzt und alle Räder in der Luft hängen und durchdrehen, dann war der Rampenwinkel zu groß. Er bemisst sich von der Aufstandsfläche der vorderen und hinteren Räder zur Mitte dazwischen. Je grösser der Winkel, desto länger der Radstand. Auch da will wieder unterschieden sein zwischen dem im Prospekt angegebenen und dem echten Winkel. Bei Toyota HZJ und seinen Pick-up-Modellen etwa ragt das Verteilergetriebe deutlich unter dem Fahrzeug hervor und ist durch eine Metallplatte geschützt. Das schränkt die Bauchfreiheit und damit den Rampenwinkel deutlich ein.

Wattiefe

Die in den Fahrzeugunterlagen angegebene Wattiefe ist die Wassertiefe, die ein Geländewagen noch durchfahren kann, ohne dass wasserempfindliche Bauteile Schaden nehmen. Sie wird somit durch die feuchtigkeitsempfindlichen Bauteile des Fahrzeugs begrenzt. Da geht es nicht nur um den Ansaugtrakt des Motors, sondern eher noch um Be- und Entlüftung von Achsen und Getrieben. Beim Wert der Wattiefe sind zusätzlich noch einige Zentimeter für Wellenschlag abgezogen, so ergeben sich teilweise recht geringe Wattiefen für Geländewagen.

Tipp: Die Wattiefe bei Geländewagen kann man durch den Anbau von Schnorchel und das Höherlegen von Achs- und Getriebe-Entlüftung sowie das Abdichten der Elektrik des Fahrzeugs beträchtlich steigern. Bei der bekannten Camel-Trophy wurde auf diese Weise die Tauchtiefe der Fahrzeuge auf 2,20 Meter gesteigert. Ein Problem konnte dabei jedoch nicht gelöst werden: Die Tauchtiefe des Fahrers verblieb bei lediglich etwa 1,80 m.

Bodenfreiheit

Die Bodenfreiheit bezeichnet bei Geländewagen den Abstand zwischen dem tiefsten Punkt der Karosserie oder des Fahrwerks (z. B. Achsdifferenzial) und dem Boden. Die Bodenfreiheit ist bei tiefen Spurrinnen oder beim Überfahren von Gegenständen von Interesse. Sie verringert sich je nach Beladung bei Einzelradaufhängung.

Es gilt folgende Definition: „Die Bodenfreiheit unter einer Achse ist durch die Scheitelhöhe eines Kreisbogens bestimmt, der durch die Mitte der Aufstandsfläche der Reifen einer Achse geht und den niedrigsten Festpunkt des Fahrzeugs zwischen den Rädern berührt."

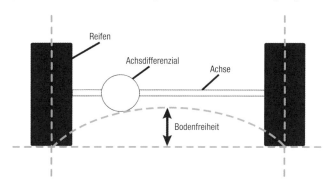

Steigfähigkeit

Für die Steigfähigkeit eines Geländewagens sind entscheidend:

▶ Achslast- und Drehmomentverteilung am Berg
▶ Griffigkeit des Untergrunds
▶ Reifensorte (Straßen-, MT- oder AT-Reifen)
▶ Beladung
▶ „Spreizung" (Abstufung) des Getriebes
▶ Drehmoment und Drehzahl des Motors

Kippwinkel

Mit dem Kippwinkel wird die Fähigkeit eines Geländewagens bezeichnet, an Schrägen fahren zu können. Die in den Prospekten angegebenen Kippwinkel sind statisch gemessen und somit in der Praxis nicht brauchbar.

Was jeder von seinem Geländewagen wissen muss

Bevor Sie ins Gelände fahren, sollten Sie über folgende Fahrzeugdaten unbedingt Bescheid wissen:

1 Woher zieht der Motor seine Ansaugluft? Liegt die Ansaugöffnung im Bereich des Kühlers, ist die Gefahr groß, dass der Motor bereits bei einer kleineren Wasserdurchfahrt Wasser ansaugt. Liegt der Ansaugpunkt im Kotflügel, ist die Ansaugöffnung besser vor Schwallwasser geschützt, dafür wird dort mehr Staub angesaugt.

2 Genauso wichtig ist es, das maximale Drehmoment (die Kraft) des Motors zu kennen und bei welcher Drehzahl es zur Verfügung steht. Wenn Sie durch tiefen Sand oder Schlamm fahren und womöglich noch ein schwerer Anhänger gezogen werden soll, müssen Sie mit der Drehzahl immer etwas oberhalb des maximalen Drehmoments bleiben, um das Abwürgen des Motors zu vermeiden. Beim Hochschalten muss der Überschuss besonders hoch sein, damit er auch in der nächsten Fahrstufe erhalten bleibt.

3 Muss ein Geländewagen aus einem Wasser- oder Schlammloch geborgen werden, sollte man bereits wissen, wo sich die Bergeösen befinden. In Off-Road-Wettbewerben hat es sich als hilfreich erwiesen, Pfeile auf Stoßstangen oder Karosserie anzubringen, die Helfern den Weg zur Öse weisen.

4 Wo liegt der tiefste Punkt meines Fahrzeugs? Wie kann ich Bodenberührung im Gelände vermeiden?

Tipp: Halten Sie eine möglichst simple Höherlegung der Luftansaugung bereit. So sind Sie stets für überraschende Wasserdurchfahrten vorbereitet. Testen Sie das Drehzahlband Ihres Motors, um zu lernen, welche Tourenzahl Sie fürs Hochschalten benötigen.

Wenn es vorne passt, kann es hinten kneifen.

Nicht angemessene Geschwindigkeit bedeutet unkalkulierbares Risiko!

Off-Road
– Was jeder können sollte –
Grundlagen

Richtig Sitzen Off-Road

Eine Wiederholung aus dem ersten Kapitel? Nein!

Es soll hier nur darauf verwiesen werden, dass die Übersichtlichkeit im Gelände verbessert wird, wenn der Sitz noch einmal um ein bis zwei Rasten nach vorn geschoben wird. Die Rückenlehne sollte nach Möglichkeit ebenfalls noch ein Stück steiler gestellt werden. Durch diese Sitzposition ist die Wirbelsäule bei harten Stößen im Gelände nicht so gefährdet.

Wer rast, verliert – Kontrolle im Gelände

Fahren im Gelände heißt nicht Rallye Dakar. Wer im Gelände langsam fährt, kommt deutlich weiter. Langsames Fahren in schwierigen Situationen gibt Ihnen Zeit zum Auswählen der passenden Fahrspur und zum Reagieren auf unerwartet auftretende Schwierigkeiten. Langsames Fahren bedeutet den gefühlvollen Umgang mit Gas- und Bremspedal und der Lenkung. Die Drehzahl muss stets zum eingelegten Gang passen, dann klappt das auch mit dem Motor als Bremse.

Schnelles Fahren ist On-Road üblich und Off-Road die Ausnahme (etwa im Off-Road-Rennen). Tempo wird nur eingesetzt, wenn Schwung das einzige Mittel ist, ein Hindernis zu überwinden. In der Praxis wird man diese Technik stets als letzte verbleibende Möglichkeit nutzen, auch zur Schonung von Fahrzeugtechnik, Fahrwerk und Antrieb.

Das Wichtigste im Gelände ist und bleibt das Auge des Fahrers. Im Gelände heißt es immer, vorausschauend zu fahren, also das Gelände stets im Auge zu behalten, um Gefahren frühzeitig zu erkennen und diese notfalls noch umfahren zu können oder anzuhalten.

Daumen in Gefahr

Halten Sie Ihre Daumen aus dem Lenkradkranz heraus!

Wichtig bei Off-Road-Fahrten ist es, den Daumen nicht in den Lenkradkranz hineinzulegen: Halten Sie das Lenkrad fest, indem Sie den Daumen zu den übrigen Fingern auf das Lenkrad legen, jedoch niemals unter den Lenkradkranz. Halten Sie das Lenkrad „Off-Road" auch niemals an den Lenkspeichen fest.

Falsch: Daumen innerhalb des Lenkradkranzes   *Richtig: Daumen auf dem Lenkradkranz*

Sollte ein Schlag Ihnen das Lenkrad aus den Händen reißen, so ist die Verletzung oder gar der Bruch des Daumens durch den mitdrehenden Lenkradkranz programmiert!

Tipp: Das gilt auch für Fahrzeuge mit Servolenkung und Lenkungsdämpfer!

Vor der Einfahrt ins Gelände

Was muss vor der Einfahrt ins Gelände kontrolliert werden?

Jede Off-Road-Veranstaltung stellt hohe Anforderungen an die Funktionsfähigkeit der Technik und an ihre Haltbarkeit. Deshalb wollen vor jeder Einfahrt ins Gelände mindestens folgende Positionen gecheckt sein:
- ▶ Bremsflüssigkeit (bis Maximum auffüllen)
- ▶ Kühlwasser
- ▶ Hydrauliköl der Servolenkung und der Kupplung
- ▶ Motoröl (bis Maximum auffüllen)
- ▶ Keilriemen (Zustand und Spannung)
- ▶ Treibstofftank (mindestens halb voll)
- ▶ Reifen (Luftdruck, Zustand, Ventilkappen)
- ▶ Hat das Fahrzeug Ölverlust an Motor, Getriebe oder Achsen?
- ▶ Sind die Befestigungspunkte zur Fahrzeugbergung zugänglich oder müssen noch Anbauteile entfernt oder Schäkel eingehängt werden?

Gut zu Fuß oder: das unbekannte Gelände

Es ist leichter, eine nasse Hose zu trocknen, als einen versunkenen Geländewagen zu bergen!

Hinter jeder Kurve, Kuppe oder Geländekante können Gefahren lauern. Unter Schnee, hohem Gras oder dichtem Unterholz warten – für Sie unsichtbar – Löcher oder Gräben nur darauf, dass Sie mit Ihrem Geländewagen darin steckenbleiben. Scheinbar harmlose Wasserlachen können metertief sein. Scheinbar feste Wegstrecken können plötzlich morastig und tief werden.

Ein unbekanntes Gelände birgt große Gefahren!

In unübersichtlichen Geländeabschnitten ist es daher ratsam, vorab die Fahrspur zu Fuß zu erkunden. Dabei kann es erforderlich sein, dass der Beifahrer einige 100 Meter vorauslaufen muss.

Tipp: Bedenken Sie bei der Begehung aber, dass Ihr Geländewagen zwei Fahrspuren hat und etwa zwei Meter breit ist.

Ins Gelände allein, das lass sein!

Beherzigen Sie diesen Grundsatz!

Wenn Sie sich – etwa im Urlaub in Marokko, Tunesien oder Libyen – fern jeglicher Ansiedlung allein mit Ihrem Geländewagen festfahren, ist es zu spät, diesen Grundsatz zu bedenken.

Wann wird hier wieder jemand zum Bergen vorbeikommen?

Lang lebe die Kupplung

Wichtig für Geländewagen mit Schaltgetriebe: Ein Tag im Gelände kann auch die stärkste Kupplung ruinieren.

(Die Fahrer von Automatik-Geländewagen können jetzt gleich zum nächsten Abschnitt weiterblättern.)

Die Kupplung wird ruiniert, wenn
▶ unter extremer Belastung ständig hoch- und runtergeschaltet wird,
▶ der Fahrer sie schleifen lässt, weil er den falschen Gang eingelegt hat,
▶ der Fahrer aus Nachlässigkeit den linken Fuß auf dem Kupplungspedal lässt und wenn
▶ so langsam gefahren werden muss, dass dieses ohne Schleifenlassen der Kupplung nicht möglich ist.

Wir wollen, dass Ihre Kupplung ein langes Leben hat, deshalb:
Benutzen Sie die Kupplung Ihres Offroaders nur bei stehendem Fahrzeug, nicht während der Fahrt im Gelände – allenfalls in der Ebene.

Tipp: Um unnötiges Schalten im Gelände zu vermeiden, nutzen Sie das komplette Drehzahlband ihres Motors, um die Geschwindigkeit zu verändern.

Start und Stopp mit dem Zündschlüssel

Fuß weg vom Kupplungspedal!

Im extrem schweren Gelände, in dem es nur möglich ist, im ersten Gang der Untersetzung zu fahren, ist das für die Kupplung überlebenswichtig!

Anfahren (im 1. Gang, Untersetzung ist eingelegt):
Start des Motors mit dem Zündschlüssel

Anhalten:
Stopp des Motors mit dem Zündschlüssel (Ausschalten des Motors)

Beim berühmt-berüchtigten Rubicon-Trail in den USA werden beim Einstieg in die Strecke der 1. Gang und die Geländeuntersetzung eingelegt, und das Kupplungspedal bleibt während des ganzen Tages unberührt.

Die radikalste Methode zum Erlernen dieser Fahrtechnik besteht darin, vor dem Start einen Holzklotz unters Kupplungspedal legen. Er ist nach der Start- und Stopp-Übung natürlich sofort wieder zu entfernen! Bleibt an einer kritischen Stelle der Motor stehen, genügt meist ein Neustart mit dem Zündschlüssel. Das funktioniert selbst dann, wenn Sie mit Ihrem Geländewagen vor einer 30 Zentimeter hohen Stufe stehengeblieben sind. Ein normaler Anlasser hat eine Leistung zwischen 0,6 bis 2,5 kW. Diese Leistung reicht aus, um mit einem Geländewagen in der Untersetzung aus dem Stand einen Hang oder eine Stufe hochzufahren.

Rustikal, aber lehrreich: Holzklotz unter dem Kupplungspedal

Das kann der Fahrer eines Geländewagens mit Automatikgetriebe im 1. Gang genauso praktizieren, aber nur wenn das Getriebe nicht ebenso wie unter der Stellung „D" gesperrt ist! Allerdings geht eine Kupplung die es gar nicht gibt (Automatik) auch nie kaputt!

Für SUV-Fahrer gilt das alles nicht, da SUV meist kein Untersetzungsgetriebe haben.

Das Anfahren und Anhalten mit dem Zündschlüssel ohne Kupplung ist jahrzehntelange Praxis der Experten und wird von Herstellern als verlässliche Fahrtechnik im schweren Gelände empfohlen. Diese Methode sollte immer im schweren Gelände angewendet werden!

Bei dieser Fahrtechnik gibt es nur eine Ausnahme: Wenn sich Ihr Geländewagen festgefahren hat und Sie nicht mehr allein mit dem Anlasser vorwärtsfahren können. Dann treten Sie bei ausgeschaltetem Motor das Kupplungspedal, legen den Rückwärtsgang ein und lassen die Kupplung wieder los! Starten Sie jetzt den Motor und fahren rückwärts, bis Sie wieder frei sind.

Tipp: Üben Sie diese Fahrtechnik einige Male. Start und Stopp mit dem Zündschlüssel hat auch bei anderen Übungen elementare Bedeutung.

Berg und Böschung erklimmen

Wie steil darf es sein? Die Steigfähigkeit wird meist in Prozent ausgedrückt. Nun entsprechen 100 Prozent – wie mancher immer noch glaubt – nicht etwa 90 Grad. Senkrechte Wände sind höchstens etwas für mutige Seilschaften. Nein, die Prozentangabe bezieht sich auf das Verhältnis von Grundfläche zu Höhe. Bei 100 ist das 1:1 oder besser: 100m Länge zu 100m Steigung. Das sind dann 45 Grad. 80 Prozent entsprechen 36 Grad. Die steilsten Gebirgspässe haben Steigungen von maximal 28 %, das entspricht in etwa 15 Grad. Der Sankt Gotthard etwa bringt es auf 6 Grad (10 %), der Achenpass auf 11 Grad (20 %).

Soviel zur Theorie, kommen wir zur Praxis: Steigungen werden grundsätzlich immer in der Falllinie befahren. Sollten wir von ihr abweichen müssen, besteht die Gefahr, dass der schwere Geländewagen seitlich abrutscht und wir die Kontrolle über etwa 2,5 Tonnen verlieren.

Bevor wir in die Steigung einfahren, müssen wir den günstigsten Weg bergauf suchen. Die Böschung sollte zügig und gleichmäßig befahrbar sein und keinen „Überhang" besitzen, der die Steigung noch steiler werden lässt. Die Untersetzung ist bei Steigungen ein Muss, da sonst nicht mit gleichmäßiger Geschwindigkeit gefahren werden kann und der Motor an Kraftlosigkeit absterben könnte. Je nach Untergrund, ob griffig oder weich, muss der richtige Gang der Untersetzung gewählt werden. Auf festerem Untergrund wird es der 1. Gang sein, beim Automatikfahrzeug die 1. Fahrstufe.

Ist der Untergrund eher weich oder mit Gras bewachsen, ist die Auffahrt mit etwas Schwung im 2. oder gar im 3. Gang meist einfacher. Wird die Steigung aber mit zu hoher Geschwindigkeit befahren, ist die Gefahr umso größer, dass der Geländewagen anfängt zu springen, damit außer Kontrolle gerät und nicht mehr lenkbar ist. Außerdem sind durchdrehende Räder beim Bergauffahren zu vermeiden. Sie übertragen keine Lenk- und Antriebskräfte, der Geländewagen gerät außer Kontrolle.

Sollte man zum Befahren des Steilhanges den falschen Gang gewählt haben, darf auf keinen Fall am Hang geschaltet werden, jedes Betätigen der Kupplung hat sofortige Zugkraftunterbrechung zu Folge. Eine Ausnahme ist das Automatikgetriebe, da bleibt der Kraftfluss beim Schalten des Automaten stabil. Mit Schaltgetriebe bleibt das Fahrzeug am Hang stehen, sobald die Kupplung getreten wird. Bereitet die Bergauffahrt Probleme, sollte man auf gar keinen Fall die Kupplung schleifen lassen. Besser: den Motor abwürgen. Auch im Falle von Angst oder gar Panik gilt: Bremse treten und Motor abwürgen (s. Seite 54, Das Schlüsselspiel, Teil 1). Sehr hilfreich ist es, neben der Mitteldifferenzialsperre auch die Hinterachssperre zuzuschalten. Bevor es nach dem Überwinden des Dünenscheitels wieder bergab geht, sollte die Hinterachssperre wieder ausgeschaltet werden.

Bergauf im weichen Sand

Tipp: Sollte Ihnen bei einer Bergauf-Passage die Motorhaube die Sicht nehmen, drehen Sie das Seitenfenster herunter und peilen Sie seitlich am Fahrzeug vorbei nach vorne. Nur so erkennen Sie entgegenkommende Fahrzeuge und das Ende der Steigung.

Bergab: 1. Gang in der Untersetzung

Den Berg hinab: „Wer bremst, verliert"

Der Motor Ihres Geländewagens ist die perfekte Bremse am Berg und am Steilhang!

Grundsätzlich werden Steilhänge immer in der Falllinie und mit eingelegtem Mitteldifferenzial befahren, da so durch die gleichmäßige Gewichtsverteilung des Wagens die Traktion verbessert wird. Achssperren sind nach Möglichkeit auszuschalten!

Gefällestrecken werden im 1. Gang mit Geländereduktion gefahren, bei längeren Abfahrten auch maximal im 2. Gang der Untersetzung, genauso mit Automatikgetriebe. Die Motorkompression bremst den Geländewagen zuverlässig über alle vier Räder. Deshalb bergab niemals schalten, die Kupplung treten oder bremsen!

Wer im steilen Gefälle zu fest das Bremspedal tritt, überbremst die Vorderachse, wo sich sofort ein Bremskeil aus dem anstehenden Boden bildet. Dieser Keil bremst den schweren Geländewagen abrupt ab. Durch das Bewegungsmoment kann sich das Auto im ungünstigsten Fall nach vorn überschlagen. Also Vorsicht beim Bremsen bergab, gerade auf weichem Untergrund.

Mit blockierten Vorderrädern geht überdies die Kontrolle übers Fahrzeug verloren. Blockierte Räder übertragen keine Lenkkorrekturen – Sie fahren einen unlenkbaren Schlitten.

Bei größeren Höhenunterschieden und damit auf längeren Gefällestrecken sollte auf jeden Fall die Hinterachssperre (wenn möglich) ausgeschaltet sein. Die Sperre sorgt für die starre Verbindung der beiden Räder. Sollte das Heck des Fahrzeugs abrutschen, würde es sich so auf der Talseite tiefer eingraben als hangseitig. Das Talseiten-Rad stößt auf deutlich mehr Widerstand. Ohne Achssperre würde die Traktion dank des offenen Differenzials zusammenbrechen, das entlastete hangaufwärts gerichtete Rad bekäme Schlupf. Das Fahrzeug wird sich, ohne dass der Fahrer eingreifen muss, wieder stabilisieren. Mit einer gesperrten Hinterachse würde das Heck weiter seitlich Richtung Tal abrutschen, und das Fahrzeug kann sich seitlich überschlagen.

Wer eine Bergabfahrhilfe besitzt und eine weiche Gefällestrecke (Sand) befährt, muss die Bergabfahrhilfe auch ausschalten. Deren ständiges Eingreifen über die Bremsen kann zum kurzfristigen Blockieren der Vorderräder führen, was das sofortige Einsanden der Vorderachse zur Folge hätte.

Tipp: Sollte bei Bergabfahrt das Heck instabil werden oder gar ausbrechen, muss sofort dosiert Gas gegeben werden (sehr dosiert bei einer Hinterachssperre). Der Geländewagen wird sofort wieder richtungsstabil und beherrschbar.

Das Schlüsselspiel, Teil I: der kontrollierte Rückzug aus dem Steilhang

Beim Versuch, Steilhang oder Berg zu befahren, kann es immer wieder vorkommen, dass der Schwung oder die Motorleistung nicht ausreichen. Jetzt kommt die gefährliche Aktion, rückwärts aus dem Steilhang wieder sicher zum Fuß des Hanges zu gelangen – das so genannte Schlüsselspiel.

Runter kommen sie alle,
aber wie geht das sicher?

Es hat über die Kuppe nicht gereicht (mit Schaltgetriebe)

Sie sind an einer Steilstrecke hängengeblieben. Der Motor ist abgewürgt. Wie kommen Sie jetzt bloß heil wieder zurück? So:

1 Sofort die Fußbremse treten (denken Sie daran, dass die Servounterstützung ohne Motor nicht funktioniert),
2 Kupplungspedal treten,
3 Rückwärtsgang einlegen,
4 Kupplungspedal loslassen und die
5 Zündung auf „ein" lassen, nicht starten!
6 Nun die Fußbremse langsam lösen, den Motor starten und langsam in der Falllinie zurückfahren, keine wilden Lenkbewegungen vollführen, damit der Geländewagen sich nicht quer zum Hang stellt. Kein Gas geben, nicht die Kupplung treten, die Fußbremse möglichst nicht benutzen und wenn, dann nur ganz, ganz sanft mit viel Gefühl.
7 Wenn Ihr Geländewagen eine Bergabfahrhilfe besitzt, so wirkt die auch im Rückwärtsgang. Verlassen Sie sich drauf! Auch da nicht bremsen, nicht kuppeln, kein Gas geben, die Bergabfahrhilfe ist sonst sofort außer Betrieb gesetzt.

Achtung: Immer mehr moderne Geländewagen mit Schaltgetriebe lassen sich wegen Sicherheitsvorschriften nur starten, wenn das Bremspedal durchgetreten wird. Das soll das unbeabsichtigte Losfahren des Fahrzeugs bei einer Fehlbedienung verhindern. Damit tritt beim „Schlüsselspiel" das Problem auf, dass Sie ohne die Bremse zu treten nicht rückwärts den Hang herunter fahren können. Da hilft nur ein kleiner Trick, um das System zu überlisten:

Tipp: Versuchen Sie herauszufinden, wie weit sie die Bremse treten müssen, damit der Motor gestartet werden kann. In den meisten Fällen ist das Sicherheitssystem mit dem Bremslichtschalter verbunden – sobald die Bremsleuchten brennen, gibt das System das Starten des Motors frei! In diesem Fall brauchen Sie die Fußbremse nur zu berühren und können das Schlüsselspiel genauso wie beschrieben ausführen, in dem Sie nur sehr leicht während des Startens des Motors auf die Fußbremse treten. Das Sicherheitssystem lässt sich aber bei den meisten Geländewagen auch in der Fachwerkstatt deaktivieren, was im Gelände von entscheidendem Vorteil ist.

Es hat wieder nicht gereicht – dieses Mal mit Automatikgetriebe

Sie sind an einer Steilstrecke beim Bergauffahren hängengeblieben, diesmal in einem Geländewagen mit Automatikgetriebe. Die Räder haben keine Traktion mehr, obwohl der Motor läuft. Wie kommen Sie heil wieder zurück? So:

1 Sofort auf die Fußbremse treten (Sie haben Servo-Unterstützung),
2 Rückwärtsgang „R" einlegen, Bremse weiterhin treten und
3 beim Lösen der Bremse in der Falllinie zurückfahren.
4 Hat Ihr Geländewagen eine Bergabfahrhilfe, so wirkt sie auch im Rückwärtsgang.
5 Keine wilden Lenkbewegungen vollführen, damit der Geländewagen sich nicht quer zum Hang stellen kann.
6 Die Fußbremse möglichst nicht benutzen und wenn, dann nur ganz, ganz sanft mit viel Gefühl!

Tiefe Spurrinnen

Wenn etwa am Waldrand eine Fahrspur sehr flach beginnt, fahren Sie dennoch **nicht** mit den Rädern Ihres Geländewagens hinein. Die Spur kann später so tief werden, dass das Achsdifferenzialgehäuse aufsitzt. Dann kommen Sie auch nicht mehr seitlich heraus, sondern sitzen fest. Daher gilt grundsätzlich: Nehmen Sie gleich von Anfang an eine der Rinnen zwischen die Räder.

Falsch: Nicht in die Radspuren hineinfahren

Richtig: Oberhalb der Radspur bleiben

Tipp: Wenn Sie in eine Spurrinne hineinfahren müssen oder hineingerutscht sind, gibt es nur eine Möglichkeit, wieder heraus zu kommen: das „Impulslenken". Während der Fahrt halten Sie das Lenkrad in der „Sechs-Uhr-Stellung" (eine Hand oben und eine Hand unten) und bewegen es schnell und beherzt zu der Seite, auf der Sie die Fahrspur verlassen wollen. Dabei gehen Sie kurz vom Gas und lenken sofort wieder geradeaus.

Vorsicht Graben

Gräben und Spurrinnen immer im schrägen Winkel überfahren

Falsch: Im rechten Winkel geht es meistens schief.

Richtig: Schräg einfahren …

… jetzt gegen die Böschung lenken …

… Vorderräder wieder gerade stellen.

Die Hinterachse fährt auch mit den Rädern einzeln durch den Graben.

Der Winkel, in dem Gräben überfahren werden, richtet sich nach Grabenbreite, Radstand und Spurbreite des Geländewagens. Der Graben ist in einem Winkel zu durchfahren, bei dem immer drei Reifen Bodenkontakt haben. Je nach Breite des Grabens und Achsabstand des Geländewagens ist der Idealwinkel um die 45° zu finden. Bei Geländewagen mit guter Achsverschränkung gelingt diese Übung einfacher, Fahrzeuge mit schlechter Achsverschränkung sollten zumindest eine Traktionskontrolle oder Achssperren besitzen, da die diagonal gegenüberliegenden Räder meistens den Bodenkontakt verlieren. Die Geschwindigkeit sollte in der Untersetzung im 1. Gang um die Leerlaufdrehzahl liegen. Das Mitteldifferenzial ist stets zu sperren, wenn möglich auch die Hinterachse.

Bei einer steilen Kante oder weit auseinanderliegenden Böschungen kann das Problem auftreten, dass der vordere Böschungswinkel Ihres Geländewagens nicht ausreicht. Dann gibt es nur zwei Möglichkeiten: Sie flachen die Böschung mit Hilfe einer Schaufel ab, oder Sie schlagen die Vorderräder gegen die Böschung ein. Jetzt wird vorsichtig gegen die Böschung angefahren. Sobald beide Vorderräder auf der Böschung sind, wird sofort der ideale Winkel wieder eingenommen, was bedeutet, die Lenkung wieder geradezustellen und den Graben komplett zu durchfahren.

Achtung: Sollten Winkel und Geschwindigkeit nicht stimmen, kann es vorkommen, dass das Fahrzeug seitlich in den Graben rutscht oder sich auf die Seite legt. Das kann beim unüberlegten Heranfahren an einen Graben schnell passieren. Wer gleich im rechten Winkel in den Graben fährt, fällt mit den Vorderräder hinein, und das Fahrzeug hängt sich mit der Stoßstange auf. Vorwärts geht es nicht weiter und rückwärts meistens auch nicht mehr.

Keine Achsverschränkung, aber Elektronik

Tipp: Sollte Ihr Fahrzeug über eine elektronische Einstellung für unterschiedliche Untergründe verfügen, so ist bei einer Grabendurchquerung stets „Felsenklettern" zu wählen. Dann fährt das Fahrzeug bei Luftfederung auf maximale Höhe, das elektronische Gaspedal reagiert wesentlich spontaner, und die Differenzialsperren schalten sich zu.

Gefährliche Abbruchkanten

Abbruchkanten (Überhänge) bergen oft große Gefahren. Im Allgemeinen sind Überhänge nicht besonders tragfähig und geben bei Annäherung (auch zu Fuß) schnell nach. Bei höheren Böschungen ist das dann „the way of no return". Wer den Abhang mit dem Geländewagen unfreiwillig hinabrutscht, hat aufgrund des teilweise beträchtlichen Überhangs meistens nur die Chance, während des folgenden „Freifluges" in die Tiefe richtig Gas zu geben, um bei der ersten Bodenberührung mit den Vorderrädern den Geländewagen zu stabilisieren und einen Überschlag zu verhindern. Auch mit diesem waghalsigen Manöver wird der Geländewagen unten kaum ohne Schaden ankommen, hoffentlich aber die Insassen.

Wer einen solchen Überhang (Abbruchkante) vor sich hat und ihn nicht umfahren kann, muss ihn abtragen – ganz gleich, ob in der Sahara oder in der heimischen Kiesgrube. Alles andere kann je nach Fallhöhe lebensgefährlich sein.

Über Stumpf und Stein

Nehmen Sie einen Felsbrocken oder einen Baumstumpf nicht zwischen die Vorderräder. Zu groß ist das Risiko, mit dem Achsdifferenzial hängenzubleiben.

Fahren Sie mit der linken oder mit der rechten Spur auf den Stein und kriechen dann darüber hinweg. Zum Kriechen über felsige Passagen sind ca. 5 km/h ideal.

Falsch

Richtig

Das „Rausschaukeln"

Bleibt Ihr Geländewagen in Schlamm, Schnee, Sand oder einfach im tiefen Boden stecken, dann versuchen Sie vorsichtig, in der eigenen Spur zurückzufahren. In der eigenen Spur hat sich der Untergrund verdichtet und so haben Sie hinter Ihrem Geländewagen in der eigenen Spur immer die besseren Bedingungen.

Gelingt es nicht, bietet sich als Alternative das Herausschaukeln an. Sie fahren soweit zurück, bis die Räder wieder durchzudrehen beginnen. Anschließend schalten Sie blitzschnell in den 1. Gang und fahren vorwärts bis zum erneuten Durchdrehen. Den Vorgang wiederholen Sie für die andere Fahrtrichtung. Bei einem Automatikfahrzeug wird nicht der 1. Gang der Untersetzung eingelegt, sondern die Fahrstufe D in der Untersetzung! Das Schalten von D in R ist der kürzeste Schaltweg, beide liegen meist nebeneinander.

Doch nicht nur moderne Automatikgetriebe haben folgendes Problem: Nur bei Betätigung der Fußbremse lässt sich das Getriebe von R (Rear) in D (Drive) schalten. In diesem Fall muss das Rausschaukeln unterbrochen werden und in die Fahrstellung D geschaltet werden. Umgekehrt funktioniert das Schalten von Fahrstellung D in Fahrstellung R meist ohne Betätigung der Fußbremse.

Für alle Getriebesorten gilt: Die Schaukel-Prozedur wird wiederholt, bis die Spur so lang geworden ist, dass Sie nach vorn oder – meist – nach hinten freikommen.

Die Schrägfahrt

Wie viel Schrägfahrt ist möglich oder besser: Wo liegt der seitliche Kippwinkel meines Geländewagens? Der Blick ins Bordbuch bringt teilweise erstaunliche Werte an den Tag. Leider sind die nicht brauchbar, weil statisch, also am stehenden Auto ermittelt. Da wir am Hang fahren und nicht parken wollen, können wir diesen statischen Kippwinkel gleich wieder vergessen.

Entscheidend ist der dynamische Kippwinkel, er verändert sich während der Schrägfahrt ständig. Bodenunebenheiten auf der Hangseite heben beim Überfahren das Fahrzeug zusätzlich an und können so das Umkippen auslösen. Das Überfahren von Unebenheiten lässt sich kaum verhindern, es sei denn, man griffe vorher zur Schaufel und ebnete sie ein.

Beim Überfahren spielt die Geschwindigkeit eine große Rolle. Je größer sie ist, desto größer ist auch der vertikale Stoß, der auf die Federung und somit aufs Fahrzeug einwirkt. Bei zu hohem Tempo wird das Fahrzeug stark aus der Federung gedrückt und unweigerlich umkippen. Als geflügeltes Wort hat sich eingebürgert: „Quer zum Hang im 1. Gang." Dazu: „So langsam wie möglich."

Fahrzeuge mit Luftfederung sollten auf das unterste Niveau eingestellt sein, sofern das Gelände es zulässt. Dann erreicht der Geländewagen seinen maximalen Kippwinkel. Auf der Hangseite die Luft aus den Reifen zu lassen, gilt allgemein als Geheimtipp – birgt aber zweierlei Gefahr: Ein Reifen mit einem Luftdruck unter 1,2 Bar hat keine Seitenführung und er kann sogar von der Felge gedrückt werden. Deshalb: keine Luft aus den Reifen lassen, wenn am Hang gefahren werden soll.

Großen Einfluss auf die Schrägfahrt hat natürlich neben Spurbreite und Höhe des Geländewagens auch der befahrene Untergrund. Rutschige Böden bieten dem Reifen weniger Halt. So kann das Fahrzeug seitlich in Richtung Tal abrutschen. Sollten jetzt die Reifen an einer Baumwurzel oder an einem Stein plötzlich wieder Seitenführungskräfte aufbauen, kann die dadurch entstehende dynamische Lasteinwirkung das Fahrzeug zum Umkippen bringen. Droht sichtlich eine Rutschpartie, bleibt Ihnen nichts anderes übrig, als für die am Hang laufenden Räder eine Spur zu schaufeln. Nur eine solche Führungsrinne kann das Abrutschen verhindern.

Jede Art von Dachlast veschlechtert den Kippwinkel zusätzlich. Deshalb sollten schwere Gegenstände möglichst tief im Fahrzeug gelagert und sicher verankert werden. Fährt der Geländewagen am Rande des Kippwinkels, kann jedes Verrutschen der Ladung sich auf den Kippwinkel derart auswirken, dass das Fahrzeug umkippen kann.

Droht das Fahrzeug zu kippen (wenn es sich hangseitig deutlich bemerkbar aus den Federn hebt), muss schnellstmöglich hangabwärts gelenkt und die Geschwindigkeit erhöht werden. Das ist dann die einzige Möglichkeit, das Fahrzeug am Umkippen zu hindern.

Tipp: Wer einen Glücksbinger oder sonstiges Amulett besitzt, kann es mittig an den Innenspiegel hängen. Sollte der Anhänger während der Schrägfahrt aus dem Fenster zeigen, ist die Kippgrenze erreicht.

Die einfache Wasserdurchfahrt

Eine Wasserdurchfahrt ist stets eine Herausforderung und ein Highlight beim Off-Roaden. Wo sind aber die Grenzen etwa bei der Wassertiefe? Sehen Sie Fahrzeughandbuch nach – bei den meisten Fahrzeugen liegt sie bei rund 40 cm. Woher kommt diese Angabe, was beschränkt die Wattiefe eines Geländewagens?

Die Wattiefe wird weniger durch die Luftansaugung des Motors begrenzt als vielmehr durch die Position der sogenannten Schnüffelstücke auf Achsen, Getriebe, Verteilergetriebe sowie durch die Höhe der eventuell höher gelegten Be- und Entlüftung von Achsen, Getriebe und Verteilergetriebe.

Bevor wir in einen Wasserlauf oder einen Teich einfahren, müssen wir Neigung und Beschaffenheit der Ufer genauer ansehen. Ist gefahrloses Ein- und Ausfahren möglich? Als nächsten Schritt ermitteln wir die Wassertiefe, am besten mit einem Stock, im Idealfall mit einem Zollstock (Gliedermaßstab). Gleichzeitig sollte die Boden-beschaffenheit des Wasserlaufes überprüft werden. Ist der Boden fest oder droht das Fahrzeug im weichen Boden einzusinken? Die generelle Gefahr von Unterwasserhindernissen besteht immer in Form von großen Steinen oder Ästen. Daher sollten Sie immer einen möglichst großen Bereich des Wasserverlaufes kontrollieren.

Bevor Sie ins Wasser fahren, sollte der Reifendruck zur Sicherheit noch gesenkt werden, jedoch nicht unter 1,6 Bar. Die Gefahr, dass ein Stein oder sonstiges Hindernis unter Wasser übersehen wird und der Reifen von

Höher gelegte Be- und Entlüftung: Vorderachsen, Getriebe und Verteilergetriebe

der Felge gedrückt wird, ist zu groß. Die Reifen können sich dann besser mit dem Untergrund verzahnen. Wenn Sie in den Wasserlauf einfahren, fahren Sie langsam ins Wasser und steigern die Geschwindigkeit im Wasser minimal. So erhöhen Sie auch die Drehzahl des Motors, wodurch der Abgasdruck im Auspuff steigt. Wasser kann jetzt nicht so schnell im Auspuff hochsteigen.

Das Auto schiebt eine Bugwelle vor sich her, die sich nach vorn ergießt. Wird die „Rumpfgeschwindigkeit" des Geländewagens zu groß, wendet sich die Bugwelle dem Fahrzeug zu. Jetzt ist die Gefahr groß, dass Wasser durch den Kühler zum Motor und dort vom Ventilator erfasst wird. Der wird das Wasser in feinen Tropfen im gesamten Motorraum verteilen. Die Tropfen sind so fein, dass diese in jede elektrische Steckerverbindung oder vergleichbares eindringen können.

Auch beim Dieselmotor besteht dann die Gefahr, dass der Motor abstirbt. Das ist übrigens nicht der gefürchtete Wasserschlag. Davon spricht man erst, wenn der Motor über die Luftansaugung Wasser zieht und es somit auf die Kolben kommt.

Tipp: Es ist unbedingt drauf zu achten, dass nicht mittig durchs Wasser gefahren wird. In der Mitte fahren fast 90 % aller Geländewagenfahrer, also befinden sich in der Mitte meistens auch die tiefsten Fahrspuren. Wichtig ist es, spurversetzt zu fahren, also rechts oder links von der Mitte. Aber auch wenn es noch so verlockend ist: Niemals mit einer Seite auf der Böschung und mit der anderen Seite durchs Wasser fahren, sonst passiert das, was fast jedes Wochenende in irgendeinem Off-Road Gelände zu sehen ist: Ein Fahrzeug ist im Wasser auf die Seite gefallen. Wer einseitig am Ufer entlangfährt, fährt zwangsweise schon in einer Schrägfahrt. Wenn jetzt noch eine Spurrinne oder eine sonstige Vertiefung im Wasser vorhanden ist, kann das Fahrzeug schon seine Kippgrenze erreicht haben.

Achten Sie auf die richtige „Rumpfgeschwindigkeit".

Der Boden von Teich oder Flusslauf ist oft weich und schlammig. Da heißt es, frühzeitig mit energischen und kurzen Lenkradbewegungen zu beginnen. Dazu mehr im nächsten Abschnitt:

Wozu das Lenkrad noch da ist

Schaut man sich ältere Filme von der Camel-Trophy an, fallen einem die teilweise kurios aussehenden wilden Lenkbewegungen der Fahrer im Sand oder im Schlamm auf. Das ist keine Aktion für die Kamera, das hat seinen Sinn:

Die kurzen und heftigen Lenkbewegungen verhindern die Bildung größerer Sand- oder Schlammkeile vor den Rädern, die den Wagen abbremsen und die Vorderräder zu ständiger „Bergauffahrt" zwingen. Mit kurzen Lenkbewegungen lassen sich Einsanden und Festfahren vermeiden, indem man um die Sand- und Schlammkeile herumfährt und so durch die Off-Road-Etappe kommt oder wenigstens noch einige Meter weiter. Der zusätzliche Vorteil der kurzen Lenkbewegungen ist, dass im Bereich von Spurrinnen die äußeren Profilblöcke die Reifen sich wie Zahnräder mit dem Spurrinnenrand verzahnen lassen und das Fahrzeug so weiterziehen.

*Die seitlichen Profilblöcke
sind sauber und können
eingesetzt werden.*

Die Technik hat aber auch ihre Grenzen, etwa auf sehr steilen Böschungen. In einer sehr steilen Bergauf-Passage kann es passieren, dass durch die Lenkbewegungen die Vorderräder den Bodenkontakt verlieren und der Vorderwagen seitlich wegrutscht. Das bedeutet: Bei sehr steilen Anstiegen sind die kurzen Lenkbewegungen zu unterlassen.

Tipp: Auch nach einem Steckenbleiben kann dieser Trick helfen, doch noch wieder anfahren zu können.

ABS im Gelände

Eins vorweg: Das Manipulieren am Antiblockiersystem ist im Bereich der Straßenverkehrsordnung verboten, Betriebserlaubnis und Versicherungsschutz erlöschen. Im Gelände kann das ABS aber hinderlich sein. Fahrer reiner Wettbewerbsautos können also das ABS, so vorhanden, abschaltbar machen.

Die „Stotterbremse" hält dank der kurzen Bremsimpulse mit ständigem Lösen der Bremsen ein Auto auf der Straße auch bei der Vollbremsung lenkbar. Wer aber etwa auf einem Geröllhang abwärts zum Stehen kommen will, wird das mit ABS nicht schaffen. Der Wagen kommt erst in der Ebene wieder zum Stehen. Ohne ABS baut sich vor den Rädern ein Bremskeil aus Bodenmaterial auf und stoppt die Fuhre recht schnell.

Einige Fahrzeughersteller, etwa VW beim Touareg, haben das ABS im Off-Road-Modus so modifiziert, dass die Blockierphasen deutlich länger sind. Das verringert deutlich den Bremsweg im Gelände.

Wettbewerbsfahrer, die sich mit ihren Spezialumbauten nur im Gelände bewegen, machen das ABS-System schaltbar. Da es meist mit der elektronischen Traktionshilfe gekoppelt ist, werden beide Systeme gleichzeitig deaktiviert. Somit ist ständiges Ein- und Ausschalten im Wettbewerb erforderlich.

Tipp: Nutzen Sie Ihren Geländewagen ausschließlich im Wettbewerb und nicht mehr im Bereich der StVO, machen Sie das ABS schaltbar.

Wo die Kraft herkommt ...

Als Faustformel gilt: Benötigen Sie die volle Zugkraft Ihres Geländewagens, dann bleiben Sie im Bereich des maximalen Drehmomentes (etwa im Anhängerbetrieb).

Aber wissen Sie auch, bei welcher Drehzahl Ihr Motor sein maximales Drehmoment abgibt? Dieselmotoren etwa erreichen das maximale Drehmoment wesentlich früher als vergleichbare Benzinmotoren.

Hier eine kleine Auflistung von verschiedenen Geländewagenmodellen:

Land Rover Defender 2,2 td4	122 PS	360 Nm bei 1850/min (Diesel)
Range Rover SDV8	340 PS	700 Nm bei 1750/min (Diesel)
Range Rover V8 Supercharged	510 PS	625 Nm bei 2500/min (Benzin)
Audi Q7 3,0 FSI	333 PS	440 Nm bei 2900/min (Benzin)
Audi Q7 4,2 TDI	340 PS	760 Nm bei 1800/min (Diesel)
Mercedes G 350 d	234 PS	600 Nm bei 1600/min (Diesel)
Mercedes G 500	422 PS	610 Nm bei 2800 /min (Benzin)
Jeep Wrangler 2.8 CRD	200 PS	410 Nm bei 2000/min (Diesel)
Jeep Wrangler 3.8 V6	284 PS	342 Nm bei 4000/min (Benzin)
Toyota Land Cruiser HZJ 78	131 PS	285 Nm bei 2000/min (Diesel)
Iveco Massif	146 PS	350 Nm bei 1400/min (Diesel)
Suzuki Jimny	86 PS	110 Nm bei 4100/min (Benzin)
Suzuki Jimny D*	65 PS	160 Nm bei 2000/min (Diesel)

*Nicht mehr auf dem Deutschen Markt erhältlich.

Hinweis 1: Es gibt einen Unterschied zwischen Motorleistung (kW/PS) und Motorkraft (Nm = Drehmoment). Seine größte Durchzugskraft hat ein Motor bei der Drehzahl seines maximalen Drehmoments. Das variiert bei den unterschiedlichen Geländewagenmodellen.

Hinweis 2: Bei allen Motoren wird in der Geländereduktion die Antriebskraft an den Rädern nahezu verdreifacht, so beim Defender um den Faktor 2,75 oder beim Jeep Wangler Rubicon gar um 4,0.

Ist der Schnorchel nicht richtig angeschlossen, taugt der Wagen nur für die Eisdielenfahrt.

D

Off-Road
– Was noch wichtig ist –
Aufbaukurs

Gefährdete Weichteile

Es gibt Bauteile an Unterboden und Fahrwerk, die sehr empfindlich auf Bodenberührungen reagieren. Die meisten Geländewagen besitzen serienmäßig keinen Unterfahrschutz oder nur einen aus Hartplastik. Ausnahmen gibt es auch hier, etwa beim Mercedes G mit einem serienmäßigen Unterfahrschutz aus Metall. Ein stabiler Unterfahrschutz in stabiler Ausführung sollte immer das erste sein, was nachgerüstet wird, am besten mit integrierten Bergeösen. Der Unterfahrschutz schützt Lenkhebel, Lenkschubstange sowie Panhardstab vor Beschädigung.

Je nach Marke und Modell ist es sinnvoll, zusätzlich noch die Spurstange zu schützen. Sie ist in der Regel hinter der Vorderachse montiert und bildet meist mit dem Differenzial den tiefsten Punkt am Fahrwerk. Die Montage ist meist einfach und auch von Laien zu bewältigen.

Der Unterfahrschutz schützt Lenkhebel, Lenkschubstange sowie Panhardstab.

Bei den Achsen ist das Differenzial eines der empfindlichsten Bauteile. Ein Achsdifferenzialschutz ist sinnvoll, denn die im Differenzial laufenden Zahnräder sind oft sehr schlagempfindlich.

Bei vielen Geländewagen lohnt sich das Nachrüsten einer Tankschutzplatte. Es sind zwar fast alle mit solchen Platten ausgerüstet, die serienmäßigen sind aber meist zu dünn.

Hinweis: Unterhalb der Stoßstange sollten keine empfindlichen Bauteile wie Nebelscheinwerfer montiert werden.

Tipp: Bei vielen Geländewagen sind die Schmutzfänger teilweise so lang, dass sie beim Rückwärtsfahren überrollt und abgerissen werden können. Sobald es Off-Road geht, gehören sie, auch vorn, hochgebunden.

Im Gelände gehören die Schmutzfänger hochgebunden.

Extrem steile Böschung

Bevor Sie eine extrem steile Böschung angehen, prüfen Sie unbedingt, ob sie durchgängig griffig ist. Besteht die Gefahr, auf der Kuppe aufzusetzen? Wie sieht die Rückseite aus, kann man von dort weiterfahren?

Eine extrem steile Böschung wird immer in der Untersetzung gefahren und möglichst in einem Gang, der Sie ohne zu schalten in einem Zug über die Kuppe bringt.

Es kann sein, dass der vordere Böschungswinkel Ihres Geländewagens nicht ausreicht. Dann gibt es nur zwei Möglichkeiten: Die beste und sicherste besteht darin, die Böschung mit Hilfe einer Schaufel abzuflachen. Riskanter ist die schräge Anfahrt etwa im 30-Grad-Winkel. Dabei müssen die Vorderräder zur Böschung eingeschlagen werden.

Nun wird die Böschung vorsichtig angefahren. Vorsicht, der Geländewagen wird instabil, sobald ein Vorderrad den Bodenkontakt verliert – dann sofort Gas geben, bis beide Vorderräder an der Böschung stehen. Jetzt können Sie die Böschung hinauffahren. Aber Achtung: Der hintere Böschungswinkel ist in fast allen Fällen der schlechtere. Falls der Geländewagen mit der hinteren Stoßstange aufsetzt gibt es unschöne Geräusche, für die Stabilität des Fahrzeugs ist das aber ungefährlich.

Sollte die Kuppe schmal sein und ein Aufliegen auf dem Rahmen drohen, sollten Sie versuchen, die Kuppe leicht schräg anzufahren. Allerdings nur mit größter Vorsicht, bei zu großer Schräglage kann der schwere Geländewagen seitlich Richtung Tal abrutschen. Passiert das, sofort in Richtung Tal lenken und richtig Gas geben.

Ist die Kuppe jedoch gemeistert, folgt die Bergabfahrt mit größter Motorbremswirkung, also im 1. oder 2. Gang der Untersetzung. Beim Automatikgetriebe ist wegen der meist längeren Untersetzung immer der 1. Gang zu verwenden. Wer eine Bergabfahrkontrolle besitzt, sollte sie spätestens jetzt zuschalten.

Tipp: Wenn der Übergang zum Boden ebenso abrupt ist wie die Anfahrt, treten Sie, bevor Sie Ebene oder Gegenhang erreichen, kurz auf die Bremse. Die Vorderräder blockieren auf dem weichen Untergrund und schieben Boden vor sich auf. Es bildet sich eine kleine Rampe, die den Abfahrtswinkel verkleinert. Bevor Sie mit den Vorderrädern die Sohle erreichen, müssen Sie die Bremse wieder lösen, damit der Wagen ausrollen kann. Vorsicht, die Bergabfahrhilfe ist durchs Bremsen kurzzeitig inaktiv.

Das Schlüsselspiel, Teil II: kontrolliert weiter bergauf

Sollten Sie bei der Bergauffahrt wegen eines unerwarteten Hindernisses anhalten müssen und nicht die Möglichkeit haben, mit dem Schlüsselspiel wieder rückwärts hinabzufahren, bleibt nur das Wiederanfahren am Hang.

Diese Übung ist nur bei Fahrzeugen mit Untersetzungsgetriebe möglich!
Zum Wiederanfahren am Hang ist der folgende Ablauf einzuhalten:

Schaltgetriebe
1 Zum Anhalten sofort die Fußbremse treten.
2 Motor ausschalten. Bedenken Sie die jetzt fehlende Servounterstützung der Fußbremse.
3 Den ersten Gang in der Untersetzung einlegen,
4 Kupplungspedal loslassen und
5 die Zündung auf „ein" stellen, aber noch nicht starten.
6 „Füße tauschen" – mit dem linken Fuß weiter bremsen,
7 Fußbremse langsam lösen, den Motor starten und gefühlvoll Gas geben. Die Räder dürfen nicht durchdrehen und so die Traktion verlieren. Keine wilden Lenkbewegungen vollführen, damit der Geländewagen sich nicht quer stellt. Jetzt in einem Rutsch im ersten Gang den Berg befahren.

Tipp: Sollten beim Starten Probleme auftreten, wenn das Starten nur durch Betätigen der Fußbremse möglich ist, so ist nach der Methode in Teil I des Schlüsselspieles zu verfahren.

Automatikgetriebe:
1 Zum Anhalten sofort die Fußbremse treten,
2 den ersten Gang in der Untersetzung einlegen und
3 mit dem linken Fuß weiterbremsen.
4 Fußbremse langsam lösen, gefühlvoll Gas geben, die Räder dürfen nicht durchdrehen und so die Traktion verlieren. Keine wilden Lenkbewegungen vollführen, damit der Geländewagen sich nicht quer stellen kann. Jetzt in einem Rutsch im ersten Gang den Berg befahren.

Tipp: Sollte es sich um weichen Untergrund handeln, um Sand, Geröll oder Steine, so ist ein Wiederanfahren nicht möglich, und es muss nach dem Schlüsselspiel Teil I verfahren werden.

Über die Kuppe

Selbst unspektakuläre Kuppen oder Wälle mit nur 30 bis 50 cm Höhe können einen Geländewagen schnell stoppen. Nachdem Sie das Durchfahren von Gräben schon kennengelernt haben, ist das Überfahren von Kuppen noch etwas komplizierter.

Wie ein Graben wird eine Kuppe stets schräg angefahren, der Winkel hängt auch hier von Radstand und Spurweite des Geländewagens ab. Wichtig: Mit dem Vorderrad, auf dessen Seite der Auspuff endet, wird zuerst auf die Kuppe aufgefahren. Mündet der Auspuff also hinten links, dann wird mit vorne links auf die Kuppe aufgefahren. So kann er beim Herunterfahren von der Kuppe nicht mit ihr in Berührung kommen und wird nicht zerquetscht.

Bevor wir mit der Anfahrt beginnen, schalten wir alle Differenzialsperren ein. Wenn vorhanden, sollte auch die Traktionshilfe eingeschaltet werden. In dieser Situation ist immer der 1. Gang zu wählen, auch bei der Automatik.

Falscher Winkel: Die Bodenfreiheit reicht nicht aus, und das Fahrzeug setzt auf.

Richtig: Diagonal gegenüberliegende Räder rollen gleichzeitig auf die Kuppe.

Der Anfahrtswinkel muss unbedingt so gewählt werden, dass die diagonal gegenüberliegenden Räder gleichzeitig die Kuppenoberkante erreichen. Auf diese Weise kann der Bauch des Geländewagens nicht mehr aufliegen. Bei Autos ohne Achssperren oder Traktionskontrolle kann bei maximaler Achsverschränkung die Traktion zusammenbrechen. Die diagonal gegenüberliegenden Räder hängen in der Luft und drehen ungebremst durch.

Bei Geländewagen mit „offenen Achsen" hilft dann oft eine „Linksbremsung": Man betätigt mit dem linken Fuß vorsichtig die Bremse. Durch das Abbremsen der hilflos drehenden Räder wird etwas Kraft auf die vom Bodendruck belasteten Räder gegeben. Das will aber gründlich geübt sein, will man den Motor nicht abwürgen. Ebensoviel Übung und Gefühl (Abfluggefahr) verlangt die Alternative, mit etwas mehr Schwung anzufahren, um den kurzen „toten" Moment der Antriebslosigkeit auf der Kuppe zu überwinden.

Wichtig ist wie immer: Möglichst langsam fahren und die Kupplung nicht schleifen lassen – sie würde unter der großen Belastung sofort verbrennen. Ein Automatikgetriebe hat da entscheidende Vorteile: Sollte Ihr Geländewagen zu schnell werden, können Sie ohne Probleme leicht abbremsen, ohne dass der Motor abgewürgt wird. Kriechen über ein Hindernis ist somit problemlos möglich.

Extreme Verschränkung

Das Fahren in einer Verschränkungspassage kombiniert die Hürden Graben und Kuppe. Es gilt wieder die Goldene Regel: „So langsam wie möglich, aber so schnell wie nötig." Extreme Verschränkung bedeutet, dass immer ein oder gar zwei Räder in der Luft hängen. Also Traktionskontrolle/Achssperren zuschalten. Wer beides nicht hat, braucht zum Durchfahren der Verschränkung etwas Schwung. Gleichzeitig ist ein Versuch sehr hilfreich, die Verschränkung in leichter S-Form zu durchfahren. Durch diesen „Schlingerkurs" haben meistens mindestens drei Räder Bodenkontakt.

Das „Aufbäumen"

Das ständige „Aufbäumen" des Fahrzeugs in der Achsverschränkungspassage sieht spektakulär aus, ist aber mit ein wenig Übung leicht zu meistern.

Die Kippgrenze ist erreicht!

In aller Regel haben Geländewagen, je nach Typ und Ausrüstung, einen Kippwinkel von 30° bis 40°. Wird dieser dynamische Kippwinkel überschritten, kippt der Geländewagen auf die Seite oder überschlägt sich. Um das zu vermeiden, versuchen Sie die Hangneigung möglichst genau zu schätzen. Achten Sie darauf, dass Sie hangabwärts möglichst viel Platz haben, um notfalls dorthin ausweichen zu können. Überprüfen Sie Ihre Fahrspur! Der Kippwinkel kann bei der Fahrt über einen nur faustgroßen Stein auf der Hangseite oder bei der Fahrt durch eine Mulde auf der Talseite überschritten werden.

Sollte während der Schrägfahrt das Heck wegrutschen, lenken Sie sofort hangaufwärts und geben beherzt Gas. Fangen Sie das Fahrzeug möglichst sofort ab und fahren anschließend rückwärts vom Hang herunter.

Rutscht die Vorderachse talwärts, lenken Sie in die gleiche Richtung und geben Gas! Das Gewicht des Motors und das Gasgeben ziehen die Vorderachse Richtung Tal. Fangen Sie das Fahrzeug sofort in der Fallinie ab und fahren talwärts.

Sollte das Auto seitlich in Richtung Tal rutschen, lenken sie sofort talwärts, geben Gas und fahren talwärts entlang in der Falllinie. Ansonsten besteht die Gefahr, dass Ihr Fahrzeug beim seitlichen Abrutschen an einer Verwerfung hängen bleibt und umkippt. Brechen Sie also die Schrägfahrt ab und fahren sofort talwärts.

Um das Kippen noch ein wenig hinauszuzögern, können Sie Ihren Beifahrer auch zum „Trapezen" auf der Hangseite bitten, also gleichsam als Ausleger. Dabei gilt natürlich äußerste Vorsicht! Am besten stehen die Beifahrer auf dem Trittbrett und halten sich an einer Dachreling fest. Alternativ stemmen sie die Füße bei geöffneter Wagentür auf die Schweller und halten sich am Rahmen fest. Sie dürfen keine Kleidungsstücke tragen, die sich beim Abspringen verfangen könnten, sollte der Wagen dennoch kippen.

Die Beifahrer hängen sich als Gegengewicht ins Zeug.

Tipp: Wer seitlich am Hang fahren muss, sollte das gleichmäßige Fahren beherrschen. Am besten ist es, den Geländewagen im Bereich der Leerlaufdrehzahl fahren zu lassen. Noch der kleinste Gasstoß gefährdet die Standsicherheit Ihres Beifahrers beim Trapezen!

Anspruchsvolle Wasserdurchfahrt

Gerade die anspruchsvolle Wasserdurchfahrt ist der Nervenkitzel schlechthin. Jeder Fehler in der Vorbereitung oder beim Durchfahren des Wassers kann zu schweren Schäden oder zum Totalverlust führen. Wie bereits unter „einfache Wasserdurchfahrt" erklärt, mag die Technik unseres Geländewagens kein Wasser. Deshalb erfordert die anspruchsvolle Wasserdurchfahrt, die mit Tiefen oberhalb der freigegebenen Wattiefe lockt, ganz besonders gründliche Vorbereitung.

Wer sein Fahrzeug nicht schon von vornherein präpariert hat, muss improvisieren, wenn er vor einem Fluss ohne Umfahrung oder Brücke steht. Jetzt zeigt sich, wer seinen Geländewagen genau kennt. Die freigegebene Wattiefe lässt sich noch einfach ermitteln. Doch wo zieht der Motor seine Verbrennungsluft an? Oberhalb des Kühlers? Im Kotflügel? Auf jeden Fall ist es besser, jetzt einen Schnorchel am Fahrzeug montiert zu haben, der natürlich dicht sein muss. Fast immer sind entweder die zum Luftfilterkasten laufenden Leitungen nur gesteckt und somit nicht wasserdicht, oder der Regenwasserablauf im Luftfilterkasten ist nicht verschlossen worden! Man sollte diese Verbindungen als erstes überprüfen.

Unterschätze niemals ein „Wasserloch".

Die Wattiefe ist meist durch die Position der Be- und Entlüftung von Achsen, Getriebe und Verteilergetriebe begrenzt. Wer bereits einen hochgelegten Luftansaugschnorchel besitzt, kann mit wenig Aufwand auch die Be- und Entlüftung der Achs-, Haupt- und Verteilergetriebe daran befestigen und so hochlegen. Dabei ist auch an den Tank respektive an dessen Belüftung zu denken.

Wer keine hochgelegte Luftansaugung besitzt, kann jetzt durch Improvisation glänzen: Sie sollten versuchen, die serienmäßige Luftansaugung mit Hilfe eines flexiblen Schlauches (etwa der Abluftschlauch eines Wäsche-trockners) durch ein Fenster in den Innenraum zu verlegen. Die Verbindung zur Luftansaugung im Motorraum ist mit Hilfe von Panzerband gut zu befestigen und abzudichten. Benötigt Ihr Geländewagen noch „wading-plugs"? So sind diese jetzt einzubauen. Die Wading-plugs sind zwei Schrauben, die bei einigen älteren Motoren zur Abdichtung des Zahnriemen- und des Steuergehäuses dienten. Diese Öffnungen (Wading-plugs) waren bis in die neunziger Jahre eine übliche Technik zur Verschleißkontrolle am Zahnriemen und Steuergehäuse.

Bevor Sie ins Wasser fahren, ist es erforderlich, den Motor und die komplette Beleuchtung auszuschalten und abkühlen zu lassen. Ein starker Temperaturabfall beim Einfahren in kaltes Wasser würde sonst bei beiden Systemen thermische Spannung und Risse verursachen. Insbesondere die Streuscheiben der Scheinwerfer, der Turbolader und der Auspuffkrümmer sind sehr temperaturempfindlich.

Werfen wir jetzt noch ein Blick unter die Motorhaube: Jede der vielen Kabelverbindungen kann Wasser einlassen. Geht es gar ums besonders leitfähige Salzwasser, ist der Kurzschluss praktisch programmiert. Selbst wenn wir durch Süßwasser fahren, müssen wir die Verbindungen zumindest provisorisch vor direktem Wasserkontakt schützen. Aber wie? Als haltbar hat sich Haarspray erwiesen. Kein Scherz – es bildet eine dichte Oberfläche und ist wasserabweisend. Alle Kontakte und Verbindungen, die wir mit Haarspray behandeln, müssen staub- und zumindest fettfrei sein.

Ganz wichtig sind die Sicherungen und besonders deren Rückseite. Dort finden sich die offenen Kabelenden. Die meisten Sicherungseinheiten kann man mit zwei bis vier Schrauben lösen und gelangt so an die Rückseite. Anschließend kann man die Sicherungen gut einsprühen. Vergessen Sie aber nicht die Vorderseite.

Etwas aufwändiger als Haarspray ist Silikonpaste, die als Gleit- und Trennmittel verkauft wird. Sie ist temperatur- unempfindlich und transparent und wird auf die entsprechenden Steckerverbindungen aufgetragen. Dieser Schutz ist außerdem beständiger als Haarspray.

Etwas größeren Aufwand insgesamt erfordern Benzinmotoren. Wenn Ihr Geländewagen noch einen herkömm- lichen Verteiler hat, nehmen sie den Deckel ab, reinigen Sie ihn und schützen ihn mit etwas Kontaktspray gegen Korrosion. Tragen Sie einen Ring aus Silikon auf die Kappendichtung auf. Bei einigen Verteilerkappen (etwa von Nissan) ist im Boden eine kleine Öffnung zum Ablaufen von Kondenswasser vorhanden. Sie muss ebenfalls verschlossen werden.

Benutzen Sie möglichst kein anderes Material, denn Silikon klebt nicht und lässt sich später leicht wieder entfernen. Als nächstes sind die Zündkerzen dran: Ziehen sie die Stecker ab und dichten Sie sie im Bereich der vorhandenen Gummidichtung mit Hilfe von Silikonwürsten zusätzlich ab.

Alles, was noch mit Elektronik zu tun hat, sollte jetzt noch in handelsübliche Klarsichtfolie eingepackt werden, besonders die „Blackbox", also der Hauptrechner, sowie Steuergeräte und Ähnliches. Bei einigen Fahrzeugen (z. B. Land Rover Defender) sind Sicherungskästen und Batterie unter Fahrer- oder Beifahrersitz eingebaut. Wegen der niedrigen Einbauhöhe ist besonders auf wasserfeste Kabeldurchführungen zu achten.

Zum Abschluss wird jetzt noch eine große Folie direkt so vor dem Kühler befestigt, dass er komplett abgedeckt ist, auch jener Teil, der sich unterhalb der Stoßstange befindet. Zur Befestigung an der Karosserie eignet sich auch hier Panzerband, es klebt sehr gut und lässt sich fast rückstandsfrei entfernen. Die Folie verhindert, dass Schwallwasser durch die Kühlerlamellen in den Motorraum eindringt. Wer einen elektrischen Kühlerventilator hat, sollte ihn, wenn möglich, während der Wasserdurchfahrt ausschalten.

Ist keine Folie vor dem Kühlergrill befestigt, kann der Kühlerventilator durch die Wucht des hereinströmenden Wassers verbiegen. Ist der Ventilator vor dem Kühler montiert, wird dann auch noch der Kühler schwer beschädigt. Vor allem soll kein schlammiges Wasser auf den Kühler geraten. Sobald es verdunstet ist, bleibt Schlamm zurück, der die Lamellen verklebt und die Kühlleistung gefährlich vermindert.

Folie vor dem Kühler, „Ansaugstutzen" im Beifahrerfenster

Bei fast allen Geländewagen ist es erforderlich, weitere Öffnungen wie Heizung und Turboladerkühlung vor eindringendem Wasser zu verschließen. Sie finden sich meisten auf Motorhaube oder Kotflügel.

Wichtig: Bei der Wasserdurchfahrt nicht anhalten! Nur wenn Ihr Geländewagen ständig in Bewegung bleibt, kann das Wasser im Motorraum nicht hoch ansteigen. Bleiben Sie aber stehen, steigt das Wasser auch im Motorraum an und kann ihn komplett fluten.

Vor der Einfahrt ins Wasser sollte mindestens ein Bergegurt hinten am Geländewagen montiert werden. Die Bergung durch ein anderes Fahrzeug ist dann wesentlich schneller möglich.

Fahren wir der Situation angepasst: Auf schlammigem und felsigem Untergrund muss mit entsprechender Geschwindigkeit und eingelegtem Untersetzungsgetriebe gefahren werden. Im Fließgewässer darf auf keinen Fall gegen die Strömung gefahren werden. Der Wasserdruck würde den Motorraum fluten. Sollte der Motor doch absterben, lenken Sie troztzdem gegen den Strom. So wird verhindert, dass Wasser im Auspuff bis zum Motor hochsteigen kann.

Tipp: Je langsamer ich fahren kann, desto sicherer komme ich zum gegenüberliegendem Ufer. Und vergessen Sie nicht: So lange der Innenraum im extrem tiefen Wasser nicht geflutet ist, schwimmt auch ein 2,5 Tonnen schwerer Geländewagen.

Das Fahrzeug schwimmt

Nicht immer kann man einem sehr tiefen Wasserlauf ausweichen. Dann müssen Sie wissen, wann Ihr Fahrzeug aufschwimmt! Bei einem Land Rover Defender ist das ab etwa 1,25 m Wassertiefe der Fall. Der Land Rover wird solange schwimmen, bis der Innenraum zur Hälfte geflutet ist.

Ein Geländewagen, der schwimmt – und wenn es noch so kurz ist –, wird mit der Strömung mitgerissen und ist ihr hilflos ausgeliefert. Das gilt es natürlich zu verhindern, und dazu muss von vornherein eingeplant sein, den Innenraum zu fluten.

Zuerst will im Innenraum alles gesichert sein, was wegschwimmen könnte oder wasserempfindlich ist. Dann sollten Sie die Wassertiefe genau ermitteln, damit Sie beim Durchfahren des Flusses nicht im eigenen Geländewagen ertrinken. Fahren Sie stets leicht schräg mit der Strömung ins Wasser. Dabei halten Sie nur die Türen offen, die der Strömung abgewandt sind. Das Wasser wird sehr schnell einströmen, und das Fahrzeug bleibt immer mit den Rädern am Grund des Flusses. Sie können jetzt durch den Wasserlauf fahren. Wichtig: Schnallen Sie sich an, damit Sie nicht selbst vom Wasserdruck aus dem Sitz gehoben werden und die Kontrolle übers Fahrzeug verlieren.

Tipp: Das Schlimmste an der Übung ist nicht die Nässe bei der Flussdurchquerung, sondern die Nacharbeit: Sie müssen die Innenraumverkleidung zum Trocknen komplett demontieren. Das ist eine Heidenarbeit, weil sich allein schon der Teppichboden nicht so ohne weiteres herausnehmen lässt. Damit nichts rostet, ist es aber unerlässlich.

Anspruchsvolle Schlammpassage

Auf extrem schlammigen Untergrund sollte „Low Range" respektive das Untersetzungsgetriebe stets rechtzeitig zugeschaltet werden. Außerdem gilt generell:
▶ In Schlamm und Sand nicht anhalten, nicht schalten!
▶ Halten Sie Ihren Geländewagen immer in Bewegung!
▶ Schalten Sie das ESP aus!

„Ein Fahrzeug, das sich durch zähen Schlamm oder tiefen Sand vorwärts bewegt, ist Träger von Bewegungsenergie." Klingt sehr theoretisch, bringt aber im Gelände einen ganz praktische Erkenntnis: Es gehört weniger Kraft dazu, in Bewegung zu bleiben, als dazu, in einer solchen Situation auszukuppeln, den nächstniedrigeren Gang einzulegen und wieder anzufahren.

▶ Also nicht schalten, sondern beherzt Gas geben im Schlamm!

Wer bei einem Geländewagen mit Schaltgetriebe zum Gangwechsel auskuppeln muss, riskiert in diesem Moment, dass die antriebslosen Räder im tückischen Untergrund versinken und der Geländewagen stecken bleibt. Fahrer von Fahrzeugen mit Automatikgetrieben sind in solchen Situationen eindeutig im Vorteil: Der Automat bleibt auch beim Schalten kraftschlüssig.

Besitzt Ihr Geländewagen keine Achssperren, versuchen Sie, die Handbremse zu 30 % bis 50 % anzuziehen. Die Handbremse muss aber direkt auf die Bremstrommel der Hinterräder wirken und darf nicht auf die Kardanwelle wirken. Die Handbremse wirkt ein wenig wie eine Schlupfregelung. Natürlich müssen Sie dann gegen den größeren Widerstand deutlich mehr Gas geben.

Hilfreich sind auch so genannte Schlammketten. Sollten Sie keine haben, können Sie eine Art Kette improvisieren: Führen Sie Kabelbinder, Kabel oder Schnüre durch die Felge um den Reifen und verbinden alles fest miteinander. Dieses Methode ersetzt zwar keine stabile Schlammkette, aber sie hilft meistens zumindest ein Stück weiter.

Wenn die Reifen durchzudrehen beginnen, bewegen Sie das Lenkrad schnell hin und her. So bekommen die Vorderreifen mit Hilfe der äußeren Profilblöcke neuen Grip und ziehen das Fahrzeug meistens noch durch. Solange sich Ihr Fahrzeug noch irgendwie bewegt, heißt es: nicht aufgeben und weiterfahren. Erst wenn der Geländewagen sich wirklich gar nicht mehr bewegt, müssen Sie bergen.

Sollte die Schlammpassage länger als nur 10 m sein, so bleibt einem nichts anderes übrig, als im Straßengang und mit höherer Geschwindigkeit unter Einsatz aller Sperren zu versuchen, soweit wie möglich zu kommen. Beim Beschleunigen im Schlamm ist darauf zu achten, dass die Räder nicht mit zu hoher Geschwindigkeit durchdrehen. Durchdrehende Anriebsräder übertragen keine Vortriebskräfte auf den Untergrund. Müssen Sie im Schlamm eine Kurve fahren, nehmen Sie vorher alle Sperren heraus. Nur so können sie sicher sein, dass Ihr Geländewagen auch dem Lenkeinschlag im glatten Schlamm folgt. Die Gefahr des Rutschens ist dennoch sehr groß. Nach Durchfahren der Kurve sind alle Sperren wieder zu aktivieren.

Was auch im Schlamm gern vergessen wird, ist der Schutz der Kühler von Motor, Öl und Ladeluft. Der Schlamm verklebt sie sehr schnell. Dann sollten Sie sich Ihre Reifen ansehen: Der Luftdruck sollte deutlich reduziert werden. Ein Luftdruck von etwa 1,4 Bar reicht meistens aus, damit der Reifen „freiwerfen" kann. Das Profil wird so gereinigt und kann wieder greifen.

Vergessen Sie nicht, vor der Schlammpassage das Bergeseil am Fahrzeugheck zu montieren!

Das schnelle Durchfahren von längeren Schlammlöchern birgt allerdings eine sehr große Gefahr. Sollten die stark durchdrehenden Räder Kontakt mit griffigerem Untergrund bekommen, wirken schlagartig gigantische Drehmomente auf die Steckachsen, die das nicht aushalten werden. Sobald Sie merken, dass der Untergrund griffiger wird, müssen Sie sofort vom Gas gehen. Das kann sehr abrupt passieren, etwa wenn im Schlamm versteckt ein großer Stein oder ein Baumstumpf liegt.

Wo das Bergeseil befestigen?

Das Bergeseil sollte nur an Bergeösen oder etwas befestigt werden, das mindestens das 3-fache des zulässigen Fahrzeuggesamtgewichtes aushält. Die meisten Geländewagen müssen erst mit so etwas ausgerüstet werden. Was sich etwa am Rahmen eines Land Rover Defender findet, sind lediglich Transportsicherungsösen, die zum Verzurren des Autos beim Transport auf Anhängern oder im Container dienen. Bei einem ernsthaften Bergeversuch aus tiefem Schlamm werden diese Ösen höchstwahrscheinlich sofort abreißen.

Rustikal, aber stabil sind solche Eigenbau-Lösungen.

Am besten eignet sich als Anschlagspunkt zur Bergung die Anhängerkupplung, über die fast jeder Geländewagen und SUV verfügt. Wenn möglich, sollten zwei Schlaufen des Gurtes über den Kugelkopf gehängt werden. Bei der Anhängerkupplung gilt es zu bedenken, dass sie je nach Modell für rollende Lasten von etwa 2 bis 3,5 t ausgelegt ist. Hat Ihr Geländewagen ein zulässiges Gesamtgewicht von 2,8 t, sollte die Anhängerkupplung nach einschlägiger Definition aber eine Zuglast von 8,4 t aushalten! Eine Anhängerkupplung ist sehr empfindlich: Wenn nicht mittig gezogen wird, kann sich der Kugelkopf leicht verbiegen!

Auf keinen Fall dürfen Bergegurt oder Seil an Achsen oder Lenkstangen befestigt werden! Auch die Stoßstangen sind in den allermeisten Fällen nicht für die Fahrzeugbergung ausgelegt.

Tipp 1: Ein stabiler Anschlagspunkt (Bergeöse) vorn und hinten am Geländewagen ist unerlässlich für die sichere Fahrzeugbergung. Schäkel müssen den gleichen Durchmesser haben wie das Seil. Sonst können dessen Fasern beschädigt werden, und es reißt. Perfekt sind je zwei Ösen vorn und hinten am Fahrzeug. Sie lassen sich mittels eines kurzen Seiles verbinden, und an dieses Seil wird dann das Bergeseil mit Hilfe eines Schäkels angeschlagen. Sollte die Bergung in einem engen Teilstück erfolgen, wo beide Fahrzeuge rangieren müssen, kann das Bergeseil zwischen den Ösen über das Seil wandern. Das Auto wird dann in Kurven nicht so hart herumgerissen.

Tipp 2: Um das zeitaufwändige Suchen nach der Bergeöse zu vermeiden, hat es sich als hilfreich erwiesen, mit leuchtend roten Pfeilen auf ihre Position zu zeigen – vorn und hinten.

Bergeseil, Bergegurt oder Stahlseil?

Das Bergen eines eingesandeten oder sonstwie havarierten Fahrzeugs ist eine häufige Übung im Gelände. Die Kunst besteht darin, den Havarierten freizubekommen und weder ihn noch das Bergefahrzeug zu beschädigen.

*Bergegurt: Kompakte Abmessung,
aber kaum Dehnung (maximal 5 %)*

Das Bergematerial muss nicht nur das Fahrzeuggewicht sondern auch die Kräfte, die es festhalten, als Zuglast aushalten. Die Bruchlast wird nach folgender Formel berechnet: Zulässiges Gesamtgewicht multipliziert mit dem Faktor 3. Ein Geländewagen mit dem zulässigen Gesamtgewicht von 2,8 t muss mit Material geborgen werden, das eine Bruchlast von rund 8,4 t aufweist (2,8 t x 3 = 8,4 t).

Ist ein Fahrzeug bis aufs Bodenblech im Schlamm versunken, hilft sanftes Anfahren nicht mehr weiter. In diesem Fall muss das ziehende Fahrzeug mit Schwung anfahren, um genügend Anzugsmoment zu erzeugen. Dafür taugt dann am besten elastisches Material, das den Anfahrruck auffängt. Sonst droht der Bruch der Bergeösen, oder (im Sand) am Ende sitzen beide Fahrzeuge fest, vor allem, wenn der Fahrer des Zugfahrzeugs mit durchdrehenden Rädern zu ziehen versucht hat.

Also wählen wir Seil (gut erhältlich) oder Gurt (eher selten) mit etwa 30 % Dehnung. Bergeseile gibt es in verschiedenen Längen, am gebräuchlichsten sind die 9-Meter-Seile in allen Bruchklassen. Sie haben zusätzlich den Vorteil, dass sie sich mit Umlenkrollen kombinieren lassen. Bergeseile mit 30 % Dehnung gibt es mittlerweile auch schwimmfähig. Das ist in der Wüste vielleicht nicht so wichtig, bewährt sich aber schon im feuchten Norddeutschland. Was nützt das beste Bergeseil, wenn man erst einmal danach tauchen muss, nachdem es jemand dem Havarierten zugeworfen hat?

Achtung: Egal, ob Sie Stahlseil, Bergegurt oder Bergeseil verwenden – alle können reißen! Dann droht der gefährliche „Peitschen-Effekt": Das Seil schlägt zurück und kann Sie lebensgefährlich verletzen. Besonders Nylonseile (PA) entwickeln beim Bruch eine enorme Rückschlagenergie.

Tipp: Wird ein Fahrzeug geborgen, müssen die umstehenden Personen Sicherheits-Abstand in der anderthalbfachen Seillänge halten. Wichtig: Legen Sie stets eine Jacke, eine Fußmatte, ein Handtuch oder ein weiteres Bergeseil aufs das gespannte Seil. Das mindert den Peitscheneffekt deutlich.

Richtig bergen

Es gilt die Faustregel: So lange man nicht unter dem Auto hindurchsehen kann, erspart man sich zunächst das Ziehen und gräbt erst einmal den Geländewagen weiter aus. Das mag viel Zeit kosten, es ist aber die sicherste Methode, einen Geländewagen vor Schäden beim Bergen zu schützen.

Dann kann es ans Bergen und Ziehen gehen. Als beste Lösung haben sich möglichst elastische Bergegurte und -schlingen erwiesen. Wahre Wunder bewirkt ein hochelastisches Seil, das es in Längen von 5 und 20 m gibt. Bekannt ist es als „Black-Snake"-Seil oder als „Hashi-Ken"-Bergegurt. Es handelt sich in beiden Fällen um ein dem Bungee-Seil verwandtes Produkt aus Australien. Es hat eine Dehnung von rund 80 % und kann mit anderen Seilen gekoppelt werden. Die Anwendung der elastischen Seile ist im Allgemeinen einfach, will aber wenigstens einmal geübt sein.

Das Bergen zählt zu den Standardübungen im schweren Gelände.

Die Anwendung: Das Seil wird ordnungsgemäß zwischen Zugfahrzeug und dem Havaristen montiert. Dann fährt das Bergefahrzeug langsam bis zur maximalen Dehnung an. Diese maximale Dehnung ist im Zugfahrzeug dadurch zu bemerken, dass es langsam trotz ausreichender Motorleistung zum Stillstand kommt. Ist nun das Zugfahrzeug aufgrund des Widerstandes zum Stehen gekommen, muss die Fußbremse mit aller Kraft getreten werden. Das Seil wird sich dann etwas zusammenziehen und das zu bergende Fahrzeug kommt ganz sanft wieder frei. Sollte das nicht gleich beim ersten Mal zum Erfolg führen, so ist es mit etwas mehr Schwung zu wiederholen. Mit etwas Übung ist dies die schonendste Art, ein Fahrzeug zu bergen.

Achtung: Seile und Bergegurte dürfen nur bis zu 80 % der maximalen Bruchfestigkeit belastet werden. Eine 20-prozentige Sicherheit muss immer abgezogen werden.

Hilfreich ist es in allen Fällen, wenn zwei Bergegurte oder Seile von je 9 m Länge vorhanden sind: eins für unwegsames Gelände und beide, um im tiefen Sand oder bei einer Wasserdurchfahrt mit 18 m Länge ziehen zu können, ohne sich selbst in die Gefahrenzone zu begeben.

Mit dem Gurt allein ist es nicht getan. Er will auch an beiden Fahrzeugen befestigt sein – was unter Umständen schwierig ist, wenn etwa der Havarist sich nicht rückwärts bergen lässt. Die Abschleppösen am Bug der meisten Geländewagen sind zu klein zum Durchschlaufen des Bergegurtes. Die Öffnung in der Stoßstange der meisten SUV erfordert auf den ersten Blick gar einen Schäkel zum Befestigen des Gurtes. Doch auf den sollte man tunlichst verzichten, da die verschweißten Ösen zwar äußerst stabil sind, aber nur für die in der Längsachse einwirkenden Zugkräfte.

So sieht eine stabile Seilverbindung mit dem Bergefahrzeug aus.

Der Gesetzgeber fordert zur Fahrzeugbergung nur Abschleppmöglichkeiten für maximal 50 % des Fahrzeuggewichtes – bei geradem Zug. Das kann bedeuten, dass die Abschleppösen eines 2,0 t schweren Geländewagens nur für maximal 1,0 t Zuglast zugelassen sind.

Muss im Gelände schräg gezogen werden und fällt der Ruck einmal etwas zu kräftig aus, kann die Öse nachgeben und der dann freikommende Schäkel wird zum lebensgefährlichen Geschoss. Besser ist es deshalb, einen Schlupf, also eine Schlaufe aus dünnem und dennoch stabilem Material durch die Öse zu ziehen, durch die dann der Bergegurt geführt werden kann. Noch besser ist ein Seil mit etwa 30 % Dehnung.

Bei extremer Belastung des Bergematerials ist es sicherer, die Motorhaube des zu bergenden Fahrzeugs aufzustellen, um beim Seilbruch zusätzlichen Schutz vor dem Peitscheneffekt zu haben.

Das Bergeseil hat 30 % Dehnung und ist schwimmfähig.

Wer allein unterwegs ist, kommt meist nur mit dem Hi-Lift-Wagenheber frei. Der wird erst am Heck exakt in der Wagenmitte angesetzt und maximal ausgefahren. Sobald die komplette Hinterachse schwebt, drücken Sie den Wagen zur Seite, kippen ihn also gleichsam vom Heber und versetzen ihn so um gut einen halben Meter. Das Prozedere vorn wiederholt, lässt sich der Wagen so bis zu einige Meter weit seitlich versetzen. Unter das angehobene Fahrzeug lassen sich natürlich auch Sandbleche legen, die das Anfahren erleichtern.

Tipp: Zur Sicherheit aller Beteiligten sollte bei allen Bergeaktionen stets eine Person als verantwortlicher Einweiser bestimmt werden. Ihre Anweisungen sollten dann aber auch alle befolgen.

Vorwärts oder rückwärts bergen?

Wann immer es geht, sollte das Bergefahrzeug vorwärts fahren. Getriebe sind für Vorwärtsfahrt ausgelegt, das Rückwärtsfahren ist die Ausnahme. Bei einer Bergeaktion kommt große zusätzliche Last auf das Getriebe, im Rückwärtsgang kann es dabei Schaden nehmen.

Traktionshilfe zum Wiederanfahren

Sandbleche

Sandbleche, die weichen Untergrund selbst für schwere Fahrzeuge befahrbar machen, gibt es schon seit Jahrzehnten. Relativ neu auf dem Markt sind GFK-Sandbleche aus glasfaserverstärktem Kunststoff. Die Unterseite hat Riffelblech-Struktur, die Oberseite ist mit traktionssicherem Granulat beschichtet. Sie sind flexibel und nehmen nach Entlastung von selbst wieder ihre ursprüngliche Form an. Zum Überbrücken breiterer Spalten sind sie nicht geeignet. Fazit: Gute Alternative zum Metall-Sandblech und dem teuren Kevlar-Blech. Gewicht: bei 1,18 m Länge nur etwa 2,8 kg, leicht verstaubar.

Das ist ein typischer Fall für den Einsatz von Traktionshilfen wie Sandblechen.

Sandbleche vergrößern die Auflagefläche auf weichem Grund und machen auch das Anfahren wieder möglich. Wer nach vorn weiterfahren will, sollte die Bleche unter die Hinterräder legen. Vorn untergelegte können sich unterm Wagenboden verkeilen, weil sie sich heben, wenn der Reifen das vordere Ende des Blechs erreicht hat.

In sehr weichem Boden können die Bleche beim Anfahren vollständig versinken. Das Wiederfinden und Ausgraben ist oft nicht ganz einfach. Obendrein kann es ziemlich lange dauern, bis fester Grund erreicht ist und man gefahrlos wieder stoppen kann.

Tipp: Befestigen Sie die Bleche mit Seil an Abschlepp- oder Bergeösen So lassen sie sich bis zum Erreichen festen Untergrunds hinter dem Auto herschleifen. Das Seil sollte mindestens 5 m lang sein, damit das Blech beim Hin- und Hertaumeln oder gar Springen nicht das eigene Auto trifft.

Sandleitern

Sandleitern sind fast komplett in Vergessenheit geraten. Sie haben ihren Namen von ihrem Erscheinungsbild, sind recht solide und leicht, bieten gute Druckverteilung und mäßige Anpassung an die Geländestruktur, lassen sich auch zum Überbrücken von Hindernissen nutzen und natürlich auch als Leitern. Wie die sind aber auch die Sandleitern sperrig und schlecht zu verstauen.

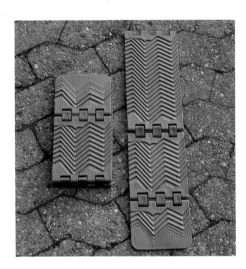

Kurze Anfahrhilfen

Kurze Anfahrhilfen waren vor einigen Jahren einmal groß in Mode, sie haben eine Länge von 30 bis 50 cm, sind meistens aus Hartplastik und klappbar. Sie können aufgrund ihrer Kürze nur dort weiterhelfen, wo der Boden eigentlich noch tragfähig genug ist, so dass nur ein kurzes Anfahren notwendig ist, um weiterzukommen.

Beim Anfahren auf einer kurzen Anfahrhilfe ist jedoch größte Vorsicht geboten. Sollte zu viel Gas gegeben werden, können die Anfahrhilfen hochgeschleudert oder in den Boden gedrückt werden, wo sie meist aufgrund ihrer Größe nicht mehr zu finden sind.

Kurze Anfahrhilfe aus Kunststoff

Waffelboard

Waffelboards sind noch nicht sehr lange auf dem deutschen Markt. Die Materialstärke beträgt 25, 38 oder 50 mm. Sie besitzen Gitterrost-Struktur, biegen sich nicht so stark wie GFK-Bleche und lassen sich auch zum Überbrücken von Hindernissen wie Spalten und Gräben nutzen. Sie sind schwerer als Alubleche, aber dennoch handlicher. Die Oberfläche ist quarzgesandet. 38-mm-Bretter tragen bis 4,5 t.

Tipp: Erfahrungen aus dem Rallye-Sport haben gezeigt, dass auch die ansonsten recht robusten Waffelboards brechen, etwa wenn das Fahrzeuggewicht unter Einwirkung von dynamischen Kräften das Waffelboard belastet und es auf einem spitzen Stein aufliegt. Es ist also etwas Vorsicht angeraten.

Das Fahrzeug fällt auf die Seite

Im verwinkelten und zerklüfteten Gelände kann ein Geländewagen bauartbedingt sehr leicht umkippen. Sollte Ihnen dieses Unglück einmal wiederfahren, hilft fogende Vorgehensweise:

► Zündung sofort ausschalten!

► Zuerst befreien sich die untenliegenden Personen aus den Sicherheitsgurten. Sie helfen den Obensitzenden, sich aus den Gurten zu stemmen, damit sich auch ihre Gurtschlösser öffnen lassen.

► Treten Sie nicht auf die möglicherweise noch intakten Scheiben.

► Verlassen Sie das Fahrzeug vorsichtig. Ein auf der Seite liegendes Fahrzeug ist im Allgemeinen sehr instabil, kann sich erneut aufschaukeln und weiterrollen.

► Auf das Aussteigen durch das Schiebedach sollte in den meisten Fällen verzichtet werden. Es ist meist sehr schmal, und das Fahrzeug könnte weiter aufs Dach rollen.

► Der sicherste Ausstieg ist der durch die Hecktür. Sie muss natürlich frei und zugänglich sein.

► Beim Öffnen der Seitentüren ist das enorme Gewicht der Türen zu bedenken. Wenn von außen keine Hilfe erfolgt, muss die Tür von innen aufgestemmt werden. Wer als erster aussteigt, muss von außen die Tür offenhalten.

► Der Letzte sollte die Handbremse anziehen und den 1. Gang in der Untersetzung einlegen. Das verhindert das unkontrollierte Wegrollen beim Wiederaufrichten.

► Die letzte aussteigende Person sollte zudem Feuerlöscher, Verbandkasten und Bergematerial nach außen reichen.

► Haben alle Mitfahrer das Fahrzeug verlassen, ist die Unfallstelle abzusichern. Bergegurt oder Seil werden am höchsten Punkt des Rahmens befestigt.

Das Fahrzeug überschlägt sich

Ein Überschlag, egal mit welchem Fahrzeug, ist immer eines der unangenehmsten Erlebnisse überhaupt. Hauptproblem ist das unkontrolliert umherfliegende Glas der Seitenscheiben.

Während des Überschlags ist es enorm wichtig, Hände und Arme unter Kontrolle zu halten. Sie dürfen nicht durch das offene Fenster geraten. Rallye-Fahrzeugen haben deshalb Netze im offenen Fenster, die das verhindern sollen. Hat man das Glück, in einem Fahrzeug mit Überrollkäfig und Hosenträgergurten zu sitzen, so umfasst man über Kreuz die Hosenträgergurte in Höhe der Brust und wartet den Stillstand des Fahrzeugs ab. Sollte man das Pech haben, in einem serienmäßigen Geländewagen zu sitzen, so umfasst man den Kopf zum Schutz mit beiden Händen und wartet dann ebenfalls den Stillstand des Fahrzeuges ab.

Was ist zu tun, wenn das Fahrzeug auf dem Dach liegengeblieben ist?

► Als erstes ist der Motor auszuschalten.

► Bei einem unter Spannung stehenden Gurt lässt sich das Gurtschloss nicht öffnen. Also sollte man sich mit beiden Beinen am Armaturenbrett abstützen und kräftig in den Sitz pressen, der Sicherheitsgurt wird so entlastet.

► Sollte das nicht klappen, hilft nur noch das Notmesser zum Aufschneiden des Gurtes. Dieses Notmesser mit Notfallhammer sollte in jedem Geländewagen immer in Reichweite von Fahrer und Beifahrer angebracht sein.

► Als Nächstes schützen Sie mit einem Arm den Kopf und lösen mit der Hand des anderen den Sicherheitsgurt.

▷ Durch leichtes Lösen der Beinspannung gleiten Sie aus dem Sitz und lassen sich möglichst seitlich abrollen. Vorsicht, auf dem Boden können Glasscherben liegen.

▷ Zum Aussteigen nehmen Sie am besten den Weg durch Hecktür oder Heckklappe.

▷ Beim Aussteigen Bergematerial, Feuerlöscher und Verbandkasten nicht vergessen.

▷ Denken Sie daran, die Handbremse anzuziehen und den 1. Gang, möglichst in der Untersetzung, einzulegen.

▷ Sichern Sie die Unfallstelle ab.

Nach dem Off-Road-Einsatz: Fahrzeugkontrolle

Die abschließende Fahrzeugkontrolle beim Verlassen des Geländes zählt zu den wichtigsten Dingen im Leben eines Off-Road-Fahrers. Anschließend geht es vielleicht wieder auf die Autobahn, und dort werden andere Geschwindigkeiten gefahren als im Gelände. Bei der Abschlusskontrolle ist noch einmal volle Konzentration gefragt.

▷ Das Wichtigste sind die Reifen: Gibt es erkennbare Einschnitte oder sonstige Beschädigungen, die später zu den gefürchteten Reifenplatzern führen können?

▷ Haben sich Steine im Reifenprofil festgesetzt?

▷ Sind Spur- und Lenkstange unbeschädigt?

▷ Sind Bremsscheiben und -beläge frei von Verunreinigungen und bremsen sie gleichmäßig? Eventuell durch langes leichtes Bremsen die Bremsscheiben säubern.

▷ Kontrollieren Sie den Unterboden, ob sich Äste oder Ähnliches verfangen haben. Sie müssen natürlich entfernt werden.

▷ Sind Kennzeichen und Beleuchtung sauber und funktionsfähig?

▷ Ist der Reifendruck wieder den Straßenverhältnissen angepasst?

▷ Sind die Kühler frei von Unrat und die Lamellen sauber?

▷ Verliert das Fahrzeug Flüssigkeiten?

Vergessen Sie nicht das Reinigen der Bremsen und der Bremsscheiben – und natürlich der Reifen.

▷ Kontrollieren Sie den Ölstand. Sollte der sich deutlich verändert haben, muss unbedingt die Ursache gefunden werden. Von einer Weiterfahrt ist ansonsten aus Sicherheitsgründen abzuraten.

▷ Sind die Außenspiegel wieder ausgeklappt und korrekt eingestellt?

▷ Sind die Scheinwerfergläser unbeschädigt, sauber und trocken?

Hilft auch aus dem dicksten Schlamassel: eine perfekt angepasste Seilwinde.

Seilwindeneinsatz

Welche Seilwinde passt?

Über die benötigte Größe und Zugkraft der Seilwinde entscheidet das Fahrzeuggewicht. **Als Faustformel für die Zugkraft gilt:** zulässiges Fahrzeuggesamtgewicht mal 1,5. Für ein Fahrzeug mit dem zulässigen Gesamtgewicht von 2,8 t gilt: 2,8 x 1,5 = 4,2 t.

Die große Kraft wird beispielsweise im Schlamm benötigt, der besonders zäh ist und gleichsam am Wagen saugt. Er will also regelrecht losgerissen sein, bevor er sich mit der Winde weiterziehen lässt.

Alternativen zur Seilwinde

Die Alternativen zur Seilwinde sollen hier nur der Vollständigkeit halber angesprochen werden. Ihr Einsatz ist eher selten geworden ist und sie spielen eine untergeordnete Rolle. Ausnahmen gibt es nur bei einigen Spezialanwendungen oder Berufsgruppen.

Seil-Spill

Ein Seil-Spill ist eine sich langsam drehende Seiltrommel, meist hydraulisch über einen Nebenantrieb vom Fahrzeugmotor angetrieben. Ein Bergeseil ohne Dehnung wird mehrmals um die Seiltrommel gelegt. Durch die Reibung wirkt Kraftübertragung auf das Seil, das dadurch auf die Seiltrommel aufgerollt wird. Ein Seil-Spill ist meist an der Fahrzeugfront montiert.

Seilzug

Ein Seilzug ist ein Greif- und Zugmechanismus. Der Seilzug wird mittels Handbetrieb über einen Hebel angetrieben. Der Seilzug wird etwa an einem Baum befestigt. Anschließend wird das zu bergende Fahrzeug mit einem Stahlseil verbunden, dass in den Seilzug eingeführt wird. Über einen Mechanismus wird jetzt das Seil eingezogen, bis das Fahrzeug befreit ist.

Kunststoff- oder Stahlseil?

Seile aus Kunststofffasern bringen nur ein Achtel des Gewichts von Stahlseilen auf die Waage, besitzen aber die gleiche Festigkeit. Der Vorteil des Kunststoffseils ist also sein geringes Gewicht, an einer Standardseilwinde lassen sich so 8 bis 12 kg sparen. Da das Kunststoffseil im Allgemeinen einen kleineren Durchmesser hat, lässt sich auch wesentlich mehr Seil auf die Winde spulen. Wichtig bei Kunststoffseilen ist, dass sie sich nicht dehnen dürfen. Ein unter Zug stehendes Seil wird dünner. Wird es belastet auf die Trommel gedreht, dehnt es sich beim Entlasten wieder aus und lässt sich kaum mehr abwickeln.

Das klassische Stahlseil hat aufgrund seines sehr hohen Gewichtes fast ausgedient. Es hat aber auch Vorteile. So lässt sich weltweit stets Ersatz für ein zerstörtes oder beschädigtes Seil finden. Außerdem ist es gegen UV-Licht resistent, was gerade in heißen Regionen wichtig sein kann.

Befestigung der Seilwinde am Geländewagen

Vorzugsweise sollten typenspezifische Montagesysteme verwendet werden. Diese werden von den Winden-händlern angeboten. Eigenbauten müssen immer auf die Zugkraft der Seilwinde ausgelegt sein. Aufwändig bei den Eigenbauten kann der Nachweis der Standfestigkeit des Systems werden.

Beim Aufbau-System sitzt die Winde sichtbar auf oder in gleicher Höhe mit der Originalstoßstange. Sie wird mit einem Anbausatz direkt am Rahmen befestigt. Für die TÜV-Abnahme sind Abdeck-hauben für Winde und Rollenseilfenster vorgeschrieben. Dieses System sitzt auf einer betriebsfreundlichen Höhe und erlaubt ein leichteres Arbeiten im Vergleich zum Unterbausystem.

Diese Aufbauseilwinde ist mit einem Kunststoffseil bestückt.

Bei Unterbausystemen sitzt die Winde fast unsichtbar unter der Stoßstange. Auch hier wird die Winde mit einem fahrzeugspezifischen Anbausatz direkt am Rahmen befestigt. Für die TÜV-Abnahme sind Abdeckhauben für Winde und Rollenseilfenster nicht grundsätzlich vorgeschrieben, das hängt vom Anbausatz ab.

Für die meisten Geländewagen werden beide Systeme angeboten, teilweise bereits ab Werk oder über Ihren Händler.

Der Baumgurt

Der Baumgurt soll Seil und Pflanze vor Beschädigungen schützen. Schlingt man das Windenseil direkt um einen Baum oder einen anderen Gegenstand, so verringert sich die Seillänge um die Schlingengröße. Dieser Längenverlust kann beim Bergen schmerzhaft fehlen. Diese Bergemethode hat zwei wesentliche Nachteile: Das Seil kann die Rinde beschädigen, und es wird seinerseits durchs Einhaken des Windenseilhakens mechanisch stark beansprucht.

Links ohne Baumgurt, rechts mit Baumgurt

Diese punktuelle Belastung des Seiles im Bereich des Hakens kann das Seil erheblich verbiegen und beschädigen. Diese Beschädigungen kann man vermeiden, wenn ein Baumgurt verwendet wird. Der Baumgurt gehört zum wichtigsten Zubehör einer Seilwinde.

Der normale Windeneinsatz

Der typische Einsatz im Gelände: Das Fahrzeug ist festgefahren und muss mit der Seilwinde geborgen werden. Jetzt empfiehlt sich folgender Ablauf:

1. Wählen Sie einen Anschlagpunkt in Fahrzeugnähe, der möglichst in Zugrichtung der Winde liegt. Meistens wird ein Baum, Fels oder ein anderes Auto benutzt.
2. Das Bergeseil sollte nur an Bergeösen oder Stellen am Fahrzeug befestigt werden, die für mindestens das 3-fache des zulässigen Fahrzeuggesamtgewichts ausgelegt sind (siehe Kapitel D, Wo das Bergeseil befestigen?).
3. Steuern Sie das bergende Fahrzeug, muss Ihr Auto mit einem Gurt gegen das Abrutschen in Richtung des zu bergenden Geländewagens gesichert werden. Der Gurt wird um einen in der Nähe Ihres Fahrzeughecks befindlichen Baum oder Fels geschlungen und anschließend am Fahrzeug befestigt.
4. Schalten Sie die Winde auf „Freilauf" und befestigen Sie einen kurzen Verzurrgurt mit Griffschlaufe am Seilhaken, er erleichtert das Herausziehen des Seiles von der Seilwindentrommel.
5. Handschuhe anziehen und den Baumgurt am gewählten Anschlagpunkt befestigen. Der Baumgurt sollte möglichst tief angebracht sein. Beide Gurtenden mit dem Schäkel verbinden.

*Für jedes Fahrzeug gibt es
spezielle Seilwindenhalterungen.*

*Wenn sonst nichts mehr geht:
Die Seilwinde wird's wohl packen.*

6 Das Windenseil in den Schäkel des Baumgurtes einhängen. Auf der Seilwinde sollten immer 5 Windungen Seil verbleiben. Ohne diese Reserve besteht die Gefahr, dass das Seil aus der Seilwindentrommel herausreißt.

7 Den Freilauf der Winde abschalten und die Fernbedienung anschließen; Seil leicht spannen.

8 Achten Sie darauf, dass sich niemand im Gefahrenbereich befindet. Der umfasst auch den Raum hinter dem zu bergenden Fahrzeug.

9 Bei extremer Seilspannung ist die Motorhaube als Schutz hochzuklappen; Jacke oder Decke sind auf das Seil zu legen, um die Gefahr des Peitscheneffektes zu verkleinern.

10 Setzen Sie sich mit der Fernbedienung ans Steuer und lassen Sie den Motor während des Seilbetriebes laufen, denn die Batterie wird sehr stark beansprucht.

11 Wird jetzt das Windenseil eingezogen, sollten Sie die Bergeaktion mit dem Fahrzeug unterstützen, lassen Sie den Geländewagen im 1. untersetzten Gang mitfahren.

12 Legen Sie jede Minute eine Pause ein, um Windenmotor und Fahrzeugbatterie zu schonen. Ein durchgebrannter Seilwindenmotor bedeutet das sofortige Ende der Bergeaktion. Als sehr hilfreich hat sich das Abkühlen des Windenmotors mit Wasser gezeigt: einfach Wasser über den heißen Elektromotor gießen. Keine Angst, der Motor ist wasserdicht.

13 Hat das Fahrzeug wieder Vortrieb, lassen Sie den Motor laufen und die Winde unter leichtem Zug das Seil wieder aufspulen.

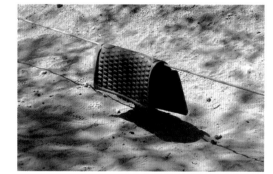

*Eine Fußmatte hilft, den Peitscheneffekt
zu mindern.*

Einsatz mit Umlenkrolle

Zum Schonen des Windenseils, vor allem aber zum Schutz der Seilwinde vor Überlastung ist der Einsatz einer Umlenkrolle ein Muss. Auch zum sicheren Bergen von Fahrzeugen oder zum Wegziehen von Hindernissen kann eine Umlenkrolle gute Dienste leisten.

Sie verdoppelt die Zugkraft der Seilwinde, wenn das Seil in Richtung des Zugfahrzeuges zurückläuft. Befestigen Sie den Seilhaken nicht an der Windenhalterung, sondern am Abschlepphaken. Die Windenhalterung müsste ansonsten das Doppelte der normalen Zugkraft aufnehmen.

Aufrollen des Seiles

Entspannen Sie das Seil und lösen es vom Anschlagpunkt, Handschuhe anziehen und das Windenseil gleichmäßig aufrollen. Lassen Sie das Seil nicht durch die Handschuhe rutschen, greifen Sie lieber um. Das Windenseil kann kleinere Beschädigungen (Fleischhaken) aufweisen, die sofort zu sehr schmerzhaften Verletzungen an den Händen führen können.

Griffschlaufe am Seilhaken, dieser erleichtert das Arbeiten am Seil!

Das Windenseil immer ordentlich und unter Spannung aufrollen, wenn möglich gleichzeitig reinigen und ölen! Das Windenseil wärend des Einrollens auf Bruch- und Quetschstellen untersuchen, defekte Seile müssen ausgetauscht werden.

Tipp: Falls nicht vorhanden: Befestigen Sie eine Griffschlaufe am Seilhaken. So verhindern Sie Verletzungen und Quetschungen beim Aufrollen.

Tricks und Kniffe

▶ Auf der Seilwinde müssen immer 5 Windungen verbleiben. Kleben Sie diese mit Panzerband fest und markieren sie die Position auf dem ablaufenden Seil deutlich.

▶ Führen Sie mindestens 2 bis 3 Seilklemmen in passender Größe mit. Falls der Haken abreißt, können Sie vor Ort reparieren. Die Seilklemmen immer versetzt anordnen.

▶ Starthilfekabel sind immer gute Helfer in der Not. Ebenso destilliertes Wasser, falls die Batterie doch einmal schlapp macht.

▶ Schäkel nie ganz fest zudrehen, lieber eine halbe Umdrehung zurück, dann geht's auch ohne Zange wieder auf.

▶ Das Windenseil nie zum Abschleppen des eigenen Geländewagens benutzen.

▶ Raue Gummihandschuhe sind in Schlamm und Wasser nicht so schlüpfrig wie Lederhandschuhe. Deshalb immer zwei Paar Handschuhe mitnehmen.

▶ Wer das Gewicht nicht scheut, kann auch einen richtigen Anker mitnehmen, am besten einen Patentanker. Der hat zwei bewegliche Flunken und gräbt sich bei Zug in den Boden ein. Eine effektive Methode, wenn kein Baum oder Ähnliches in der Nähe ist.

▶ Bei seitlichem Ziehen schlagen Sie die Vorderräder in Zugrichtung ein. Der Reifen kann sonst von der Felge gedrückt werden oder das Fahrwerk kann beschädigt werden.

▶ Nach Tauchfahrten sind alle Funktionen der Seilwinde zu überprüfen, denn korrodierte Relais und Rost sind die Hauptursachen von Defekten.

▶ Die Steckverbindungen der Fernbedienung gelegentlich mit Kontaktspray besprühen.

▶ Was ist zu tun, wenn man sich mitten in der Sahara eingegraben hat und gerade keine Palme oder Ähnliches in der Nähe ist? In dieser Situation hilft nur ein Bodenanker. Als Bodenanker bietet sich etwa das Reserverad an. Das stehende Reserverad wird in einer entsprechend tiefen Grube eingegraben. Das Bergeseil wird durch die Radnabenöffnung der Felge geführt und stabil an der Felge befestigt (z. B. mit Hilfe eines Radkreuzes). Anschließend wird die Grube wieder aufgefüllt. Es ist eine zeitaufwändige, aber effektive Methode!

Aus dem Bootszubehör kommt der Patentanker, hier ein Danforth-Anker.

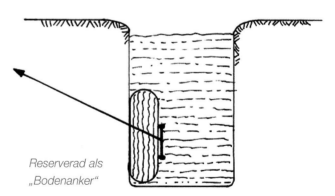

Reserverad als „Bodenanker"

Perfekte Vorbereitung ist in der Sahara die halbe Lebensversicherung.

Wüste
– Spezielles zur Fahrt
in der Sahara

Oberflächen in der Wüste

Die Sahara ist größtenteils (70 % der Gesamtfläche) eine Stein- oder Felswüste (Hammada), eine Kies- beziehungsweise Geröllwüste (Serir). Die Sandwüste (Erg) macht entgegen der landläufigen Meinung mit etwa 20 % nur einen geringen Teil aus.

Normale Straßenreifen sind nicht für die Wüste geeignet.

Auf dem Weg zum Sand befahren Sie also unterschiedliche Oberflächen, die in den folgenden Abschnitten näher betrachtet werden. Wichtig zu wissen ist, dass unabhängig von der gewählten Fahrtstrecke grundsätzlich mit extrem spitzen Steinen zu rechnen ist. Bei der kleinsten Unachtsamkeit sind da die Reifen schnell zerschnitten. Deshalb ist eine Sahara-Tour nur mit stabilen Reifen (AT oder MT) zu empfehlen.

Tipp: Auf sehr staubigen Pisten sollten alle Fenster geschlossen bleiben, auch wenn es bei den Temperaturen schwerfällt. Denn auch ein nur leicht geöffnetes Fenster erzeugt im Wageninneren einen Unterdruck, der den Staub der Piste direkt ansaugt. Das Ergebnis der „Staubsauger"-Funktion ist bald zu sehen: Eine dicke Staubschicht bedeckt den gesamten Innenraum.

Die Sonnenbrille

Immer ein wenig unterschätzt wird die Bedeutung der Sonnenbrille in der Sahara. Sie ist besonders wichtig in der Wüste und überall dort, wo bei starker Sonneneinstrahlung gefahren wird. Die Tönung spielt eine große Rolle. Für Autofahrer sind Sonnenbrillen mit braun oder grau getönten Gläsern empfehlenswert. Als besonders empfehlenswert, auch für den alltäglichen Gebrauch im Straßenverkehr, haben sich gelblich getönte Gläser erwiesen: Sie verstärken Kontraste, so dass Verkehrszeichen deutlicher erscheinen. Blaue, rote oder grüne Gläser sollten nicht im Straßenverkehr benutzt werden!

Tipp: Wer seine Sonnenbrille testen möchte, sollte im Auto bei Sonneneinstrahlung versuchen, das Navigationsgerät abzulesen. Bereitet das Schwierigkeiten, sollten Sie über eine andere Tönung nachdenken.

Ist eine Klimaanlage in der Wüste sinnvoll?

Wer der Meinung ist, dass gerade in der großen Hitze Afrikas die Klimaanlage unentbehrlich ist, wird jetzt wohl enttäuscht werden. Oft wird die Klimaanlage wegen der ungewohnt hohen Umgebungstemperaturen viel zu kühl eingestellt, so dass sich viele Wüstenfahrer schon nach wenigen Tagen erkälten. Da bei einer Fahrt „Off-Road" durch die Wüste häufiger zwecks Pausen oder zur Wegfindung angehalten werden muss, bedeutet das Aussteigen jedes Mal einen Temperaturschock für den menschlichen Körper.

Eine Klimaanlage muss in der Wüste Schwerstarbeit leisten. Diese Arbeit kann den Kraftstoffverbrauch bei einem durchschnittlichen Dieselmotor um bis zu 30 % erhöhen! Die Mindestreichweite in der Wüste sollte immer 1000 km betragen, jeder Mehrverbrauch verringert sie.

Es gibt auch hier eine Ausnahme von der Regel, etwa wenn das Fahrzeug in der Wüste für einen Krankentransport genutzt wird. In diesem Falle hat natürlich das Wohlbefinden des Kranken Priorität, und da kann die Klimaanlage helfen.

Hat sich der Krankentransport festgefahren, sollte der Fahrer wenn möglich nicht aussteigen. Temperatur und Luftfeuchtigkeit im Fahrzeug steigen beim Öffnen der Tür schlagartig an und können beim Erkrankten Kreislaufprobleme auslösen. Aus diesem Grunde sollten im Konvoi Mitfahrer aus den anderen Fahrzeugen den Festgefahrenen helfen und ihn befreien.

Natürlich kann eine Klimaanlage auf längeren Strecken auf befestigter Straße Kondition und Konzentration der Fahrzeuginsassen verbessern. Immerhin ist das Fahren bei großer Hitze sehr anstrengend und konzentrationshemmend.

Für die Bedienung der Klimaanlage sollten folgende Regeln eingehalten werden:
▶ Halten Sie beim Betrieb der Anlage Fenster und Schiebedach geschlossen.
▶ Bei hohen Außentemperaturen sollten Sie die Umluftschaltung einstellen, da dies den Wirkungsgrad der Klimaanlage durch das Wiederverwenden der bereits abgekühlten Luft erhöht, bald jedoch wieder auf Frischluftzufuhr umschalten, damit die Innenraumluft und damit der Sauerstoffanteil erneuert werden kann.

▶ Stellen Sie das Gebläse auf mittlere Stufe. Ein stark eingestelltes Gebläse bringt nicht mehr Kühlung, da die Luft zu wenig Zeit hat, sich am Verdampfer abzukühlen.

▶ Luftdüsen möglichst nach oben richten – kalte Luft sinkt nach unten und mischt sich so mit der warmen.

▶ Die ideale Innentemperatur liegt bei 20 bis 23 °C, möglichst nicht kälter, da bei Temperaturen unterhalb 18 °C die Erkältungsgefahr besonders groß ist.

▶ Schalten Sie bereits deutlich vor Fahrtende die Klimaanlage aus und regeln Sie langsam auf die Außentemperatur ein. So kann das Kondenswasser im Heizungskasten durch Luftzirkulation trocknen. Auch muffige Luft aus der Klimaanlage, hervorgerufen durch Feuchtigkeitsablagerungen im Verdampfer, lässt sich so vermeiden.

▶ Bei tiefen Außentemperaturen und Luftfeuchtigkeit (z. B. bei Regen) lässt sich mit der Klimaanlage das Beschlagen der Scheiben verhindern. Sie sollten dabei aber nicht den Umluftbetrieb wählen, damit die aufgenommene Luftfeuchtigkeit schnell nach außen transportiert werden kann.

Der Wechsel zur 1,6er-Fraktion

Was ist die „1,6er-Fraktion"? Vielleicht haben Sie diesen Begriff im Zusammenhang mit der Sahara schon einmal gehört. So werden die Sahara-Fahrer genannt, die gleich nach Verlassen der Fähre noch im nordafrikanischen Hafen den Luftdruck der Reifen auf 1,6 Bar (an kalten Reifen) verringern. Durch das Fahren in der großen Hitze auf den heißen Straßen kann der Luftdruck der Reifen um bis zu 1 Bar ansteigen.

Im nordafrikanischen Hafen ist immer Zeit, den Luftdruck der Reifen zu verringern.

Wenn Sie jetzt noch mit dem ursprünglichen Luftdruck vom europäischen Festland führen, könnte sich schwammiges Fahrverhalten einstellen. Die Reifen wären derart prall gefüllt, dass nur noch ein schmaler Bereich in der Reifenmitte Fahrbahnkontakt hätte. Das würde sich insbesondere bei Kurvenfahrten bemerkbar machen, die Reifen heulen und quietschen schon bei niedrigstem Tempo.

Tipp: Wechseln Sie zur 1,6er-Fraktion bereits im Hafen in Nordafrika.

Wann welcher Luftdruck?

Im Gelände kommt es auf den richtigen Reifendruck an. Gerade abseits aller Asphaltstraßen erfordern unterschiedliche Fahrbahnoberflächen auch unterschiedliche Luftdrücke. Ich empfehle folgende Werte, ausgehend vom vorgeschriebenen Luftdruck:

Schotter /Fels   -20 %
Sanddünen   -40 bis -70 % (nicht unter 1,0 Bar)
Sandpiste   -30 %
Salzsee   -20 bis -35 % (nicht unter 1,6 Bar)
Schlamm   -30 bis -40 % (nicht unter 1,4 Bar)
Wellblechbiste   -20 %

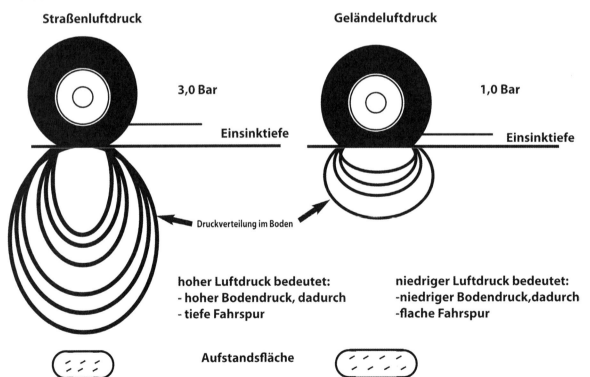

Die Druckverteilungs-„Zwiebel" zeigt den Druck im Boden bei 3,0 Bar und bei 1,0 Bar Reifeninnendruck, abhängig vom Fahrzeuggewicht.

Tipp: Die von den Herstellern vorgeschriebenen Luftdrücke beziehen sich, wenn nichts anderes vorgegeben ist, auf die maximale Tragfähigkeit bei einer Geschwindigkeit bis 160 km/h.

Pro 10 km/h über die 160 km/h sollte der Luftdruck um 0,1 Bar angehoben werden.

Sand ist nicht gleich Sand

„Man muss den Sand lesen lernen", heißt es, und da ist etwas Wahres dran. Sand tritt dem Geländewagen-fahrer in vielerlei Form und Zustand entgegen, etwa am Strand. Der lässt sich mit dem Wagen meist nur in einem Bereich von drei bis fünf Metern vom Wasserspiegel entfernt befahren. Etwas höher wird der Sand sehr fein und weich, im Wasser selbst schnell zu Fließ- oder Treibsand. Am Strand zeigen sich also schon drei Zustände, dio Sand cinnchmcn kann.

Die Steinpiste (Hammada)

Die Fahrtechnik ist einfach:

▶ Nur so schnell fahren, dass das Fahrzeug nicht beschädigt werden kann.
▶ Auf großen Abstand zum vorausfahrenden Fahrzeug achten, Steinschlaggefahr. Die Schmutzfänger sind herunterzuklappen.

Auf den Pisten finden sich jede Menge Querrillen, Längsrillen, Buckel und Löcher in jeder Qualität und Größe.

Leicht zu übersehen sind tückische Querrillen.

Ist Ihr Fahrzeug mit ESP ausgerüststet, lassen Sie das System einge-schaltet. Beim schnellen Ausweichen vor spitzen Steinen oder tiefen Löchern, kann es leicht passieren, dass der schwere Geländewagen ins Schlingern oder Schleudern kommt. Da kann das ESP Schlimmeres verhindern.

Über Querrinnen sollten Sie niemals mit beiden Rädern einer Achse gleichzeitig fahren, sondern immer diagonal – jedes Rad soll für sich durch die Querrinne laufen. Am einfachsten gelingt das mit einem Zick-Zack-Kurs.

Die Beschädigung von Reifen und Felgen oder gar das Steckenbleiben lassen sich so vermeiden.

▶ Erhöhen Sie den Reifendruck, wenn Sie langsam fahren.
  Hoher Luftdruck vermindert das Risiko, dass ein spitzer Stein in den Reifen eindringen kann. Dieses kann aber nur eine Empfehlung für langsame Geschwindigkeiten auf der Steinpiste sein.

▶ Verringern Sie den Reifendruck, wenn Sie schneller fahren.

Ein geringerer Luftdruck von ca. 1,6 Bar erhöht den Fahrkomfort, da der Reifen mitfedert, und es kann eine höhere Geschwindigkeit auf Pisten gefahren werden. Es besteht allerdings die Gefahr, dass ein spitzer Stein schneller in den Reifen eindringen kann.

Tipp: Die Temperatur der Stoßdämpfer sinkt deutlich, wenn der Reifendruck um nur 0,1 Bar gesenkt wird – um rund 10 °C. Die Stoßdämpfer werden weniger stark mechanisch und thermisch beansprucht, und ihre dämpfenden Eigenschaften bleiben länger erhalten. Das gilt für Öl- wie für Gasdruckstoßdämpfer.

▶ **Tipp für Off-Road-Profis:** Im Zick-Zack (Schlangenlinien) fahren. Um auf einer von Schlaglöchern übersäten Piste mit maximaler Geschwindigkeit zu fahren, ist das Fahren in Schlangenlinien unerlässlich. Beim Überfahren von Schlaglöchern gilt folgender Tipp: Fahren Sie etwa auf ein Schlagloch auf der linken Spur zu, sollten Sie ganz kurz vorher scharf nach links lenken. Das Fahrzeug hebt sich dann auf der linken Seite aus den Federn, fällt nicht mit voller Last ins Loch hinein und passiert es relativ geschmeidig. Ein mit hoher Fahrt durchfahrenes Schlagloch kann das Fahrzeug zum Springen und so zu unkalkulierbarem Fahrverhalten bringen.

Diese Art des schnellen Fahrens erfordert sehr viel Übung, ein gutes Auge und ein gutes „Popo-Meter". Sie ist eigentlich auch nur für Rallyewertungsetappen wichtig, kann aber auch bei einer Urlaubsfahrt Material und Insassen schonen.

Auf Buckelpisten kann nicht immer mit größter Vorsicht gefahren werden. Unzureichend befestigte Dinge im und am Auto können sich losrütteln und umherfliegen. Das kann auch mal für einen ganzen Kotflügel gelten. Nach Buckelpisten sollte man sich besonders das Fahrwerk genauer ansehen und alle wichtigen Schraubverbindung überprüfen.

Tipp: Eine kleine Markierung, die oben auf dem Lenkrad zur besseren Orientierung die Geradeausstellung anzeigt, ist gerade auf schnell gefahrenen und unübersichtlichen Pisten von großem Nutzen.

Die Sandpiste

Das Befahren von Sandpisten ist aufgrund des meist weichen Sandes angenehm.

Die Fahrtechnik:

▶ Nur so schnell fahren, dass das Fahrzeug nicht ins Schlingern kommt (Spurrinnen).

▶ Fahren Sie nach Möglichkeit neben der Spur des Vorausfahrenden!

▶ Wenn Sie im Sand anfahren müssen, nutzen Sie die eigene bereits verdichtete Fahrspur und setzen 3 bis 4 m zurück, bevor Sie anfahren.

▶ Gerade im weichen Sand sollte immer mit höherer Geschwindigkeit gefahren werden, um nicht einzusinken. Die Geschwindigkeit ist immer von der Tragfähigkeit des Sandes abhängig: Je weicher der Sand, desto höher die Geschwindigkeit.

Ist Ihr Fahrzeug mit ESP ausgerüstetet, schalten Sie das System jetzt aus. Beim Fahren auf Sandpisten kann es schnell passieren, dass das ESP bereits bei leichten Steigungen ein durchdrehendes Rad abbremst und die Kraft zum gegenüberliegendem Rad übertragen wird. Das gegenüberliegende Rad bekommt aufgrund der Mehrleistung ebenfalls Schlupf, es dreht durch, daraufhin wird es vom System abgebremst. Stellt der Bord-computer aufgrund des Schlupfes jetzt fest, dass der Geländewagen am Schleudern ist, so wird jetzt auch die Motorleistung reduziert und der Vortrieb beendet. Der Geländewagen hat sich dank der Elektronik festgefahren. Deshalb im tiefen Sand das ESP ausschalten!

Falls das ganze Umfeld der Piste zerfahren und alle Spuren zu tief sind, fahren Sie weit ausholend im Zick-Zack-Kurs, also von rechts nach links und wieder zurück im spitzen Winkel über diese Spuren. Nutzen Sie die komplette Breite der Piste aus!

Ist die „Hauptfahrspur" schon rinnenartig ausgefahren, nutzen Sie die festen Außenbereiche der Nebenspuren auf beiden Seiten der Piste. Manche Pisten sind allerdings etliche Kilometer breit. Wird die Piste außen gefahren, können sich vereinzelt Steine im Sand verstecken. Da heißt es, mit größter Aufmerksamkeit zu fahren. Eine Kollision bei hoher Geschwindigkeit kann böse Folgen haben.

Beim schnellen Durchfahren einer Sandpistenkurve gilt: Vor der Kurve vom Gas gehen und in der Kurve wieder Gas geben. Im weichen Sand werden die Vorderräder ansonsten zum Kurvenaußenrand schieben – wie auf einer Eisfläche. Wird jedoch kurz vor der Kurve vom Gas gegangen, verlagert sich der Schwerpunkt des Fahrzeugs nach vorn und die Reifen bilden eine Fahrrinne. Wenn jetzt wieder Gas gegeben wird, kann man diese Rinne nutzen, und der Geländewagen folgt den eingeschlagenen Vorderrädern fast wie auf Schienen.

Im weichen Sand nicht schalten!

Verwehte Sandpiste – der weiche Sand ist weniger tragfähig.

Wichtig: Auf manchen Pisten in Sandgebieten werden die Spuren stellenweise undeutlich oder verschwinden ganz. Das bedeutet, dass der Sand weicher und weniger tragfähig wird. Legen Sie rechtzeitig einen niedrigeren Gang ein, so dass Sie nicht im weichen Sand schalten müssen, ein sofortiges Steckenbleiben wäre sonst die Folge. Es sei denn, sie haben einen Geländewagen mit Automatikgetriebe, das Automatikgetriebe bleibt auch beim Schalten kraftschlüssig. Beim Schaltgetriebe wiederum fahren Sie dann mit erhöhter Drehzahl (knapp über dem maximalen Drehmoment) durchs Sandfeld. Reduzieren Sie auf Sandpisten den Reifendruck. Fahren Sie mit Allradantrieb, die Belastung von Antriebstrang und Fahrzeug wird kleiner.

Tipp für Off-Road-Profis: Wer auf einer verwehten Sandpiste mit hoher Geschwindigkeit fahren will oder muss (Rallye), der sollte das „Pike-Hacke-Fahren" beherrschen! Mit der Hacke (Ferse) wird voll gebremst, mit der Pike (Fußspitze) gleichzeitig Gas gegeben, dabei mit dem linken Fuß auskuppeln und den Gang wechseln.

Der Pike-Hacke-Trick

Vorteil: Das Fahrzeug wird abgebremst, Motor und Drehzahl bleiben aber im Bereich des maximalen Drehmomentes! Durch die Vollbremsung schiebt sich ein Bremskeil aus Sand vor den Rädern auf, der als Auffahrrampe in Verwehungen dient. So kann die Sandverwehung mit deutlich höherer Geschwindigkeit überfahren werden. Nach dem Schalten geht man von der Bremse runter und lässt die Kupplung möglichst schnell kommen. Mit der idealen Drehzahl kann man so auch auf weichem Sand mit hohen Verwehungen eine sehr hohe Geschwindigkeit erreichen. Mit dieser Fahrweise können Sie sich aber auch sehr schnell die Kupplung ruinieren, es erfordert daher sehr viel Übung und Fahrgefühl.

Tipp: Das Lenkrad auf der Sandpiste nicht zu fest in der Hand halten, sonst kann es vorkommen, dass die Vorderräder in einer Sandrinne stark eingeschlagen sind, ohne dass der Fahrer es bemerkt. Wird die Sandrinne jetzt flacher, schießt der Geländewagen aus der Spurrinne heraus und kann gegen ein seitliches Hindernis fahren. Wird das Lenkrad nicht zu fest gehalten, richten sich die Vorderräder in der Rinne geradeaus aus (Fahren wie auf Schienen), der Fahrer ist über den Stand der Vorderräder informiert.

Wellblechpiste oder Waschbrettpiste

Auf vielen Sandpisten haben sich kleine Sandwälle gebildet, die ihr die Oberfläche eines Waschbretts oder von Wellblech geben. Diese Sandpisten sind im Laufe von Jahren durch Wind und den Schlupf von Rädern, auch von Lkw, entstanden. Die kleinen Sandwälle haben, je nach Piste, unterschiedliche Abstände und Höhen. Das Befahren ist nicht nur unangenehm, sondern auch sehr riskant.

Nun kann man auf diesen teilweise kilometerlangen Wellblechpisten das Tempo erhöhen, bis das Fahrzeug so schnell ist, dass die Reifen nur noch die Wellenkämme berühren. Allerdings sind bis zum Erreichen der optimalen Geschwindigkeit (60–90 km/h) die Erschütterungen im Fahrzeug teilweise so enorm, dass der Versuch meist schon vorher abgebrochen wird.

Die erforderliche Geschwindigkeit ist übrigens von vielen Faktoren abhängig: Fahrzeuggewicht, Radstand, Reifenluftdruck, Höhe der Wellengipfel und deren Abstand. Das bedeutet, dass jedes Fahrzeug einer Kolonne mit einer anderen Geschwindigkeit fahren müsste. Eine Gefahr beim Erreichen der optimalen Geschwindigkeit ist der geringe Bodenkontakt, der sich nur auf die Wellengipfel beschränkt. So wird der Bremsweg deutlich länger und in Kurven schießt der Geländewagen geradeaus weiter.

Eine weitere Gefahr sind vom Wasser ausgewaschene Querrinnen. Es passiert immer wieder, dass der Bremsweg bei hohem Tempo nicht ausreicht und das Fahrzeug beim Einschlagen in eine der tieferen Querrinnen Schaden nimmt.

Nach der Waschbrettbiste kommt ein Stück verwehte Sandpiste.

Meist wird man daher die zwar langsame und nervenaufreibende aber sichere Methode wählen, auf Wellblech-pisten mit geringer Geschwindigkeit von ca. 20–25 km/h zu fahren und jede Welle „abzureiten". Vorteil: Eine Kolonne kann mit gleicher Geschwindigkeit fahren und zusammenbleiben.

Tipp: Wenn auf einer Wellblechpiste mit höherer Geschwindigkeit gefahren werden soll, muss der Reifenluft-druck um ca. 20 % gesenkt werden. Die Reifen können dann besser „mitfedern" und die Temperatur der Stoßdämpfer steigt nicht so schnell in den kritischen Bereich. Nach dem Durchfahren einer Wellblech-Etappe sind alle wichtigen Schrauben wie die Radschrauben auf festen Sitz zu überprüfen!

Die Sandwüste

Auch hier gilt: Das Befahren von Sandwüsten ist aufgrund des meist weichen Sandes angenehm.

Die Fahrtechnik:
- ▶ Nur so schnell fahren, dass das Fahrzeug nicht an Geschwindigkeit verliert.
- ▶ Fahren Sie nach Möglichkeit neben der Spur des Vorausfahrenden.
- ▶ Auch hier gilt: ESP ausschalten.

Sand ist besonders sanft zu den Fahrzeugen, bei Fahrfehlern wird das Fahrzeug nicht beschädigt, sondern sandet lediglich ein.

Bei Fahrfehlern sandet das Fahrzeug lediglich ein und wird nicht beschädigt.

Wichtig: Auf Sand reduzieren Sie den Reifendruck grundsätzlich, so vergrößert sich die Auflagefläche des Reifens und senkt den Bodendruck erheblich. Um wie viel Sie die Luft ablassen müssen, hängt von vielen Faktoren ab: Fahrzeuggewicht, Bereifung (MT oder AT), Beschaffenheit des Sandes oder gar Schlamms. Fahren Sie grundsätzlich mit Allradantrieb, die Belastung des Fahrzeugs verringert sich.

Bedenken Sie: Bei einem Luftdruck um 1 Bar darf nicht mehr voll gebremst oder voll beschleunigt werden und es dürfen keine enge Kurven gefahren werden. Der Reifen würde sonst unweigerlich von der Felge gedrückt. Nach Verlassen des Sandgebietes pumpen Sie sofort die Reifen wieder auf.

In den Sanddünen empfiehlt sich besonders gefühlvolle Fahrweise.

Regeln in Sand und Dünen

▶ Gehen Sie mit dem Gaspedal gefühlvoll um. Fahren Sie wie auf Glatteis.
▶ Legen Sie frühzeitig Untersetzung und Sperren (Mitteldifferenzial und Hinterachssperre) ein.
▶ Schalten Sie nur dort in den niedrigeren Gang, wo der Wagen bei einer Zugkraftunterbrechung (Kuppeln) noch genügend Schwung hat, noch einige Meter zu rollen.
▶ Wenn Sie es versäumt haben, den niedrigeren Gang einzulegen, dann fahren Sie solange weiter, wie der Motor noch zieht.

▶ Bei Gefahr des Einsandens: Machen Sie mit dem Lenkrad schnelle, aber kurze Bewegungen nach links und rechts, so dass sich der Wagen in leichten Schlangenlinien bewegt.

▶ Wenn die vorherige Methode erfolglos war, und der Motor anfängt zu „ruckeln", sollten Sie sofort, noch vor dem Einsanden, auskuppeln. Keinesfalls bremsen, das vertieft die Spur!

▶ Sollten Sie steckengeblieben sein, versuchen Sie in der eigenen, nun verdichteten Spur, wieder rückwärts auf festeren Sand zu kommen. Achten Sie darauf, dass Ihre Räder gerade stehen! Bedenken Sie: Meistens haben Sie nur einen Versuch!

▶ Wenn es durch Anschieben nicht gelingt, das Fahrzeug wieder in Schwung zu bringen, legen sie lieber gleich die Sandbleche aus.

▶ Vermeiden Sie durchdrehende Räder im Sand, die bringen Sie nur dem Erdmittelpunkt näher, aber nicht vorwärts.

Bodendruck

Motorleistung allein garantiert nicht das Durchkommen im schwierigen Gelände. Der Motor muss die Leistung über die Reifen auf den meist weichen Boden übertragen. Beim Fahren im Sand hat etwa ein 7,50-R16 eine Berührungsfläche von etwa 375 cm² (ca. 25 x 15 cm) pro Reifen, also insgesamt 1500 cm² pro Fahrzeug. Auf diese Fläche drückt das gesamte Gewicht des Fahrzeugs. Bei einem Land Rover 110 mit einem zulässigen Gesamtgewicht von 2800 kg sind das 1,86 kg/cm².

Verringern Sie jetzt den Luftdruck, vergrößert sich die Auflagefläche des Reifens. Wird die Auflagefläche auf nur 2000 cm² vergrößert, verringert sich der Bodendruck auf nur noch 1,40 kg/cm². Das Fahrzeug sinkt nun weniger tief oder gar nicht mehr ein.

Schlangenlinien

Sie verhindern durch die kurzen Lenkbewegungen die Bildung größerer Sandkeile vor den Rädern, die den Wagen abbremsen. Sie können das Einsanden vermeiden, indem Sie um diese Sandkeile herumfahren und durch die Weichsand-Passage hindurchfahren. So können Sie zumindest noch einige Meter weiter kommen.

Tipp: Nur soviel Druck auf die Hinterräder geben, dass sie nicht tiefer einsinken als die Vorderräder.

Letztendlich bedeutet es, dass der Reifendruck hinten niedriger sein muss als vorn: Weil durch die Beladung des Fahrzeugs die Hinterachse in der Regel schwerer belastet wird als die Vorderachse, kann das geringere Einsinken nur durch eine breitere Aufstandsfläche, also durch niedrigeren Luftdruck erreicht werden. Deshalb ist es sinnvoll, mit dem Luftablassen an der Hinterachse zu beginnen, um ein Verwechseln der Luftdrücke zu vermeiden.

Sanddünen

Das Fahren in den Dünengebieten ist das Schönste, was ein Sahara-Fahrer erleben kann. Es birgt aber auch eine ganze Palette von Gefahren und Problemen vom einfachen Einsanden bis hin zum Überschlag in Längsrichtung (über die Motorhaube) bei der Dünenabfahrt.

Ob und wie man ein Dünengebiet durchqueren kann, hängt ganz allgemein ab

1 vom Können des Fahrers,

2 von der Beschaffenheit der Dünen und

3 vom Fahrzeug (Leistungsgewicht).

Ein Durchkommen ist immer dann nicht möglich, wenn

1 der Fahrer die hier vorgestellten Fahrtechniken nicht beherrscht,

2 die Dünen wegen ihrer Form oder Tragfähigkeit (Lee – die dem Wind abgewandte Seite) unbefahrbar sind und das Befahren somit nur von der anderen Seite (Luv) möglich wäre und wenn

3 das Gewicht des Fahrzeugs zu hoch, die Motorleistung zu gering und damit der Bodendruck zu groß sind oder die Böschungswinkel des Fahrzeugs nicht ausreichen.

Wird die Fahrtechnik beherrscht, sind auch hohe Dünen kein Problem.

Reifen-Luftdruck

Auch wenn die Beschaffenheit und damit die Tragfähigkeit des Sandes sich stark ändern, müssen Sie den Luftdruck so senken, dass Sie die weichste Stelle passieren können. Das Absenken des Reifendrucks muss spätestens vor der Einfahrt ins Dünenfeld erfolgen.

Elektronische Traktionskontrolle

In den meisten Fällen hat es sich als vorteilhaft erwiesen, die Elektronische Traktionskontrolle (ASR) auszuschalten. Im tiefen Sand muss sie sogar ausgeschaltet werden. Sollte ein Rad die Traktion verlieren und durchdrehen, würde die Kraft schlagartig über den Bremseneingriff auf das gegenüberliegende Rad übertragen werden. Durch den plötzlich einsetzenden Antriebsimpuls könnte dann auch dieses Rad einsanden. Passiert das Gleiche jetzt auch noch an der anderen Achse, sitzt auch der beste Geländewagen fest.

Automatik

Probleme können Geländewagen mit Automatikgetriebe im weichen Sand bekommen. Durch den ständigen Einsatz des Drehmomentwandlers (hauptsächlich im Straßengang) entsteht aufgrund von Schlupf Reibungswärme. Die wird an das Getriebeöl abgegeben, das dann überhitzt und die Kraftübertragung fast unmöglich macht.

Die Dünen-Technik

Die Technik für die Dünenfahrt lässt sich grob in drei Phasen gliedern:

1 die Auffahrt auf die Düne,
2 das Überwinden des Dünenscheitels und
3 die Abfahrt von der Düne.

1. Die Auffahrt auf die Düne

Versuchen Sie grundsätzlich, steile Dünen geradeaus (in der Falllinie) zu erklimmen. Legen Sie schon vor der Steigung den Gang ein, mit dem Sie den Dünenscheitel ohne ein weiteres Hochschalten erreichen können.

Ein Gangwechsel ist nur dort möglich, wo der Wagen noch soviel Bewegungsenergie hat, dass er bei der Zugkraftunterbrechung (Kuppeln) nicht zum Stehen kommen kann. Das ist besonders beim Beschleunigen aus dem Dünental zu beachten. Es wird empfohlen, gleich im zweiten Gang anzufahren, um möglichst nicht schalten zu müssen.

Besitzt Ihr Fahrzeug eine Hinterachssperre, legen sie diese jetzt ein. Auf gar keinen Fall dürfen Sie zusätzlich die Vorderachssperre einlegen, das Lenken ist mit gesperrter Vorderachse, wenn überhaupt, nur noch sehr eingeschränkt möglich. Auch wenn sich die gesperrte Vorderachssperre durch den Schlupf im Sand auf der Geraden nicht so stark bemerkbar machen sollte, wird sich ein Geländewagen mit gesperrter Vorderachse beim Durchfahren einer Weichsandkurve schnell an der Vorderachse einsanden.

Sollte der Anfahrwinkel der Düne zu stumpf, die Düne also zu steil sein, fahren Sie mehrfach mit sehr langsamer Geschwindigkeit gegen die Düne. Dadurch wird Sand von der Düne abgetragen und Sie erhalten einen spitzeren also flacheren Anfahrtswinkel!

Wichtig: Bei der direkten Auffahrt kommen Sie zwangsläufig mit sehr hoher Geschwindigkeit auf die Düne. Fahren Sie nicht über den Scheitel, wenn Sie nicht wissen, wie die andere Seite aussieht. Es können sich dort eine sehr steile Abfahrt, ein Dünenkessel ohne Ausfahrt, sehr weicher Sand oder ein anderes Hindernis finden.

Bleiben Sie also auf der Düne stehen, optimal natürlich in einer Position, aus der Sie wieder anfahren können. Von dieser Position suchen Sie sich die ideale Ab- und Weiterfahrt.

In Gebieten mit unregelmäßigen Dünenabständen und -höhen, kann es von Vorteil sein, wenn ein erfahrener Beifahrer vorausgeht und die optimale Fahrstrecke sucht.

2. Überwinden des Dünenscheitels

Es ist oft reines Wunschdenken, problemlos die Düne heraufzufahren, am Scheitel stehenzubleiben, dass Terrain zu begutachten, um schließlich in der idealen Abfahrtslinie zu fahren. Viel häufiger werden Sie gezwungen sein, mit viel Gas zu fahren, um durch den weichen Sand überhaupt den Scheitel der Düne zu erreichen und diesen dann auch gleich zu überwinden.

Es geht natürlich auch mal perfekt über die Düne: Der Wagen schiebt sich mit soviel Schwung über die Kuppe, dass er sich auf dem „Bauch" liegend langsam Richtung Tal neigt und abfährt. Es ist die eleganteste, kraft- und materialschonendste Dünenüberwindung.

Tipp: Die sicherste und effektivste Methode geht so: Die Düne bis zum Dünenscheitel „in einem Rutsch" hochfahren, die Vorderräder über den Dünenscheitel und die Hinterräder auf dem Dünenscheitel zum Stehen bringen! Jetzt ist der weitere Weg durch die Dünen gut sichtbar für Fahrer und Beifahrer. Sollte ein Fahrzeug hinter der Düne havariert sein, so wäre auch ein Ausweichen ohne Weiteres möglich. Wurde der Geländewagen auf dem Dünenscheitel exakt „eingeparkt", ist das Wiederanfahren ohne Probleme möglich. Um von dieser Position aus rückwärts in der eigenen Fahrspur wieder die Düne herunterfahren zu können, muss der Sand des Dünenscheitels ausreichend tragfähig sein. Auch diese Fahrtechnik erfordert einige Übung und sollte an kleineren Dünen vorher trainiert werden.

Die Fahrtechnik der Dünen-Profis: Wenn Sie in einem Rutsch über die Düne wollen, aber ein Fahrzeug mit geringer Achsverschränkung oder langem Radstand besitzen, können Sie die Düne in einem Winkel von ca. 45° befahren. Dieses Manöver erfordert aber viel Übung! Die Gefahr, mit dem Geländewagen auf der Düne steckenzubleiben, ist so gering. Aber die Fahrtechnik sollte erst an kleineren Dünen geübt werden. Die größte Schwierigkeit ist es, den Geländewagen bei der Abfahrt wieder in Fallrichtung zu bekommen. Das geht nur mit beherztem Gasgeben bei Verlassen des Dünenscheitels. Ist der Geländewagen wieder in die Falllinie eingeschwenkt, muss die Geschwindigkeit deutlich reduziert werden, bevor es im angemessenen Tempo hinabgeht.

Achtung: Wenn Sie zu schnell auf den Scheitel hinauffahren und nicht rechtzeitig abbremsen können, kommt es zum Dünensprung. Je nach Geschwindigkeit sind die vordere oder gar beide Achsen in der Luft. Dass die Landung nicht nur ein sehr großes Risiko für das Fahrzeug darstellt, sondern auch für seine Insassen, kann sich jeder denken. Das gilt es unbedingt zu vermeiden.

▶ Der Dünensprung ist die gefährlichste Art der Dünenüberquerung!

3. Die Abfahrt von der Düne

Fahren Sie im steilen Gelände immer in der Falllinie. Fahren Sie niemals zu schnell die Düne hinab. Da das Heck bei der Abfahrt immer die Tendenz hat, Sie zu überholen, vergrößert sich die Gefahr mit Zunahme des Abfahrttempos. Eine Dünenabfahrt hat eine maximal Neigung von 38,5°, dieser Wert entspricht dem maximalen Schüttwinkel des Sandes. Eine Abfahrt kann trotz dieses Winkel sehr lang werden.

Tipp: Schalten Sie Ihre Hinterachssperre möglichst aus, die Tendenz des Heckteils zum „Überholen" oder Querstellen wird durch eine gesperrte Hinterachse verstärkt. Schalten Sie auch die Bergabfahrkontrolle aus. Die Abfahrt aus sehr hohen und steilen Dünen erfolgt meistens im zweiten Gang, die ständig eingreifende Bergabfahrhilfe kann zum Einsanden der Vorderachse führen. Im ungünstigsten Fall könnte das zum Fahrzeugüberschlag führen, aber auch nur dann, wenn nicht früh genug Gas gegeben wird, um die Vorderräder wieder zu befreien.

Sollte es bei der Dünenabfahrt vorkommen, dass sich die Vorderachse im weichen Dünensand eingräbt, müssen Sie sofort gefühlvoll Gas geben. Nur auf diese Art kommt die Vorderachse auf den Sand-kegel. Die Gefahr ist groß, dass die Vorderachse komplett absackt und abbremst, was einen Überschlag zur Folge hätte. Gerade bei der Abfahrt sollte der gewählte Gang nicht mit maximal möglicher Drehzahl gefahren werden, um noch Gas geben zu können.

Um das Einsanden der Vorderachse zu vermeiden, gibt es einen einfachen Trick: Einfach etwas schneller sein als der rutschende Sand! Je nach Tragfähigkeit des Sandes muss etwas Gas gegeben werden. Auch dabei darf im gewählten Gang nicht mit maximal möglicher Drehzahl gefahren werden.

Sollte sich das Heck querstellen, müssen Sie sofort dosiert Gas geben, um die Querstellung und den daraus resultierenden seitlichen Überschlag des Fahrzeugs zu vermeiden. Das funktioniert natürlich nur, wenn Sie vorher nicht zu schnell die Düne hinabgefahren sind. Dabei immer in der Falllinie talwärts lenken.

Das Einsinken der Vorderachse im Weichsand ist besonders gefährlich.

Wichtig: Wenn Sie eine Düne hinunterfahren, dann immer nur im ersten oder maximal zweiten Gang in der Untersetzung. **Niemals** bremsen oder kuppeln.

Hinweis: Bei einer Fahrt mit mehreren Geländewagen signalisieren Sie den nachfolgenden Fahrzeugen, ob es sich um eine fahrbare Abfahrt handelt (1x lang Hupen), oder ob eine Gefahr besteht (mehrfaches kurzes Hupen). Besser geeignet als ein Hupkonzert ist natürlich CB-Funk. Auch Handfunkgeräte haben hier ihren Vorteil, besonders, wenn die Strecke zu Fuß abgelaufen wird.

Achtung: Handelt es sich um eine sehr steile Düne, kann es beim Abfahren und beim Erreichen der Sohle oder des Gegenhanges (nächste Düne) zu Bodenberührungen der Stoßstange oder sogar des Kühlers kommen. Treten Sie, bevor Sie unten ankommen, kurz auf die Bremse. Die Vorderräder blockieren auf dem weichen Untergrund und schieben Sand vor sich auf. Es bildet sich eine Art Rampe, die den Abfahrtswinkel verkleinert.

Abfahrtswinkel durch kurzes „Anbremsen" verkleinern!

Bevor Sie mit den Vorderrädern ebenen Boden erreichen, müssen Sie die Bremse wieder lösen, damit der Wagen ausrollen kann.

Die ganze Aktion (Bremsens, Bremse lösen, Gas geben) muss je nach Gegebenheit innerhalb kürzester Zeit ablaufen. Sie sollte an kleineren Dünen geübt werden.

Das ideale Team
Im Idealfall geht man vor dem Erklimmen die Düne zu Fuß hinauf. Entweder weiß der Fahrer dann selbst, was ihn erwartet, oder er fährt nach den Anweisungen seines Beifahrers. Die Verständigung durch Handzeichen muss eindeutig und einwandfrei sein, sehr gut bewährt haben sich auch einfache Handsprechfunkgeräte aus dem Baumarkt.

Wichtig: Denken Sie bei der Dünenbesichtigung auch an einen Weg oder eine Fahrspur hinter der Düne, die Sie weiter durch das Dünenfeld führt.

▶ „Nach der Düne ist vor der Düne!"

Der Salzsee

„Nicht jede Oberfläche ist so wie sie scheint." Das gilt vor allem für Salzseen, die gelegentlich Wasser führen. Betreten Sie den Salzsee zu Fuß, haben Sie den Eindruck, auf Beton zu laufen. Nach längerer Trockenzeit kann die Kruste so dick werden, dass Lastwagen auf ihr fahren können. Die Schicht ist aber selten überall gleich stark, sondern kann einen Schritt weiter schon wieder so dünn sein, dass auch ein Fußgänger einsinkt. Unter der Kruste findet sich der zähe und sehr übel riechende Salzschlamm. Wenn irgend möglich, sollte ein Salzsee gar nicht befahren werden.

Eine Bergung im Notfall wird ohnehin kaum möglich sein. Ist der Geländewagen versackt, wird auch kein anderes Fahrzeug, geschweige denn ein Lkw, die zu weiche Stelle erreichen. Einheimische werden sich hüten, auf den Salzsee zu fahren. Im Grunde lässt sich nur ein seit Jahren komplett ausgetrockneter Salzsee befahren.

Wer es dennoch wagt, achte auf die Farbe des Untergrunds. Je heller er ist, desto trockener und tragfähiger ist er auch. Da der Salzsee die Topographie einer Untertasse hat, sammelt sich an der tiefsten Stelle in der Mitte die Feuchtigkeit. Somit ist es am sichersten, den Salzsee möglichst weit außen zu befahren.

Dunkle Flächen sind weich, helle tragen besser.

Führt der Salzsee bei starkem Regen Wasser, wird er danach nicht gleich wieder austrocknen. Bleibt tragfähiger Grund nur in Form heller Inseln, muss man von einer zur anderen fahren. Die weichen dunklen Stellen bremsen den schweren Geländewagen und lassen ihn einsinken. Daher sollten Sie an den festen Stellen beschleunigen und mit der Idealgeschwindigkeit von 50 bis 60 km/h fahren.

Der Abstand der Fahrzeuge zueinander sollte möglichst groß sein. Versackt eins, müssen alle anderen möglichst weit Abstand halten. Auf keinen Fall darf in den Fahrspuren der Vorausfahrenden gefahren werden, denn dort ist die tragende Salzkruste schon beschädigt, und der nächste wird sogleich einsacken. Ein Salzsee kann mehrere Meter tief sein, in der Fahrspur wird der Schlamm nicht verdichtet, sondern noch weicher. Das Befahren von Salzseen ist mit dem Fahren auf Schlamm nur begrenzt zu vergleichen: Lenkradbewegungen sind zu vermeiden – das Fahrzeug verliert dadurch zu sehr an Geschwindigkeit.

Muss auf einem Salzsee gewendet werden, darf der Wendekreis nicht zu eng gewählt werden. Das kurvenäußere Vorderrad wird in einer engen Kurve derartig belastet, dass es durch die Salzkruste brechen kann. Das Fahrzeug stürzt um.

Tipp: Da der Salzsee im Gegensatz zum Schlamm an der Oberfläche nur begrenzt tragfähig ist, hilft hier nur, alle Sperren und den Allradantrieb einzulegen und ein Tempo von 50 bis 60 km/h zu halten. Sollte der Salzsee sehr dunkel (also feucht) sein, gilt es, früh genug die Luft aus den Reifen abzulassen, um eine möglichst große Reifenaufstandsfläche zu haben. Es ist auf der glatten Oberfläche eines Salzsees ohne Weiteres möglich, mit höheren Geschwindigkeiten zu fahren, der Reifenluftdruck sollte deshalb nicht unter 1,6 Bar verringert werden.

Fech-Fech

Auf Fech-Fech trifft man vereinzelt in Teilen der Zentralsahara. Es handelt sich um puderfeines Erosionsmaterial, das sich unter einer trügerischen Sandschicht verbirgt. Fech-Fech kommt meist in flachen Rillen oder Wannen vor und hier häufig parallel zu Dünenketten. Aber auch in der Kies- oder Steinwüste findet sich die weiß-graue Ablagerung. Wer hineingerät, sackt mit dem Wagen schlagartig um 20 bis 40 cm ab und wird in eine gewaltige Wolke gehüllt. Die nimmt den Fahrzeuginsassen komplett die Sicht, und das Weiterfahren ist unmöglich. In diesem Fall muss der Motor sofort ausgeschalten werden! Sollte er weiterlaufen, setzt sich der Luftfilter sofort zu.

Wer das Pech hat, in ein größeres Fech-Fech-Feld zu fahren (diese sind aber eher selten), wird mit der Selbstbergung wahrscheinlich wenig Erfolg haben – vor allem, wenn der Luftfilter schon verstopft ist und das Fahrzeug nicht mehr starten kann. Selbst wenn der Start noch möglich sein sollte, würden Kühlerventilator und Auspuff den Staub erneut aufwirbeln. Bei jedem Versuch, Sandbleche zu legen, steigen wieder Staubfahnen hoch. Sollte Fech-Fech, nachdem es feucht war, wieder trocknen, hat es die Eigenschaften von Gips. Lassen Sie sich gesagt sein: Wer jemals hat in einem Fech-Fech-Feld gesessen, wird das Gefühl niemals vergessen.

Tipp: Die Fremdbergung mit Hilfe eines sehr langen Bergegurtes oder Seiles, mit ausgeschalteten Motor beim zu bergenden Fahrzeug, hat meist mehr Erfolg. Es ist hilfreich, im Fech-Fech-Feld eine Atemschutzmaske zu tragen.

Die Sandformel oder die Sandtauglichkeit

Es gibt immer wieder Gespräche über die Wüstentauglichkeit der erhältlichen Geländewagenmodelle. Taugen sie noch für Wüste und Dünen, oder sind die modernen Fahrzeuge alle zu schwer? Seit einigen Jahren gibt es die so genannte Sandformel, mit der sich Pisten-, Dünen- oder gar Wettbewerbstauglichkeit ermitteln lassen. Die einfache Logik der Formel: Fahrzeuge sinken im Sand um so weniger leicht ein, je größer der Raddurchmesser, je höher die Motorleistung, je breiter der Reifen und je geringer das Gewicht ist.

Ein Beispiel zur Radgröße: Nehmen wir an, wir fahren durch unberührten Sand. Die Vorderräder fahren praktisch ständig bergauf, weil sie gleichsam dauernd versuchen, aus der eigenen – unterm Reifen vertieften und verdichteten – Spur auf den Sand davor zu klettern. Die Steigung ist umso geringer, je größer der Reifendurchmesser im Verhältnis zur Spurrillentiefe ist, damit wird auch der Kraftaufwand geringer.

Eine kurze Herleitung der Sandformel

Die sogenannte Leichtgängigkeit eines Fahrzeugs setzt sich aus folgenden Faktoren zusammen:

1. Anzahl der tragenden Räder, Raddurchmesser in Meter, Reifenbreite in Meter und Fahrzeuggewicht in Tonnen.
2. Ein Fahrzeug sinkt umso weniger ein, je größer das Radvolumen (gebildet aus Breite und Durchmesser) und je geringer das Gewicht ist. Die Leichtgängigkeit verhält sich demnach proportional zur Reifenbreite, wächst aber quadratisch mit dem Reifendurchmesser.
3. Außerdem spielen das Leistungsgewicht (Motorleistung pro t Fahrzeuggewicht) und die Zahl der angetriebenen Räder eine Rolle.

Alle drei Komponenten multipliziert ergeben nun die berühmt-berüchtigte Sandformel, also die
Sandtauglichkeit (S) = Leichtgängigkeit x Leistungsgewicht x Antriebsverhältnis.

$$S = nt \times d^2 \times b \times (P : G^2)$$

nt = Zahl der angetriebenen Räder
d = Raddurchmesser in Meter
b = Reifenbreite in Meter
P = Motorleistung in kW
G = Fahrzeuggewicht in Tonnen

Nun lässt sich ablesen, ob Ihr Fahrzeug nur pisten- (1 bis 10), auch dünen- (10 bis 30) oder gar wettbewerbsgeeignet (über 30) ist.

Sahara Rallye

Wichtig für den Erfolg bei der Teilnahme an einer Rallye sind weniger die Leistung des Geländewagens als vielmehr seine Zuverlässigkeit und das „gute Auge" seines Fahrers. Wer dann noch einen perfekten Beifahrer (Navigator) auf dem „heißen" Sitz hat, ist dem Sieg schon einen großen Schritt nähergekommen. Natürlich geht es darum, schneller zu sein als die anderen, aber Sieger kann nur werden, wer mit seinem Geländewagen am Ende auch durchs Ziel fährt. Was nichts anderes bedeutet, als materialschonend zu fahren.

Rallye bedeutet härteste Bedingungen für das Fahrzeug.

Daher folgende Tipps für Fahrzeug und Ausrüstung:

▶ Nehmen Sie keine Tuning-Maßnahmen vor, die auf Kosten der Haltbarkeit des Motors gehen.

▶ Nehmen Sie nur das fürs Auto vorgeschriebene Öl und kein zu dünnflüssiges.

▶ Die Reifen sollten MT- oder AT-Profil haben, möglichst groß und breit sein.

▶ Beim Wechsel auf ein Doppeldämpfer-System sollten Sie niemals Öl- und Gasdruckstoßdämpfer mischen.

▶ Verwenden Sie nur zugelassene Überrollkäfige (bei vielen Rallyes vorgeschrieben).

▶ Nehmen Sie einen Luftkompressor für die Reifen mit.

▶ Um schnell und genau die Luft aus den Reifen zu lassen, eignen sich Stauventile am besten. Das sind Ventilkappen, die auf die Reifenventile aufgeschraubt werden und die Luft bis zu einem vorher festgelegten Wert automatisch ablassen.

▶ Nehmen Sie zusätzlich 1–2 Ersatzreifen mit (z. B. Winterreifen).

▶ Ersatz-Ventilkappen nicht vergessen, sie gehen schnell verloren.

▶ Nehmen Sie mehrere Luftfilter mit (in der Sahara Papierfilter verwenden, Öl verschmutzt zu stark, oder Ansaugstutzen hochlegen).

▶ Mehrere Liter Kühlwasser und extra „Kühlerdicht" für mögliche Reparaturen an Kühler oder Ladeluftkühler sollten an Bord sein, dazu

▶ diverses Material für improvisierte Reparaturen, etwa Panzerband, Knetmetall, Kabelbinder, Auspuffdicht.

- Das umfangreiche Bordwerkzeug sollte gut zugänglich gelagert sein.
- Sandbleche (mindestens 1,50 m) und stabile Schaufel sind notwendig, daher fest verstauen und gut zugänglich aufbewahren.
- Packen Sie einen stabilen Bergegurt oder kinetisches Seil von mindestens 9 Metern Länge und mit Schäkel ein.
- Nehmen Sie, wenn möglich, CB-Funk mit.
- 2 CB-Handfunkgeräte leisten gute Dienste bei der Einweisung in schwierigem Gelände durch den Beifahrer.
- Erkundigen Sie sich beim Veranstalter, welches Funksystem benutzt wird (etwa 2-Meter-Band) und ob es für die Teilnehmer freigegeben ist.
- Nehmen Sie alte Verschleißteile als Ersatz mit, zusätzlich Öl- und Kraftstofffilter.
- Es empfiehlt sich, die komplette Ladung in geschlossenen Behältern unterzubringen (staubsicher) und im Fahrzeug gut zu verankern (etwa auf dem Fahrzeugboden festschrauben).
- Die Umrüstung der Reifen auf Schlauchbetrieb ist nicht nötig.
- Vergessen Sie das Reifen-Reparaturkit nicht.
- Der Kühlkreislauf des Fahrzeuges ist lebenswichtig und muss einwandfrei funktionieren (Druckprobe vornehmen lassen).
- Was immer wieder vergessen wird, gerade bei etwas älteren Fahrzeugen, ist die Prüfung der Kraftstoffleitungen auf Dichtigkeit. Leckagen können zu Motor- und Fahrzeugbrand führen.
- Beachten Sie die maximal zulässige Zuladung. Nutzen Sie eine öffentliche Waage. Machen Sie Ihren Geländewagen so leicht wie es irgendwie geht.
- Wenn eine Dachbeleuchtung montiert werden soll, dann sind Nebelscheinwerfer, die direkt vor der Motorhaube auf die Straße leuchten, der beste Anfang. Nur durch diese Scheinwerfereinstellung ist das Befahren einer Düne in einer absolut dunklen Nacht erst möglich. Normal eingestellte Scheinwerfer zeigen bei der Dünenfahrt Richtung Himmel, und das Dünenende ist somit nicht zu erkennen.
- Achsfangbänder dienen dem Schutz der Stoßdämpfer. Die können sonst bei einem Sprung oder bei extremer Achsverschränkung abreißen.
- Das GPS-Gerät gehört gut sichtbar für Beifahrer und Fahrer montiert, die Antenne muss freien Empfang haben.
- Wichtig für Rallye-Etappen sind Trinksysteme. Während einer Rallye verlieren Fahrer und Beifahrer mehrere Liter Wasser. Um den Verlust wieder auszugleichen und die Konzentration zu erhalten, ist es wichtig, ein Trinksystem zu montieren, das das Trinken während der Fahrt ermöglicht.
- Nehmen Sie mindestens noch ein Hand-GPS-Gerät als Reserve und zur Sicherheit mit, falls jemand das Auto verlassen muss.
- Mindestens ein Handkompass sollte an Bord sein, außerdem
- ein Feuerlöscher (A-B-C Pulver, gut zugänglich aufbewahren),
- Notsignalraketen (mindestens 5 x rot und 5 x grün),
- Taschen- oder Stirnlampen und Ersatzbatterien,
- das Reparatur-Handbuch Ihres Geländewagens,
- Auslandsschutzbrief inklusive Deckung von Personen- und Fahrzeugrücktransport aus dem Land der Rallye,
- grüne Versicherungskarte, in dem das Rallye-Land (z. B. TN für Tunesien) nicht gestrichen ist,
- Auslandskrankenversicherung sowie
- Atemschutzmasken und Schweißer-Schutzbrille als Schutz bei Sandstürmen und in Fech-Fech Feldern.

Navigations-Instrumente helfen bei der Rallye.

▶ Wer auf Nummer sicher gehen möchte, kann alle Scheiben, bis auf die Windschutzscheibe, noch mit einer Klarsichtkunststofffolie überziehen lassen. Die Scheiben sind dann einbruchsicher und können nicht eingeworfen werden.

▶ Es gibt auch die Möglichkeit, alle Seiten- und Heckscheiben durch Makrolon (Kunststoff) zu ersetzten. Bei Makrolon muss auf ein Schiebefenster und die Möglichkeit der Panikauslösung geachtet werden. Das bedeutet, dass die Scheiben sich nach einem Unfall leicht und vollständig aus dem Rahmen lösen lassen. Meist handelt es sich um eine Lösung mit zwei Schlaufen.

Tipp: Beim Aufbauen und Ausrüsten eines Rallye-Fahrzeugs ist unbedingt ein Fachmann oder eine entsprechende Fachfirma zu Rate zu ziehen. Die eigene Werkstatt ist meistens überfordert. Von einem Fachmann gibt es überdies oft noch einige wichtige Ratschläge kostenlos dazu.

Glückliches Ende einer Rallye

Dieser Geländewagen ist für die Expedition vorbereitet.

G

Expedition
– die große Tour

Welcher Geländewagen ist richtig?

Wer derart individuell in der Welt unterwegs sein will, kommt um den Kauf eines passenden Geländewagens nicht herum. Dabei sollte immer die Zuverlässigkeit an erster Stelle stehen. Bei der unübersichtlichen Vielfalt von Geländewagen und SUV auf dem Markt ist es nicht so ganz einfach, den richtigen für Alltag und Abenteuer zu finden.

Doch was ist eigentlich wichtig für die große Tour? Für extreme Reisen am besten geeignet sind Geländefahrzeuge mit großer Bodenfreiheit, Allradantrieb und Getriebeuntersetzung. Entscheidend sind auf Expeditionen unkomplizierte Technik, die Stabilität tragender Fahrwerksteile und die Nutzlast. Da ein Ausfall der Bordelektronik in der Wüste unter Umständen die Aufgabe des Fahrzeugs bedeuten kann, sollte möglichst wenig Elektronik an Bord sein.

Bei einem Geländewagen, der bei niedriger Drehzahl kraftvoll durchs Gelände fahren soll, ist der Motor das Wichtigste. Er sollte möglichst großes Drehmoment bei niedriger Drehzahl liefern. Bei 1600 bis 2000/min muss das maximale Drehmoment schon erreicht sein.

Hinweis: Das Drehmoment des Motors ist wichtiger als die PS-Leistung.

Egal, ob es sich um einen kurzen oder um einen langen Geländewagen handelt – wichtig ist die maximale Zuladung. Was nützt es, wenn Sie einen großen Geländewagen fahren, dessen Zuladung auf magere 350 kg begrenzt ist? Bei einer größeren und anspruchsvollen Tour sollte die Zuladung bei einer Tonne liegen. Da die Ausrüstung auch sauber verstaut sein will, ist der Zubehörmarkt für den Geländewagen enorm wichtig, denn nur da kann man seinen Wunsch nach dem perfekt ausgestatteten Fernreise-Geländewagen erfüllen.

Wichtig für die Fernreisetauglichkeit sind Zuladung und Zubehör.

Beim Wunschgeländewagen sollte es sich idealerweise um eine Marke und ein Modell handeln, das weltweit verkauft wird. Nur wenn man keinen „Exoten" fährt, kann man auch weltweit schnell Ersatzteile bekommen, die dann auch der „Dorfschmied" kennt und einbauen kann.

Informieren Sie sich auch bei Marken-Clubs und auf Internet-Plattformen über Ihren Geländewagen, dort gibt es interessante Infos nicht nur zum Um- und Ausbauen.

Tipp: Wie übersichtlich und handlich ist Ihr Wunsch-Geländewagen? Eine Probefahrt im leichten Gelände, natürlich nur mit der Genehmigung des Verkäufers, wirkt oft schnell ernüchternd.

Zusatzausstattung

Gerade, wenn es ins extreme Gelände geht, sollte zumindest die Hinterachse über eine 100-%-Achsdifferenzial-sperre verfügen. Die Achsdifferenzialsperre erleichtert das Vorankommen im extremen Gelände um einiges. Eine Traktionshilfe ist gut, kann aber die 100-%-Sperre nicht ersetzen. Gerade für den Dauergebrauch ist sie nicht geeignet, da die Bremsen stark überhitzen und der Verschleiß sehr groß ist.

Sehr nützlich auf längeren Reisen sind Kraftstoff-Zusatztanks, die unter die Türschwellen oder als vergrößerter Haupttank eingebaut werden können. Zusammen mit dem Haupttank gewinnt man je nach Fahrzeug eine Reichweite von bis zu 1500 km (Asphaltstraße) oder 1000 km (Piste), ohne den Innenraum einzuschränken. Die Tanks sind allerdings weder billig noch leicht. Aber nichts ist abseits aller Straßen wichtiger als Reichweite! Zudem entfällt das lästige Schleppen und Umfüllen aus Treibstoffkanistern.

Handarbeit bedeutet das Nachtanken an einer „Sahara-Tankstelle".

Über die Bedeutung stabiler Bergeösen haben Sie hier schon einiges erfahren, dennoch soll sie hier noch einmal erwähnt werden.

Die Verbesserung des Fahrwerks ist eigentlich immer nötig, denn ein serienmäßiges Fahrwerk ist für alle möglichen Fahrsituationen konstruiert und meist „straßenlastig" ausgelegt, nicht aber für spezielle Einsätze wie Expeditionen mit voller Zuladung. Kleinere Verbesserungen können schon der Wechsel von Federn und Dämpfern sein. Die nächste Ausbaustufe sind dann andere Kardanwellen oder ein Getriebeumbau.

Bevor man sich an eine Fahrwerksverbesserung herantraut, sollte man sich den Einsatzzweck vor Augen halten. Es darf bei einem Umbau nicht die Achsverschränkung verschlechtert werden, denn nur mit guter Achsverschränkung bleibt der Kontakt aller Reifen mit dem Untergrund möglichst lange erhalten. Sinnvoll ist der Erfahrungsaustausch mit Fachleuten, sonst investiert man leicht viel Geld, ohne den gewünschten Effekt zu erzielen.

Wie sieht es mit der Möglichkeit aus, von außen zugängliche Stauboxen zu montieren? Da kann dann alles, was riecht (z. B. Öle) oder schädlich für die Atmung ist (z. B. Benzinzusätze) sicher untergebracht werden.

Besitzt Ihr Geländewagen einen Wasserabscheider für den Diesel? Höchstwahrscheinlich nicht, aber dieser ist gerade in Gegenden mit geringer Tankstellendichte enorm wichtig. Muss also öfter aus fremden Kanistern oder Fässern getankt werden, kann man nie wissen, mit wie viel Wasser der Diesel gestreckt wurde.

Sinnvolle Extras

Das wichtigste Extra in der Wüste ist der Luftkompressor. Der Luftkompressor sollte natürlich möglichst saubere Luft zum Einsaugen bekommen, aus diesem Grunde sollte der Luftkompresser in einer Alu-Kiste oder, noch besser, im Fahrzeug fest eingebaut werden.

Der leistungsstarke Kompressor ist in der vor Staub schützenden Alu-Box gut untergebracht.

Um mehr Platz zu haben, wird meist an den Kleidungsstücken gespart. Damit Sie nicht schon nach wenigen Tagen wie die Otter riechen, hat sich die „Off-Road-Waschmaschine" bewährt. Sie ist recht schnell gebaut. Am besten eignen sich ein Eimer mit ca. 30 Litern Fassungsvermögen oder ein Kunststofffass mit ca. 60 Litern, jeweils mit Schraub- oder Klemmdeckel und Handgriffen an den Seiten. Dieser Eimer wird zu etwa einem Drittel mit Wasser gefüllt, in das Sie etwas Waschpulver geben. Dann kommt die Kleidung hinein, und der Eimer wird auf dem Dachgepäckträger verzurrt. Die Sonne erwärmt das Wasser, und die Off-Road-Fahrt macht den Schleudergang. Abends im Camp kann die Wäsche sauber entnommen, gespült und dann zum Trocknen über Nacht aufgehängt werden!

Ein wichtiges Extra ist ein extrem stabiler, geschweißter und feuerverzinkter Dachgepäckträger. Für diese Lastenträger gibt es bei einigen Fahrzeugen spezielle Befestigungspunkte im Dach oder im Türrahmen. Die maximale Dachlast ist immer zu beachten, wobei es sich dabei immer um eine dynamische Last, also um die Last während der Fahrt auf normaler Straße, handelt. Die statische Last ist meistens ums Doppelte höher. Das ist wichtig etwa für die Übernachtung im Dachzelt.

Die Sandbleche dienen während der Fahrt auch als Schutz der hinteren Seitenscheiben.

Am Dachgepäckträger oder besser vor der hinteren Seitenscheibe sollten die Sandbleche befestigt werden. Dort sind sie schnell zu erreichen und jederzeit einsatzbereit.

Tipp: Vor den hinteren Seitenscheiben montiert wirken die Sandbleche als Blickschutz und zusätzlich als Einbruchsschutz.

Hohe, schmale, breite Reifen?

Das ist immer die wichtigste Frage, wenn es um längere Reisen geht. Gerade bei der Durchquerung der Sahara heißt es immer wieder, die Breite sei im Sand entscheidend, im Schlamm aber die Höhe. Ist das so?

Bei den meisten Geländewagen bietet sich gerade nach einer Fahrwerkshöherlegung die Möglichkeit, höhere, also im Durchmesser größere Reifen zu montieren. Wenn wir von einfachen Hindernissen im Gelände, etwa Baumwurzeln, Steine usw., ausgehen, ist zu deren Überwindung ein möglichst großer Reifen von Vorteil. Das Gleiche kann folglich auch in Sand und Schlamm gelten – dort also, wo das Fahrzeug immer einsackt und deshalb immer gegen eine Kante anfahren muss.

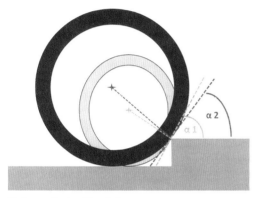

Schematische Darstellung

Der kleinere Reifen rollt mit einem steileren Winkel α1 gegen das Hindernis als der größere Reifen α2. Der kleinere Reifen wird somit deutlich stärker beansprucht und entsprechend abgebremst.

Die Breite eines Geländereifens ist somit nicht das entscheidende Kriterium: Entscheidender ist die Höhe, also der Durchmesser des Reifens. Dieses gilt im Schlamm wie auch im Sand. Die Grenze für einen hohen und schmalen Reifen wie im Format 7,5 R16 ist das Gewicht des Fahrzeugs: Je größer das Gewicht, desto breiter sollte der Reifen sein.

Verstauen der Ausrüstung

Es empfiehlt sich, die komplette Ladung staubsicher in geschlossenen Behältern wie stapelbaren Alu- oder Kunststoffkisten unterzubringen und im Fahrzeug gut zu verankern, vielleicht sogar festzuschrauben.

Für jeden Geländewagen gibt es spezielle Ausbaumöglichkeiten. Aber egal, wie und womit ausgebaut wird – auf eines ist immer zu achten: Nichts darf sich auf Wellblechpisten lösen und alles muss selbst bei einem Überschlag an seinem Platz bleiben.

Staumöglichkeit, hier ein Selbstausbau. Modell:„OFF-Rödel"

Werden Aluminiumboxen für Kleidungsstücke verwendet, packen Sie die Sachen in Plastihüllen wie Müllbeutel – Alu färbt ab. Das gilt natürlich auch für alles andere, was in einer Alu-Box ungeschützt gelagert wird. Diese Kisten sollten nach Themen gepackt sein, also „Bekleidung", „Proviant", „Kochen". Beschriften Sie die Kisten, dann verderben Sie sich nicht den sauer erkämpften Feierabend mit der endlosen Suche nach dem Steakgewürz. Darüber hinaus sind gute Kisten sowohl staub- als auch wasserdicht und schützen den Inhalt auch gegen mechanische Beschädigungen. Es ist ein schönes Gefühl, wenn man nach einer verpatzten Wasserdurchfahrt eine trockene Hose anziehen kann. Wer Kunststoffboxen verwendet, umgeht die Probleme des Alu-Abriebs.

Ladungssicherung

Wer abseits aller Straßen fährt, muss sich zwangsläufig Gedanken um die Ladungssicherung machen. Denn als Fahrer sitzen Sie vor ihrer Ladung, die im Falle einer Vollbremsung, beim Ausweichen oder auf sehr schlechtem Weg keine Rücksicht auf Sie nehmen wird. Es ist also lebenswichtig, die Ladung gut zu sichern – und gesetzlich vorgeschrieben ist es sowieso.

Ladungssicherung ist keineswegs nur etwas für Fernfahrer und Lademeister auf Schiffen. Den Fahrer eines konventionellen Pkw mit abgeschlossenem Kofferraum muss das Thema vielleicht nicht so sehr interessieren, den Geländewagenfahrer aber umso mehr. Alles, was sich im Fahrzeug befindet und nicht fest (kraftschlüssig) mit dem Fahrzeug verbunden ist, reagiert sehr schnell auf das Gesetz der Massenträgheit. Die Insassen, sofern angegurtet, sind einigermaßen gut geschützt. Doch was nutzt das, wenn beim Auffahrunfall von hinten die Werkzeugkiste angeflogen kommt, die nach der Formel: Energie = Masse x Beschleunigung tödliche Wucht erhalten hat.

Vor allem für längere Reisen beladen Sie Ihr Fahrzeug mit allen benötigten Ausrüstungsteilen inklusive meist recht schwerer Ersatzteile nur formschlüssig, das heißt, Sie stellen die einzelnen Ladungsteile so ineinander und/oder aufeinander, dass ein Teil am anderen anliegt, und verbleibende Lücken füllen Sie mit losen Kleinteilen. Ansonsten bleibt obendrauf und griffbereit, was man am häufigsten benötigt. Das geht so weiter bis zum Dachgepäckträger. Aber: Auch für die Beladung des Geländewagens gilt: Das Schwere nach unten, das Leichte nach oben, das Sperrige aufs Dach. Sie müssen immer versuchen, den Gesamtschwerpunkt so niedrig wie möglich zu halten, damit der Geländewagen bei Schrägfahrten, in scharfen Kurven und Ähnlichem nicht umkippt.

Das Ziel sind
▶ die gute Ausnutzung des Ladevolumens,
▶ die gute Erreichbarkeit der einzelnen Packstücke,
▶ das Vermeiden von Beschädigungen,
▶ ein möglichst tiefer Schwerpunkt,
▶ das Vermeiden von Geräuschen (Klappern, Scheppern),
▶ die „Off-Road-sichere" Beladung und
▶ die sichere Fixierung der Packstücke (keine gefährlichen Geschosse im Fall eines Unfalls).

Als erster Schritt hat sich bewährt, stabile Alu-Kisten zu benutzen (z. B. Zarges-Boxen). Wenn die Kistenabmessungen dann auch noch mit denen des Fahrzeugs harmonieren, haben Sie die Aufgabe schon halb gelöst. Zwischenräume, die zwangsläufig entstehen, sollten mit geeigneten Materialien ausgefüllt werden, notfalls ein paar Lappen, Handtuch oder dem Overall für die Schraubarbeiten. Es gibt im Fachhandel kleine Plastiksäcke, so genannte LuPos (Luftpolster), die mit Luft aufgeblasen werden, oder die „Bubble-Folie" zum Schutz empfindlicher Einzelteile. Packstücke, die sich aufgrund ihrer Abmessungen oder Beschaffenheit nicht in Kisten verpacken lassen, müssen Sie als einzelne Stücke verstauen. Beim Beladen sollten Sie immer auf die Kraftschlüssigkeit der einzelnen Teile achten, also die einzelnen Packstücke so ineinander verschachteln, dass sie ohne Spielraum an den Fahrzeugteilen anliegen.

Außerdem sollten Sie unbedingt dünne Gummimatten zwischen die Packstücke legen, um den Reibungswiderstand zu erhöhen. Diese gibt es im Fachhandel für kleines Geld als Meterware. Schwere Packstücke sollten möglichst fest mit dem Fahrzeug verbunden werden, dabei kommen wir in der Regel nicht darum herum, das eine oder andere Loch in den Karosserieboden zu bohren, aber wenn man dann bei der Verschraubung große Unterlegscheiben (Kotflügelscheiben) verwendet und noch etwas Karosseriedichtmasse dazugibt, hält der Schaden sich in Grenzen und der Nutzen überwiegt deutlich. Für Reservekanister gibt es diverse Halterungen. Wenn möglich, sollten Kanister im Innern des Fahrzeugs montiert werden.

Ist die Ladung schön form- und kraftschlüssig gleichsam als „Paket" gestaut, muss sie nach oben und in Längsrichtung gesichert werden. Um die Personen im Innenraum vor umherfliegenden Packstücken zu schützen, kann man beispielsweise ein Trenngitter („Hundegitter") einbauen. Das hat jedoch den Nachteil, dass man vom Fahrerraum aus den Laderaum nicht mehr erreichen kann, und es schützt die Ladung auch nicht vor Beschädigungen, rettet jedoch im Notfall unser Leib und Leben.

Das gesamte Ladungspaket mit einem Netz zu überspannen, ist eine eher halbherzige Lösung, da Netze je nach Maschenweite kleine Packstücke nicht halten, sich obendrein dehnen und in der Regel eine niedrige Bruchlast haben. Optimal ist es, das gesamte Ladungspaket sowie einzelne Packstücke mit Spanngurten zu sichern. Es gibt zwei Ausführungen. Die einfache besitzt an einem Ende nur ein Schloss, durch das das andere Ende des Gurtes geführt wird, das dann mit der Hand unter Öffnen der Schließen gespannt wird. Lässt man den Schließhebel los, wird der Gurt in der gespannten Stellung festgehalten. Diese Gurte sind nur für leichte Packstücke geeignet, da kein Hebelsystem existiert und nur geringe Spannkraft aufgebracht werden kann.

Besser sind Gurtsysteme, die aus Spanngurt und Spannschloss (Ratsche) bestehen. Es gibt sie in unterschiedlichen Größen, Längen und Bruchlasten im Baumarkt und im Fachhandel. Mit dem Schloss wird der Gurt gespannt, wobei sehr große Kräfte entstehen können. Beide Systeme lassen sich dazu einsetzen, mehrere Packstücke zu umschlingen (schnüren) oder um ein Packstück zwischen zwei Befestigungspunkten (Laschaugen) zu überspannen und somit fest auf den Boden zu drücken.

Bei beiden Einsatzarten müssen Sie darauf achten, dass die Ladung nicht durch zu festes Schnüren beschädigt wird, und, dass die serienmäßigen Befestigungspunkte nicht herausreißen (die Bruchlast liegt in der Regel bei 400 kg). Führen Sie also einen Spanngurt von einem Ende des Ladungspaketes zum anderen, erreichen Sie bestmögliche Sicherung gegen Verrutschen in zwei Richtungen, nämlich nach oben und beispielsweise in Längsrichtung. Ein weiterer Gurt im rechten Winkel dazu angebracht, und man kann die Ladung in allen Richtungen sichern. Es ist weiter darauf zu achten, dass die Gurte nicht über scharfe Kanten laufen.

Beim Einsatz außerhalb des Fahrzeugs (etwa zum Sichern von Ladung auf dem Dachgepäckträger) sollte man nur Spannschlösser verwenden, die rostfrei oder mindestens gelb verzinkt sind. Nach dem Gebrauch werden sie mit einem öligen Lappen abgerieben und etwas gefettet. Wichtig ist es, die Gurte regelmäßig nachzuspannen, da sich das Material unter Belastung geringfügig dehnt. Vor allem nach schneller Fahrt über eine Wellblech-Piste sollte man die Ladungssicherung überprüfen.

Häufig ist es schwierig, die meist am Boden angebrachten Befestigungspunkte nach der Beladung noch zu erreichen, oder ihre Anzahl sowie die Bruchlast reichen nicht aus. In diesem Fall haben sich „Airline-Schienen" als stabile Alternative erwiesen.

Airline-Schienen außen dienen zur Befestigung von Sandblechen, Schaufeln und Ablagen und nur in Ausnahmefällen von schweren Kanistern.

Es handelt sich um ein System, das ursprünglich für die Befestigung von Ladung in Flugzeugen entwickelt wurde. Es besteht aus Aluminium-Profilen, die wie ein umgekehrtes T ausgefräst sind. In dieser Ausfräsung kann man Laschaugen verschieben und an der gewünschten Stelle arretieren. Das Profil ist relativ flach und kann an beliebiger Stelle (Boden, Seitenwände, usw.) im Fahrzeug angebracht werden, allerdings muss die gewünschte Stelle entsprechend tragfähig sein und auch hier kommt man um das Bohren nicht herum. Die Verbindung erfolgt dann durch Schrauben oder eleganter mit Blindnieten. Insbesondere bei immer wiederkehrenden Beladungszuständen kann man sich mit diesem Hilfsmittel absolut bedarfsgerechte Punkte zur Ladungssicherung schaffen.

Tipp: Mit diesen Tipps erreichen Sie die schonende Sicherung der Zuladung, erhöhen die Fahr- und Ihre eigene Sicherheit, reduzieren nerviges Gerappel und das alles mit vergleichsweise wenig Aufwand und für kleines Geld, sowohl für echte Off-Road-Fahrverhälnisse als auch für den Transport zwischendurch. Es gilt immer: Erst sichern, dann Gas geben.

Ersatzteile und Werkzeug

Die Ersatzteile müssen genau wie das Werkzeug auf Ihren Geländewagen abgestimmt sein. Für jedes Fahrzeug gibt es meist einige Spezialwerkzeuge, aber nicht alle werden für die große Reise benötigt. Spezialwerkzeuge fürs Fahrwerk oder für eine kleinere Motorenwartung sollten jedoch mitgenommen werden. Welche Spezialwerkzeuge das sind, sollte in der Fachwerkstatt erfragt werden, ebenso deren Bezugsquellen.

Als Ersatz- und Verschleißteile können empfohlen werden:
▶ Stoßdämpfer 1x vorn und 1x hinten (falls unterschiedlich)
▶ 2 Ersatzräder (zumindest zwei Decken)
▶ 1 Werkstatthandbuch (Reparatur-Handbuch für das Auto)
▶ 1 Ersatzschlauch für die Reifen
▶ 1 Tankdeckel
▶ 2 Treibstofffilter-Einsätze, 2 Luftfilter-Einsätze, 2 Ölfiltereinsätze
▶ 4 Radmuttern/Radschrauben
▶ Glühlampenset, Sicherungen und Kabelbinder
▶ Keilriemen
▶ Schrauben, Muttern, U-Scheiben und Sprengringe
▶ Klebeband/Panzerband
▶ Arbeitshandschuhe und Schutzbrille
▶ Sicherungen, Zurrgurte oder Spanngurte
▶ Multi-Öl
▶ Überbrückungskabel
▶ mit das Wichtigste ist ein qualitativ hochwertiges Silikonband zur hermetischen Abdichtung. Tesa 4600 Xtreme Conditions hat sich besonders bewährt.

Am wichtigsten ist immer, dass das Fahrzeug fahrfähig bleibt, egal wie.

Off-Road-Gesetz: „Ersatzteile, die Du mitgenommen hast, wirst Du nie brauchen. Ersatzteile, die Du nicht mitgenommen hast, wirst Du brauchen.“

Alles kann ein Ersatzteil sein, auch diese Gummidichtung.

Fahrwerksumbauten

Für einen vollbeladenen Geländewagen sind die Verringerung der Bodenfreiheit und der Böschungswinkel ein echtes Handicap. Besonders ein langer vorderer Überhang (z. B. Audi Q7) verhindert dann nicht selten das Befahren kerniger Off-Road-Passagen. Schon ausgefahrene Feldwege können wegen verringerter Bodenfreiheit, vor allem beim Crossover, ein Problem darstellen.

Die Lösung kann die Fahrzeug-Höherlegung sein. Preiswert und am einfachsten ist das Austauschen der Originalfedern gegen längere vom Zubehörmarkt. Doch wer hoch hinaus will, kann tief fallen. Mit längeren Dämpfern und Federn reichen die serienmäßigen Achsanschläge oft nicht mehr aus. Schäden am Fahrwerk durch zu tiefes Ein- und Ausfedern können somit nicht mehr verhindert werden. Daher betonen die Federn-Hersteller: „Die zu erwartende Lebensdauer der Gelenkwellen kann sich durch die Höherlegung verkürzen!“

Die Gelenkwelle ist für die Standardkonstruktionshöhe des Fahrzeugs konstruiert. Jede Veränderung des Beugewinkels, nach oben wie nach unten, erhöht den Verschleiß im Kreuzgelenk, da der Schmierfilm im Lager abreißen kann. Bei mehr als ein, zwei Zentimetern mehr müssen also auch Kreuzgelenke und Gelenkwellen getauscht werden. Dieser Umbau wird meist gleich mit angeboten. Bei Starrachsen ist überdies zu bedenken, dass die Querlenker durch längere zu ersetzen sind. Gerade bei Land Rover Defender (Vorderachse) und Mercedes G (Vorder- und Hinterachse) sieht man immer wieder nach links versetzte Achsen.

Um die Belastung der Stoßdämpfer bei starken Sprüngen – sie können undicht werden oder gar abreißen – zu verringern, ist die Montage von Achsfangbändern erforderlich. Das ist auch für schnell gefahrene Pisten mit Originalfahrwerken zu empfehlen.

Tipp: Der größte Nachteil der Höherlegung ist das schlechtere Kurvenfahrverhalten. Der höhere Schwerpunkt macht sich deutlich bemerkbar. Deshalb ist (wenn noch möglich) eine Achs- oder Spurverbreiterung ratsam. Durch die breitere Fahrspur kann man die Nachteile der Höherlegung fast wieder ausgleichen.

Fahren im Konvoi, hier nach Einweisung durch Beifahrer, hat seine besonderen Herausforderungen.

Unterschiedliche Geländewagen im Konvoi

Wenn Geländewagen mit unterschiedlicher Ausrüstung, Ausstattung und Off-Road-Eigenschaften zusammen durchs Gelände fahren, sind einige Regeln zu beachten. Alle Geländewagen sollten einander ergänzen und alle Fahrer und Beifahrer das gemeinsame Durchkommen als Ziel sehen.

Wird über weichen Untergrund gefahren, sollte das Off-Road-schwächste Fahrzeug vorausfahren, bevor die schwereren und Off-Road-stärkeren den Boden aufreißen und anderen Fahrzeugen die Chance nehmen, den Geländeabschnitt zu durchqueren. Sollte sich das Off-Road-schwächste Fahrzeug festfahren, wären immer noch besser ausgestattete Fahrzeuge da, um den Havaristen zu bergen.

Wird allerdings im unübersichtlichen Gelände nach einer befahrbaren Wegstrecke gesucht, sollte immer das Fahrzeug mit der besten Off-Road-Ausstattung und dem erfahrensten Fahrer vorwegfahren. Sollte sich dort der Off-Road-Profi festfahren, kann er sich selbst aufgrund seiner besseren Ausstattung nach vorn befreien. Außerdem kann er die nachfolgenden Fahrzeuge durch die schwierige Sektion unterstützen.

Damit im Konvoi kein Fahrzeug verlorengeht, gibt es die goldene Regel: Der Vorausfahrende ist für seinen Hintermann verantwortlich, sollte der Hintermann stehen bleiben, bleibt der Vorausfahrende auch stehen. Der Konvoi setzt die Fahrt erst fort, wenn das Problem behoben ist.

Tipp: Beim Fahren im Konvoi ist es wichtig, dass Sprechverbindung (z. B. CB-Funk) zwischen den einzelnen Fahrzeugen möglich ist. Sollte dennoch nicht jedes Fahrzeug im Konvoi mit Funk ausgestattet sein, müssen zumindest das erste und das letzte Fahrzeug Sprechfunk an Bord haben. Sollte Unvorhergesehenes passieren, ist der Konvoi immer informiert und kann helfen.

Kleine Kniffe und Tricks

Reifenschläuche
Ein sehr hilfreicher Trick ist das Mitnehmen von Reifenschläuchen. Auch wer schlauchlose Reifen fährt, sollte mindestens zwei Schläuche mitnehmen. Schlauchlose Reifen können nach der Reparatur nur mit einem gewaltigen Pressluftstoß aufgepumpt werden, weil sonst die Reifenwulste nicht luftdicht an der Felge anliegen. Dieses Aufpumpen des Reifens ohne Schlauch kann nur dem gelingen, der einen entsprechend großen Lufttank mit sich führt, was aber eher selten der Fall ist. Der Reifenschlauch hingegen kann auch mit einem langsamen Luftkompressor aufgepumpt werden.

Wasserflaschen
Was gerne vergessen wird, ist das Verstauen von 1,5-l-Wasserflaschen im Fahrzeug. Fast überall auf der Welt kann man diese Wasserflaschen kaufen, aber wohin damit? Am besten in einen Behälter, in dem sie sich fest verstauen lassen. Bei einer Wüstentour etwa werden pro Person und Tag rund 9 Liter Wasser benötigt. Diese große Menge muss sicher nicht ausschließlich in Flaschen transportiert werden, aber so ist das Wasser einfacher zu kühlen und schmackhafter als aus Kanistern.

Jedes Jahr kommt der Winter „überraschend".

Winterfahrt – Fahren auf Eis und Schnee

Brauchen Geländewagen Winterreifen?

Fahrer von SUV und Geländewagen sind häufig der Meinung, dass sie dank Allradantriebs und grobstolliger Reifen keine Winterreifen benötigen.

▶ **Das ist grundlegend falsch, auch Geländewagen benötigen Winterreifen.**

Grund ist vor allem das Bremsverhalten. Der Allrad-Geländewagen beschleunigt besser als ein zweiradgetriebener Pkw. Aber: Ein Geländewagen bremst wie ein konventioneller Pkw auch nur mit allen vier Reifen. Mit vielleicht zweieinhalb Tonnen ist da aber viel mehr Masse, die auf trockener Straße einen langen Bremsweg ergibt. Massenträgheit plus winterliche Straßenverhältnisse plus Sommerreifen lassen den Bremsweg ins schier Unendliche wachsen. Schon identische Autos haben mit Sommerreifen auf Schnee einen um 60 % längeren Bremsweg.

Moderne Winterreifen zeichnen sich durch eine große Zahl von Lamellen aus. Die sorgen für ordentlich Grip auf Eis, Schnee und nasser Fahrbahn. Lamellen bilden Gripkanten für bessere Traktion. Die Wirkung der Lamellen bleibt über die gesamte Lebensdauer des Reifens erhalten.

Früher achtete man auf das M+S-Logo. Das „Matsch-und-Schnee"-Zeichen ist gesetzlich nicht geschützt und wurde entsprechend häufig auch auf grobstolligen Geländereifen angebracht. MT-Reifen etwa besitzen aber eine sehr harte Gummimischung, Winterreifen eine sehr weiche.

Seit einigen Jahren gibt es das Symbol namens „Three Peak Mountain Snow Flake". Dieses Schneeflockensymbol wird von der US-Straßenverkehrsbehörde NHTSA verliehen. Ein Reifen darf dieses Symbol nur tragen, wenn die Wintereignung in unabhängigen Tests nachgewiesen wurde. Somit ist es der einzige Nachweis eines echten Winterreifens.

Sind Winterreifen Pflicht?

Eine ausdrückliche Pflicht zur Winterbereifung gilt nur für jene, die tatsächlich mit ihrem Fahrzeug bei Glatteis, Schneeglätte, Schneematsch, Eis- oder Reifglätte auf der Straße unterwegs sind. Verstöße werden mit einem Bußgeld in Höhe von 60 € und einem Punkt in Flensburg geahndet. Wird darüber hinaus aufgrund der falschen Bereifung der Verkehr behindert, ist mit einer Geldbuße von 80 € und ebenfalls einem Punkt zu rechnen.

Der Begriff Winterreifen selbst taucht in der StVO aber auch in Zukunft nicht auf. Eine Winterreifenpflicht für einen bestimmten Zeitraum (z. B. Oktober bis März) legt die StVO nach wie vor nicht fest. In Deutschland gibt es also nur eine „situative" Winterreifenpflicht.

Achtung: Ab 2018 gelten nur noch Reifen mit dem Symbol „Schneeflocke" als Winterreifen. Reifen mit dem M+S Symbol sind nur noch mit dem Herstellungsjahr vor 2018 zulässig!

Eindeutig ist die Sache in den Nachbarländern wie Österreich geregelt. Dort herrscht absolute Winterreifenpflicht vom 1. November bis zum 15. April, wenn „winterliche Fahrbahnverhältnisse" herrschen. Bei Verstoß gegen die Winterreifenpflicht drohen Führerscheinentzug und hohe Geldbußen. Das gilt auch und besonders für Transitstrecken und Reisende. In Schweden müssen ebenfalls auch ausländische Fahrzeuge vom 1. Dezember bis 31. März mit Winterreifen ausgerüstet sein.

Bergpiktogramm mit Schneeflocke

In Italien sind Winterreifen zwischen dem 15. Mai und 14.Oktober verboten. Das gilt für Reifen mit M+S-Kennzeichnung und besonders für jene mit dem Symbol Schneeflocke, also auch für Ganzjahresreifen. Allerdings nur, wenn der angegebene Geschwindigkeitsindex (SI) auf den Reifen unter der Höchstgeschwindigkeit des Fahrzeugs liegt.

Breite oder schmale Winterreifen?

Es ist immer häufiger zu sehen, dass die Größe der Sommerreifen auch für die Winterreifen übernommen wird, dabei empfehlen Automobilverbände möglichst schmale und hohe Winterreifen. Die Ursache liegt überwiegend im Eintrag in den Fahrzeugpapieren, da ist meist nur noch eine Größe eingetragen. Man kann sich aber im Reifenfachhandel über weitere für Ihren Geländewagen freigegebene Reifengrößen erkundigen.

*Möglichst schmale und hohe
Winterreifen helfen so etwas
zu verhindern.*

Schmale und hohe Winterreifen können tiefer in den Schnee eindringen und mit dem Untergrund besser verzahnen. Aquaplaninggefahr bei Regen und bei Schneematsch wird durch schmalere Winterreifen deutlich verringert. Obendrein sind schmalere Reifen in der Regel wesentlich preisgünstiger als Breitreifen. Breite Winterreifen bieten höchstens auf einer festgefahrenen Schneedecke einen Vorteil, weil mehr Lamellen auf dem Untergrund liegen.

Es ist nicht erforderlich, dass der Winterreifen für die zulässige Höchstgeschwindigkeit taugen muss. Bei geringerem Speed-Index (Höchstgeschwindigkeit) muss gemäß §36 StVZO dann nur ein Vmax-Aufkleber im Blickfeld des Fahrers auf die eingeschränkte Höchstgeschwindigkeit hinweisen – an die er sich natürlich halten sollte.

Tipp: Wählen Sie stets einen möglichst schmalen Winterreifen. Sollte in den Fahrzeugpapieren keine Alternative zur Originalgröße angegeben sein, bekommt man bei den Reifenhersteller Informationen über weitere Rad- und Reifenkombinationen mit den entsprechenden Freigaben.

Mehr Grip, mehr Luft auf die Reifen

Winterreifen bekommen mehr Stabilität in der Reifenflanke, wenn der vorgeschriebene Luftdruck um 0,2 Bar erhöht wird. Die Erhöhung der Stabilität verbessert auch den Grip auf Eis und Schnee. Um die positiven Eigenschaften der Winterreifen nicht zu verlieren, ist sehr genau drauf zu achten, nicht mit zu wenig Luftdruck unterwegs zu sein.

Reifenlagerung

Reifen, egal ob Sommer- oder Winter-, sollten lichtgeschützt auf Felgen an der Wand hängend, auf einem Felgenbaum oder durch Gummimatten (oder ähnliches) voneinander getrennt auf dem Boden waagerecht gelagert werden. Der Luftdruck sollte um mindestens 0,5 Bar erhöht werden. Jeder Reifen verliert immer ein wenig Luft. Profis schreiben den Einlagerungsluftdruck auf, um beim Auslagern Aufschluss über die Dichtigkeit zu erhalten.

Verliert ein Reifen auffällig viel Luft, kann eine Beschädigung vorliegen. Bei fast 80 % der Geländewagen hat sich dann Sand oder Schlamm zwischen Reifen und Felgenhorn geschoben und den Luftverlust verursacht. Diese Verunreinigung kann nur nach der Demontage von Reifen und Felge behoben werden.

Tipp: Wenn der Luftdruck um 0,5 Bar erhöht wird und die Reifen keine Luft verlieren, können sie mit Felge auch stehend gelagert werden.

Der Motor startet bei Minustemperaturen schlecht

Den meisten Fahrern von Dieselfahrzeugen sind Startprobleme nach dem Vorglühen unbekannt, selbst in strengen Wintern. Anders sieht es bei Benzinmotoren aus, da gibt es teilweise erhebliche Startprobleme. Das liegt oft an der Batterie – nicht weil sie alt, sondern weil sie kalt ist.

Beim Vorglühen des Diesels wird die Batterie durch Stromabgabe belastet, was sie erwärmt. Wird der Diesel gestartet, kann die erwärmte Batterie schon maximalen Startstrom abgeben. Der Benzinmotor verlangt das gleiche von der kalten Batterie. Nach einigem Orgeln ist die Batterie dann wärmer, und der Motor startet. Das belastet den Akku beträchtlich und verkürzt die Lebensdauer. Oder kennen Sie einen laternenparkenden Benziner, dessen Batterie fünf Jahre hält?

Tipp: Die Lösung ist weder neu noch schwierig: Einfach für rund drei Sekunden das Abblendlicht einschalten. Das erwärmt die Batterie, und auch der Benziner startet sofort. Diese Technik schadet der – nicht vorgeschädigten – Batterie nicht.

Fahren im Tiefschnee

Das Fahren im Tiefschnee macht genauso viel Spaß wie das Fahren auf Sand und ist ihm auch annähernd vergleichbar. Da ist es wichtig, sein Allradsystem zu kennen. Wer einen Zuschalt-4WD hat, muss bei den im Winter ständig wechselnden Fahrbahnbedingungen häufig zwischen Zwei- und Vierradantrieb wechseln, was im ungünstigsten Fall nur im Stand möglich ist. Das bedeutet beim Zuschalt-Allrad aber immer, dass der Kurvenradius sich deutlich vergrößert. Der Geländewagen wird zum Kurvenaußenrand geschoben, er untersteuert. Wer permanenten Allradantrieb hat, braucht nichts weiter zu bedenken. Es kann aber besonders im Tiefschnee von Vorteil sein, die Mitteldifferenzialsperre einzulegen. Das Vorankommen wird vereinfacht, Vorder- und Hinterachse sind durch das Einlegen der Mitteldifferenzialsperre starr verbunden.

Das Fahren im Tiefschnee kann großen Spaß machen.

Auf festgefahrener Schneedecke oder Eis ist die Mitteldifferenzialsperre aber nicht zu aktivieren. Kommt der Geländewagen in den Grenzbereich (was auch bei relativ geringem Tempo passieren kann), kann er sich recht zickig verhalten. So wechselt er recht spontan zwischen geradeaus und über die Vorderachse schiebend, um im nächsten Moment mit dem Heck auszubrechen (dauernder Wechsel zwischen Über- und Untersteuern).

Tipp: Legen Sie auf festgefahrener Schneedecke und auf Eis bei einem Permanent-Allradantrieb nicht die Mitteldifferenzialsperre ein.

Fahren über einen zugefrorenen See

Das Fahren über einen zugefrorenen See zählt zu den gefährlichsten Abenteuern mit dem Geländewagen. Es sollte möglichst vermieden werden! Wer dennoch über eine Eisfläche fahren muss, sollte folgende Regeln einhalten:

▶ Nicht anschnallen! Die Flucht aus dem Fahrzeug würde durchs Anschnallen erschwert.

▶ Extrem langsam auf das Eis fahren. Bei zu großer Geschwindigkeit kann sich ein Wellenschlag unter der Eisfläche bilden, der das Eis rissig und brüchig macht.

▶ Die maximale Geschwindigkeit sollte 5 bis 7 km/h nicht überschreiten. Da sich das Eis unter dem Gewicht des Geländewagens durchbiegt, wird immer eine Wasserwelle vor dem Fahrzeug hergetrieben. Sollte diese Welle auf eine Untiefe oder Uferböschung treffen, wird sie reflektiert, und das poröse Eis kann brechen.

▶ Alle Fensterscheiben öffnen. Sie können im Notfall als Ausstieg benutzt werden.

▶ Alle Türen so weit wie möglich öffnen, notfalls mit einem Keil oder Ähnlichem blockieren. Die geöffneten Türen verhindern zumindest kurz das sofortige Versinken des Geländewagens, da die geöffneten Türen sich wie Arme auf dem Eis abstützen können. Diese kurze Zeit kann zur Flucht aus dem Auto ausreichen.

▶ Sollten sie Knirschen und Knacken aus dem Eis hören, verfallen Sie nicht in Panik und geben Sie nicht Vollgas! Das Eis bricht bei Vollgas umso schneller.

▶ Muss die Eisfläche von mehreren Fahrzeugen überwunden werden, fahren sie immer einzeln.

▶ Denken Sie daran: Kaltes Wasser kann zu Kälteschock und Herzstillstand führen.

Bremsen im Schnee mit ABS

Leider hat das Antiblockiersystem (ABS) auch seine Tücken, etwa auf verschneitem Untergrund. Das ABS-System ist bekanntlich eine Stotterbremse, die mehrmals pro Sekunde zwischen Blockierbremse und Lösen (also Rollen der Räder) wechselt. So bleibt das Fahrzeug auch bei einer Vollbremsung lenkbar und richtungs-stabil.

Zwar verhindert das ABS das, was gemeinhin als Rutschen verstanden wird. Dafür aber baut sich auch kein bremsender Keil aus Schnee oder anderem losen Material vor den Rädern auf, weil kurz vor der Blockade und vor dem Aufbauen eines Bremskeiles die Bremse immer wieder gelöst wird.

So haben Autos ohne ABS im Schnee, auf Schotter oder Sand wenigstens einmal einen großen Vorteil: Ihr Bremsweg ist deutlich kürzer. Allerdings sind sie weiterhin bei einer Vollbremsung nicht lenkbar. Im Auto mit ABS kann der Fahrer – wenn er sich aus seiner Schreckstarre löst – während der Bremsung noch um das Hindernis herum lenken.

Die Vollbremsung mit ABS vor einem plötzlich auftauchenden Hindernis auf Schnee kann länger dauern.

Schneeketten

Schneeketten gehören gerade im Gebirge in jedes Auto. Auch Ihr 4x4 braucht Schneeketten, wenn diese durch das blaue Verkehrszeichen 268 vorgeschrieben sind.

Schneeketten gehören auf die Antriebsräder. Davon hat Ihr Geländewagen gleich vier. So müsste jeder Allradwagen vier Schneeketten montieren, was aber eher selten praktiziert wird. In dem Fall gehören die Ketten auf die Vorderräder. Unterm Gewicht des Motors haben sie die beste Traktion.

Wurden an Fahrwerk und Rädern Veränderungen vorgenommen, muss die Freigängigkeit der Reifen mit Schneeketten gesondert untersucht werden. Sie sollten dann gleich auf stabilere Schneeketten wechseln, die auch als Schlammketten zu verwenden sind. Wer jetzt noch dem Gesetz entsprechen möchte, besorgt sich gleich vier Schlamm- oder Schneeketten.

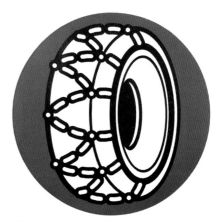

Verkehrszeichen Nr. 268: „Schneeketten sind vorgeschrieben"

Tipp: Werden bei einem Geländewagen mit permanentem Allradsystem Schneeketten nur auf einer Achse montiert, ist das Mitteldifferenzial zu sperren. Ansonsten wird das Rad mit dem größten Schlupf auf einer glatten Stelle durchdrehen.

Vorsicht beim Trick mit der Fußmatte

Wer sich im Winter auf Eis oder Schnee mit durchdrehenden Rädern festfährt, kommt sehr schnell auf die Idee, die Fußmatte unter die angetriebenen Räder, bei Allradantrieb unter die hinteren, zu legen. Die Idee, so den Reibungswiderstand zu erhöhen, ist schon richtig. Kommt die Matte jedoch frisch aus dem Fußraum, ist sie viel wärmer als der Untergrund und taut die Eisoberfläche leicht an. Der Reibwert ist dann so gering, dass die Matte beim Anfahren schlicht von den Rädern fortgeschleudert wird. Besser ist es, die Fußmatte 5 Minuten in Eis oder Schnee zu legen, bis sie sich abgekühlt hat. Nur so kann der Mattentrick im Winter funktionieren.

Tipp: Denken Sie auch beim Aussteigen im Winter an die warmen Schuhsohlen. Auch da besteht auf Eis und Schnee erhöhte Rutschgefahr. Es gilt wie bei der Fußmatte: Erst abkühlen, dann laufen. Die Rutschgefahr verringert sich deutlich.

Der Dieselmotor im Winter

Das Dieselöl ist ein „gemischter" Saft. Warm ist er flüssig, aber bereits bei Temperaturen um -2 °C wird er trüb und flockig. In Ländern mit extremen Wintertemperaturen werden deshalb fast ausschließlich Benzinmotoren eingesetzt. Benzin hat den Vorteil, dass es im Winter nicht ausflockt oder versulzen kann. Bei Temperaturen um -7 °C hat Diesel die Eigenschaft, wachsähnliche Paraffine auszubilden, die den Kraftstofffilter verstopfen und den Motor lahm legen.

Also werden im Winter dem Diesel Additive, sogenannte Fließverbesserer, beigefügt.

Bezeichnung	Verkauf	Temperaturbereich
Sommerdiesel	15.04. bis 15.09.	bis -2 °C
Übergangsdiesel	16.09. bis 31.10.	bis -13 °C
Winterdiesel	01.11. bis 29.02.	bis -22 °C
Übergangsdiesel	01.03. bis 14.04.	bis -13 °C

Die alten Tricks, bis zu 50 % Petroleum oder bis zu 30 % Benzin in den Tank zu schütten, sind heute nicht mehr möglich. Moderne Dieselmotoren, die nach dem Pumpe-Düse oder Common-Rail-Prinzip arbeiten, reagieren sehr empfindlich auf Fließverbesserer, Additive, Petroleum und Benzin. Geringste Mengen können die Einspritzanlage beschädigen. Achten Sie unbedingt auf Herstellerangaben.

Sollte es wegen unzureichenden Dieselfrostschutzes dennoch erforderlich sein, Benzin zum Diesel zu tanken, so sollte dann zusätzlich 1 bis 2 % Zweitakt-Öl (notfalls Motoröl) mit in den Tank gefüllt werden. Bei allen Diesel-motoren bewirkt die Zugabe von Benzin eine deutliche Einbuße der Schmierfähigkeit. Zweitakt-Öl verbrennt sauber und schmiert Dieselpumpe und Einspritzsystem. Das Problem der Schmierfähigkeit verbessert sich bei der Zugabe von Petroleum anstelle von Benzin.

Tipp: Vor dem Winter sollten Vorglüheinrichtung und Batteriezustand überprüft werden. Das Kraftstoffsystem gehört entwässert und der Dieselfilter getauscht. Sollte Ihr Fahrzeug häufiger draußen in der Kälte stehen, ist es ratsam, im Motor Leichtlauföl zu nutzen.

Was gehört im Winter ins Auto?

Für eine längere Fahrt im Winter sollten der Tank voll und ein mindestens 5 Liter fassender Kanister für Notfälle an Bord sein. Checken Sie die Notausrüstung: warme Decken, etwas Proviant, Getränke und Spielzeug für Kinder. In alpinen Regionen gehören Klappspaten und Schneeketten dazu. Wenn selbst Räum- und Hilfsfahrzeuge nicht mehr weiterkommen, müssen Autofahrer oft stundenlang in ihren Fahrzeugen ausharren.

Ausrüstungsgegenstände, die Sie im Winter immer dabeihaben sollten:
▶ Eiskratzer, möglichst stabil und mit Gummilippe für Restfeuchte
▶ Handbesen, um das Autodach vom Schnee zu befreien
▶ Arbeitshandschuhe gegen kalte Finger
▶ Scheiben-Enteiserspray, erspart das Eiskratzen auf der Windschutzscheibe und das sofortige Wiedergefrieren
▶ Bergeseil, zur Bergung anderer oder zur eigenen Bergung
▶ Wolldecke
▶ Kekse und süße Getränke
▶ Schneeketten, zumindest ein Paar
▶ Starthilfekabel
▶ Klappspaten
▶ 5 l Kraftstoff

Was auf keinen Fall ins Auto gehört, sondern in die Jackentasche, ist der Türschlossenteiser. Ist die Tür erst einmal eingefroren, hilft der Türschlossenteiser im Auto auch nicht richtig weiter.

Tipps und Hinweise

▶ Aufgrund der weichen Reifenmischung sollten Winterreifen immer mit um 0,2 Bar höherem Druck gefahren werden.
▶ Ab 7 °C auf Winterreifen zu wechseln, diesen Tipp kennt sicher jeder, aber ist er heute auch noch richtig? Nein! Die heutigen Gummimischungen bei den Sommerreifen haben auch bei 0 °C bei einer Vollbremsung auf trockener Straße immer noch einen kürzeren Bremsweg als vergleichbare Winterreifen. Das ändert sich jedoch auf feuchter, vereister oder schneebedeckter Straßen unter 7 °C sofort.

Off-Road analog: Komplett ohne Assistenzsysteme kommt der 44er Jeep durch.

I

Elektronische Assistenzsysteme

Vorbemerkung

Der Boom der elektronischen Helfer oder Assistenzsysteme begann mit ABS. Es bildet die Grundlage für fast alle anderen elektronischen Assistenten wie Traktionskontrolle, Bergabfahrhilfe, Stabilitätsprogramm, Schlupfregelung, Bremskontrolle.

Jüngst sind immer mehr komplexe Off-Road-Assistenzsysteme auf den Markt gekommen. Vorreiter war Land Rover mit der Einführung von Terrain Response im Discovery 3. Weitere Hersteller haben inzwischen ähnliche Systeme auf dem Markt etabliert.

Hinweis: Abkürzungen und Begriffe unterscheiden sich von Fahrzeughersteller zu Fahrzeughersteller und sind teilweise geschützte Begriffe. Dieser Überblick kann angesichts der rasanten Entwicklung nur eine Momentaufnahme sein.

Das Anti-Blockier-Bremssystem (ABS)

Das Anti-Blockier-Bremssystem verhindert das Blockieren einzelner Räder bei starkem Bremsen über eine Art Stotterbremse und hält das Fahrzeug auch bei Vollbremsung lenkbar. ABS verbessert somit die Fahrstabilität wesentlich und verkürzt meist, bei einer Panikbremsung, zusätzlich den Bremsweg. Auch Bremsplatten werden verhindert.

Wie geht das? Blockiert bei einer Vollbremsung ein Rad, wird diese Information vom einem am Rad sitzenden Sensor zu einem Zentralrechner geleitet und verarbeitet. Der Zentralrechner sagt der ABS-Regeleinheit, dass für dieses eine Rad der Bremsdruck minimal gesenkt werden muss, auf dass es sich wieder kurz frei drehen kann. Nach dem kurzen freien Drehen wird der volle Bremsdruck sofort wieder aufgebaut. Blockiert das Rad dann erneut, beginnt die Regelung wieder von vorn. Das wiederholt sich mehrfach pro Sekunde, deshalb bleibt das Rad immer an der Blockiergrenze und liefert so maximale Bremsleistung.

Die Bergabfahrhilfe HDC

Die Bergabfahrhilfe (Hill-Descent-Control) ist das simpelste und am weitesten verbreitete elektronische Regelsystem. Durch Abregelung der Motordrehzahl und gezielten Bremseneingriff ist das sichere und kontrollierte Bergabfahren möglich. Es lassen sich so extreme Gefälle einfach und sicher, ohne dass der Fahrers eingreifen muss, bewältigen. Die Fahrzeuggeschwindigkeit bergab wird konstant auf 5 bis 9 km/h gehalten und der Fahrer so entlastet.

Aber Achtung: Auch dieses System findet bei höheren Weichsand- oder Geröllabfahrten seine Grenze. Bei Bergabfahrt kann die Vorderachse durch das System abrupt stark abgebremst werden, was zum starken Einsacken der Vorderachse und dadurch zum Überschlag in der Längsrichtung führen kann.

Bei höheren und dadurch längeren „weichen" Abfahrten muss die Bergabfahrhilfe unbedingt ausschaltet sein. Das geht aber nicht bei allen Fahrzeugen. Da hilft es dann nur, durch leichtes Gasgeben das System am Eingreifen zu hindern. Vorsicht: Sobald Sie wieder vom Gas gehen, schaltet das Systen sofort zu und wird das Fahrzeug recht hart bremsen, was zum gefährlichen Einsanden der Vorderachse führt.

Als bessere Lösung hat sich das Ziehen der entsprechenden Sicherung (meist gleichzeitig auch ABS) erwiesen. Nach dem Hang sollten Sie die Sicherung natürlich wieder einsetzen.

Die Bergabfahrhilfe kommt im Weichsand an ihre Grenzen.

Tipp: Das System arbeitet nur unter bestimmten Vorraussetzungen. So muss die Untersetzung eingelegt sein und/oder die Bergabfahrhilfe über Knopfduck aktiviert. Ein Test kann nur in einem Gefälle erfolgen und nicht auf der Straße.

Das Stabilisierungssystem ESP oder auch DSC

ESP („Anti-Schleuder-Programm") ist ein typisches Assistenzsystem, das in direkter Linie vom ABS abstammt. Mitlerweile ist es serienmäßig in die meisten Fahrzeugen eingebaut und hilft, das Ausbrechen in Extremsituationen zu verhindern. Dazu steht es über die ABS-Sensoren in permanentem Kontakt mit den Bremsen und analysiert 100 Mal pro Sekunde das Verhalten des Fahrzeugs.

Fahrtrichtung und Radumdrehungen werden permanent mit gespeicherten Sollwerten verglichen. Bei gravierenden Abweichungen wird das System sofort über das Abbremsen einzelner Räder eingreifen. Einige Systeme mit ESP können gleichzeitig die Motorleistung verringern, um ein weiteres Gasgeben des Fahrers zu vermeiden. Dadurch, dass jedes Rad einzeln ansteuerbar und abzubremsen ist, kann das System Unter- oder Übersteuern wirkungsvoll verhindern. Besonders bei schlechtem Wetter ist ESP daher sehr hilfreich und eine der wichtigsten Fahrsicherheits-Hilfen On-Road.

Die Traktionskontrolle oder auch Antischlupfregelung

ETC (Electronic Traction Control), auch ASR genant, ist eine elektronische Traktionskontrolle für Allradantrieb. Sie soll die Traktion gleichmäßig auf alle vier Räder verteilen und regelt die Umdrehungsgeschwindigkeit des einzelnen Rades über das ABS-System – wie bei der Bergabfahrhilfe über Bremseneingriff.

Die Traktionskontrolle bremst das Rad ohne Traktion.

Je höher das Drehmoment des Motors, desto höher ist auch die Wahrscheinlichkeit, dass die Antriebskraft von den Rädern nicht auf die Fahrbahn (On- wie Off-Road) übertragen werden kann. Verliert ein Reifen den Grip, dreht das Rad durch. Beginnt ein Rad im Gelände den Vortrieb zu verlieren, wird sich das auf die übrigen Räder auswirken: Es kommt zum Traktionsverlust. Deshalb werden von der Elektronik alle Räder unabhängig voneinander kontrolliert, immer im Vergleich zur Umdrehungsgeschwindigkeit der restlichen Reifen.

Fängt eines der Räder auf Glätte an zu schlupfen, nimmt das System von diesem Rad die Antriebskraft durch Abbremsen weg und leitet sie über die ABS-Bremsregelung aufs gegenüberliegende. Bei einigen Geländewagen wird zudem ins Motormanagement eingegriffen, indem das Drehmoment, das auf alle Räder wirkt, verringert wird. Das soll verhindern, dass die restlichen Räder zu hohes Drehmoment erhalten und ebenfalls anfangen zu schlupfen, was das Ende der Fahrt bedeuten würde.

Berganfahrassistent (Hill Hold Control)

Das Anfahren an Steigungen ist nicht für jeden Fahrer eines Schaltgetriebe-Geländewagens einfach, besonders, wenn das Fahrzeug schwer beladen ist oder einen Anhänger im Schlepp hat. Der Fahrer muss schnell mit Bremse, Gas und Kupplung agieren, um das unkontrollierte Zurückrollen zu verhindern. Die automatisierte Unterstützung „Hill Hold Control" erleichtert das Anfahren, indem die Bremsen noch etwa zwei Sekunden nach dem Lösen des Bremspedals festgehalten werden. So hat der Fahrer genug Zeit, entspannt und ohne Einsatz der Handbremse vom Brems- aufs Gaspedal zu wechseln. Das Fahrzeug fährt ohne ungewolltes Zurückrollen an. Freilich besteht die Gefahr, das ungeübte Fahrer den Motor abwürgen.

Das selbstregulierende Luftfedersystem

Das selbstregulierende elektronische Luftfederungssystem (EAS) besitzt ein zusätzliches Ventilsystem, das bei Straßenfahrten eine straffere Federung einstellt und im Gelände eine weichere wählt. Das gibt es bislang nur in Geländewagen im oberen Preissegment. Ein Beispiel: EAS kann ab einer Autobahnreisegeschwindigkeit von 130 km/h die Karosserie absenken und so den Luftwiderstand verringern.

Achtung: Das System unterscheidet nicht nach Autobahn oder schlechter Piste, es senkt die Karosserie generell bei entsprechendem Tempo ab.

Elektronische Differenzialsperren (EDS)

EDS ist eine nur mittelbar vom ABS-System abgeleitete elektronische Komponente und bislang hauptsächlich in teuren Geländewagen zu finden. Es soll die mechanische Differenzialsperre ersetzen. Elektronik übernimmt die Steuerung und soll gegenüber dem Fahrer schneller reagieren können, da die Elektronik stets alle relevanten Fahrdaten vom Zentralrechner kennt.

Zur Unterscheidung: ETC (Electronic Traction Control) greift durch Abbremsen ein, wenn Schlupf bereits aufgetreten ist. EDS und jede mechanische Achs- und Mitteldifferenzialsperre haben die Funktion, Schlupf erst gar nicht entstehen zu lassen oder ihn zu verhindern.

EDS nutzt die vorhandenen Sensoren von ABS, ESP usw. Es bedarf also keiner zusätzlichen Sensoren, aber großer Rechnerleistung. Die elektronische Differenzialsperre ist dem Fahrer insofern überlegen, als die Elektronik in Grenzsituationen die Sperre schneller einlegen und wieder herausnehmen kann. Das System ist teuer und derzeit nur für die gehobenen Geländewagenklassen interessant.

Elektronisches Bremsen-Management (EBM)

Auch bekannt als EBD (Electronic Brake Force Distribution), überwacht die elektronische Bremskraftverteilung die Belastung von Vorder- und Hinterachse ebenso wie das Verhältnis der Geschwindigkeit zwischen Vorder- und Hinterrädern. Erkennt das System etwa, dass sich ein Rad zu langsam dreht, wird die darauf wirksame Bremskraft reduziert. Wer die Vollbremsung beherrscht, verkürzt mit diesem System den Bremsweg deutlich. Das elektronische Bremsen-Management koordiniert alle für sicheres Bremsen in jeglicher Situation erforderlichen elektronischen Systeme wie ABS, EAS, ETC und ESP.

Das elektronische Einstellen des Geländes

Mittlerweile bieten mehrere Hersteller ein innovatives System zur Einstellung der verschiedensten Geländeformationen an. Beim Peugeot 3008 heißt das Grip Control, beim Jeep Grand Cherokee Selec-Terrain, bei Toyotas Land Cruiser Multi-Terrain-Select-System und bei Land Rover Terrain Response. Die Einstellmöglichkeiten unterscheiden sich je nach Hersteller, von gering bis gravierend.

Fahrer moderner Geländewagen können ihr Auto per Knopfdruck auf unterschiedliche Bedingungen einstellen.

Bei den Off-Road-Assistenzsystemen kann der Fahrer über Drehschalter oder Tasten zwischen drei bis fünf Geländeeinstellungen wählen (etwa Autobahn, Waldweg, Felsen, Schlamm, Sand). Je nach Modus werden alle Traktionseinstellungen (Gaspedal, Fahrwerk, Fahrzeughöhe bei Luftfederung, Getriebe, Motormanagement, Bergabfahrkontrolle und Differenziale) neu konfiguriert. In typischen Off-Road-Situationen ist es dann möglich, mit komplett offenem Längs- und Querdifferenzial (Weichsand) oder mit komplett gesperrtem (beim Felsenklettern) zu fahren.

Besitzer von Traktionshilfen sollten bei der Einstellung wissen, welche Veränderungen sie an Sperren, Elektronik oder Motormanagemant bewirken. Wird etwa Gras/Schnee gewählt, hat das unmittelbaren Einfluss auf alle Traktionseinstellungen: Im Vergleich zum Straßengang wird das Drehmoment des Motors dosierter, also fein-fühliger abgegeben. Die Antischlupfregelung reagiert sensibler und schneller. Die Automatik fährt nur noch im zweiten Straßen- respektive im dritten Geländegang an. Bei anderen Geländemodi sind die Veränderungen ähnlich umfangreich. „Felsenklettern" oder „Felsenkriechen" wählen Sie, wenn Sie einen tiefen Graben überwinden wollen, wo es dann um maximale Bodenfreiheit, maximale Achsverschränkung und spontane Gasannahme geht.

Ein klassischer Gedankenfehler ist es, mit der Einstellung „Sand" komplett durch die große „Sandkiste" fahren zu wollen. Was in der Ebene noch sehr gut funktioniert, findet spätestens an hohen Dünen ein abruptes Ende. Die Elektronik ist auf träges Anfahren (zweiter oder dritter Gang) programmiert, um das Durchdrehen der Räder auf losem Untergrund zu verhindern. Es ist somit nicht möglich, spontan Geschwindigkeit aufzubauen und beim Befahren der Düne zu halten. Auch die nicht gesperrte Hinterachse ist da wenig hilfreich. Nur das Programm „Felsenklettern" kann über die Düne helfen. Danach geht es wieder mit „Sand" weiter.

Tipp: Lassen Sie sich von Ihrem Verkäufer die Einstellungen und die damit verbundenen Veränderungen an der Elektronik genau erklären. Schreiben Sie auf, was nicht genau im Handbuch steht.

Wenn die Elektronik den Geländewagen stoppt

Viele Geländewagen sind mit ESP (Elektronisches Stabilitätsprogramm) und ETS (Elektronisches Traktions-System) ausgerüstet. Bei gleichzeitigem Betrieb kann es leicht passieren, dass die beiden einander „schachmatt" setzen.

Bekommt ein Rad beim Durchfahren einer Kurve auf weichem Grund Schlupf (Rad dreht durch), so greift ETS ein und bremst es ab, um das gegenüberliegende Rad mit mehr Drehmoment zu versorgen. Das ESP geht davon aus, dass der Geländewagen sich in einer instabilen Fahrsituation befindet und versucht nun ebenfalls durch Bremseneingriff die Situation zu regulieren. Der Fahrer bemerkt, dass der Wagen an Schwung verliert und gibt Vollgas. Das ESP reduziert in diesem Moment die Motorleistung mit der Folge, dass der Geländewagen bereits an einer leichten Steigung und trotz eventuell großer Motorleistung einfach stehenbleibt.

So hilfreich ESP im Straßenbetrieb ist – an Steigungen und auf weichem Untergrund im Gelände gehört es deaktiviert. Das ist in der Regel bei allen Fahrzeugen möglich.

Tipp: Sollte der Motor neu gestartet werden müssen, ist das ESP erneut zu deaktivieren.

Die Zukunft der elektronischen Assistenz-Systeme

Vernetzung und Vielfalt der elektronischen Helfer im Geländewagen entwickeln sich dauernd weiter. Ein Ende ist nicht abzusehen. Vielleicht kommt ein Echolot zur Ermittlung der Wassertiefe beim Durchqueren eines Flusses, das auch den sichersten Weg weisen kann – oder ein Oberflächen-Scanner, der den einfachsten Weg durch die Dünen sucht und auf einer Satelliten-Karte im Fahrzeug anzeigt.

In diesem Programm werden bis zu sechs Eingriffe an der Steuerelektronik vorgenommen.

Dank GPS und genauester Satelliten-Karten könnten Fahrzeuge selbstständig und zielsicher den besten oder den einfachsten Weg durch Wildnis oder Wüste finden. Durch Live-Video-Projektion auf den Monitor im Fahrzeug ist es möglich, dass jeder Fahrer auch im dichtesten Nebel sicher nach Hause kommt. Das Oberflächenscannen in Verbindung mit Live-Video-Projektion zeigt entgegenkommenden und vorausfahrenden Verkehr samt Geschwindigkeit. So sind das Fahren bei Nebel und in der Nacht und das Überholen in Kurven möglich.

Dank Kamera-Rundumüberwachung bei den neusten Geländewagen ist es möglich, beim steilen Bergauffahren die Kuppe über den Monitor zu beobachten. Das weite Herauslehnen aus dem Seitenfenster ist dann nicht mehr nötig. Sehr hilfreich ist die Kamera auch beim Durchfahren eines (sauberen) Flusses: Auf dem Monitor lassen sich sofort Untiefen und Felsen erkennen.

Bereits im Prototypen-Stadium findet sich eine Technik, mit der nach Signalen aus einem Oberflächensensor bei Eisglätte oder in schwierigen Schlammpassagen automatisch die Spikes in den Reifen ausgefahren werden.

Sinnvolles Zubehör kann das Off-Road-Fahren erleichtern.

J

Was noch fehlte: Tricks, Kniffe und Extra-Infos

Spurverbreiterung

Distanzscheiben zur Spurverbreiterung sind meist aus Leichtmetall, damit die ungefederten Massen wie Achsen und Räder nicht unnötig vergrößert werden. Sie sind je nach Fahrzeugmodell unterschiedlich stark. Breitere Spur verbessert Fahrstabilität und Kippsicherheit. Der Wendekreis lässt sich verkleinern, da der Lenkanschlag bei den meisten Geländewagen entsprechend eingestellt werden kann. Distanzscheiben sollten möglichst immer über eine exakte Mittenzentrierung verfügen, um sauberen Rundlauf zu gewährleisten. Sie lassen sich mit allen Leichtmetall- oder Stahlfelgen montieren. Ein TÜV-Teilegutachten muss immer dabei sein, da Distanzscheiben eintragungspflichtig sind.

Tipp: Nicht immer bringen Spuverbreiterungen eine Verbesserung des Fahrverhaltens mit sich, auch wenn sie TÜV-Segen haben. Es empfiehlt sich, vor dem Kauf einen Fahrwerksspezialisten zu konsultieren.

Der Schnorchel

Schnorchel, also hochgesetzte Luftansaugstutzen, gibt es aus Kunststoff wie aus Stahl. Sie verlängern die Standzeit des Original-Luftfilters, da die Ansaugluft in entsprechender Höhe staubärmer ist. Bei Wasserdurchfahrten ist der hochgesetzte Ansaugstutzen ein Muss, da etwa im Fließgewässer Ansaugöffnungen im Kotflügel oder gleich oberhalb des Motors vom Wasserschwall bereits bei geringen Tiefen geflutet werden können.

Wegen des längeren Ansaugwegs ist es sinnvoll, Luftfiltermaterial mit geringerem Durchgangswiderstand zu wählen. Da gibt es auf dem Zubehörmarkt Alternativen, etwa ölgetränktes Baumwollmaterial.

Zyklonvorfilter

Der Zyklonvorfilter, ein Fliehkraftabscheider, ist die ideale Ergänzung zum Schnorchel, in der Sahara und überall dort, wo es sehr staubig ist. Doch auch bei Starkregen ist man überrascht, was der Zyklonvorfilter an Wassermassen „herausfiltert". Mit ihm spart man sich das Mitführen etlicher Filtereinsätze, bei manchen Fahrzeugen tritt (bei entsprechender Dimensionierung der Vorfilteranlage) auch eine Leistungssteigerung ein, resultierend aus der kreisförmigen Luftverwirbelung beim Ansaugen.

Wer nicht häufig mit großem Staubaufkommen zu tun hat, kann sich die Anschaffung ersparen.

Der Zyklonvorfilter hat eine Füllstandanzeige.

Türschlösser abkleben

Immer wieder ist selbst in der Sahara mit ihren feinen Staubfahnen zu beobachten, dass Fahrer ihre Türschlösser nicht gegen das Eindringen des Sandes schützen. Dabei ist es so einfach: Nur ein wenig Isolierband über den Schlitz des Türschlosses kleben, und viele Probleme mit diesem Schloss entstehen erst gar nicht. Neuere Fahrzeuge sind freilich mit fernbedienten Türschlössern ausgestattet, so dass manuelle Betätigung nicht unbedingt erforderlich ist.

Das Abkleben verlängert die Lebensdauer der Türschlösser.

Tipp: Auch im normalen Alltagsbetrieb, etwa in der Waschanlage, hilft dieser Trick, die Lebensdauer der Türschlösser zu verlängern.

Chiptuning

Das einfachste Mittel, aus einem modernern Motor mehr Leistung herauszuholen, ist das Chiptuning. Auch da ist die Welt komplizierter geworden: Da gibt es das klassische Tuning für mehr Leistung, und da gibt es das „Eco-Tuning", wo Kraftstoffeinsparungen von bis zu 25 % versprochen werden. Wer auf Chiptuning nicht verzichten möchte, begibt sich aber rechtlich auf Treibsand. Die meisten „Tuner" bieten mittlerweile Garantien auf die Haltbarkeit der Motoren, aber was ist mit Achsen, Hauptgetrieben, Verteilergetriebe? Wer zahlt da für Schäden?

Tipp: Erkundigen Sie sich beim Fahrzeughersteller, ob ein Chiptuning freigegeben ist. Die meisten Hersteller haben so etwas selbst im Angebot. Das mag teurer sein, aber so bleiben Garantie oder Gewährleistung voll erhalten.

Seitenschutz

Seitlicher Schutz ist für Geländewagen besonders wichtig, immerhin besteht im Gelände größere Gefahr, seitlich wegzurutschen. Auch auf Kuppen ist das ein Thema: Viele Geländewagen sind gerade im Bereich der unteren Einstiegsleiste nicht geschützt und entsprechend empfindlich. Auch im alltäglichen Verkehr ist der Seitenschutz gerade bei einem seitlichen Aufprall eine wertvolle Hilfe. Es gibt je nach Wagentyp die verschiedensten Anbieter und Möglichkeiten, deshalb hier die am häufigsten verwendeten:

Sidebars (Rocksliders)

Sidebars (Rocksliders) sind meist aus Aluminium oder aus verzinktem Stahl. Sie werden an den Einstiegen als Ersatz für den unteren Abschluss angebaut. Es handelt sich eigentlich um eine Verstärkung des unteren Einstiegsbleches. Sidebars werden meist über den Schweller geklebt oder genietet und lassen sich als Einstiegshilfe verwenden. Sie werden im Allgemeinen paarweise angeboten, sind aber nicht für alle Geländewagen verfügbar.

Kombination aus Tree- und Rocksliders

Stepsliders (Treesliders)

Stepsliders ersetzen meist die ursprünglichen Einstiegshilfen oder auch Trittleisten. Der Schwellerschutz ist auf der Außenseite zusätzlich mit einem Rohr versehen. Dieses Rohr schützt die Türunterkante vor Schäden, wie sie durch seitliches Abrutschen etwa gegen Bäume verursacht werden, daher „Treeslider". Sie sind in der Regel aus feuerverzinktem Stahl und besitzen oft eine Aufnahmemöglichkeit für Wagenheber wie den Hi-Lift. Stepsliders ersetzen das untere Abschlussblech komplett und sind meist keine Einstiegshilfen. Sie sind deutlich stabiler als die Sidebars. Auch Stepsliders werden paarweise angeboten.

Auch in heimischen Gefilden gibt es noch Gelegenheit fürs kleine Abenteuer.

Oben auf dem Schnorchel thront der Lufteinlass.

Hoch angebrachte Scheinwerfer können vor allem beim Überfahren von Kuppen von Nutzen sein.

Schmutzfänger leisten gute Dienste. Im schweren Gelände gehören sie hochgebunden.

Welcher Wagenheber?

Schnellwagenheber hydraulisch

Hydraulische Schnellwagenheber sind aus dem Rallye-Sport bekannt. Sind sie fest im Fahrzeug eingebaut, lassen sich sekundenschnell ausfahren und heben das Fahrzeug komplett an. Sie haben auch den Vorteil, dass man das Fahrzeug an jeder Ecke anheben kann und die Sandbleche innerhalb von Sekunden unter die Räder schieben kann.

Als Einzelwagenheber eingesetzt, werden sie wie ein Hi-Lift-Heber angewendet und mit Hilfe eines seitlichen Hebels aufgepumpt. Der Schnellwagenheber wird, wie der Hi-Lift-Heber, an nur einem Punkt am Geländewagen angesetzt. Wegen der enormen Hubhöhe können Unfälle passieren, wenn das Fahrzeug leicht seitlich versetzt angehoben wird und der Wagenheber umkippt. Das ist gefährlich für Leib und Leben und für die Bremsen, wenn gerade kein Rad montiert ist. Wie der Hi-Lift-Heber braucht auch der Schnellwagenheber eine Unterlage etwa in Form eines Bretts, um nicht im weichen Boden zu versinken. Hydraulische Schnellheber sind relativ teuer.

Schnellwagenheber hydraulisch

Air-Jack

Allenfalls auf Sand oder Fels hat der Air-Jack seine Vorteile. Geringer Bodendruck macht das Versinken fast unmöglich. Es handelt sich um eine Art Luftkissen, das mit dem Abgas aus dem Auspuff aufgeblasen wird. Der große Nachteil ist der Mangel an Standfestigkeit beim Aufblasen: Er kann einknicken, sich dann in Schieflage füllen und umkippen. Zudem besteht Gefahr, sich am Auspuff zu verbrennen. Der Air-Jack hat sich in den meisten Fällen nicht bewährt und kann nicht empfohlen werden.

Hi-Lift-Heber

Der Hi-Lift-Heber ist der gebräuchlichste Wagenheber in Off-Road-Kreisen. Vorteile sind die einfache Technik und die Möglichkeit, ihn auch zum Bergen, ähnlich einem Seilzug, einzusetzen, seine enorme Hubhöhe und natürlich die Möglichkeit, dass er einfach überall zu befestigen ist. Den Befestigungsmöglichkeiten im und am Fahrzeug sind nur durch die Phantasie Grenzen gesetzt. Der größte Nachteil ist aber die Instabilität. Die Anwendung will gründlich geübt sein.

Das Multitool zur Fahrzeugbergung

Hydraulischer Rangierwagenheber aus dem Bau- oder Zubehörmarkt

Tragkraft: 2000 kg, Hub-Höhe: 135 bis 350 mm, fahrbar mit 4 Metall-Rollen, Preis 15 bis 25 € – das ist der Rangierwagenheber aus dem Baumarkt. Klingt billig, ist aber eine echte Alternative für Expedition und Reise. Mit einigen kleinen „Tuning"-Maßnahmen hat man ganz schnell den perfekten Wagenheber gebaut. Als erstes werden die Rollen demontiert und der Wagenheber auf ein stabiles Brett (ca. 50 x 60 cm) gestellt. Die lenkbaren Rollen ersetzen Distanzstücke. Jetzt wird der Wagenheber mit dem Brett durch Schlossschrauben verbunden.

Tipp: Der Wagenheber lässt sich durch Haltevorrichtungen am Holzbrett relativ einfach und sicher im Auto verstauen. Der einzige und größte Nachteil ist, dass der Wagenheber immer nur unter der Achse in Stellung gebracht werden kann, weil die serienmäßigen Wagenhebepunkte zu hoch für ihn liegen. Aufgrund der doch relativ geringen Hubhöhe kann dieser Wagenheber jedoch nicht umfallen. Weitere Vorteile sind seine einfache, leicht verständliche Technik und seine Unempfindlichkeit gegen Verschmutzung. Außerdem kann er ohne Vorbereitung sofort eingesetzt werden.

Billig und gut ist der einfache Rangierwagenheber aus dem Baumarkt.

Original-Wagenheber

Die Original Wagenheber haben meistens den Nachteil, dass sie sehr einfach konstruiert und wenig robust sind. Die Stabilität des aufgebockten Fahrzeugs ist nur auf ebenem und festem Untergrund garantiert. Dieses Kriterium trifft aber nicht auf alle Hersteller zu, deshalb muss hier jeder selbst entscheiden, ob der Original-Wagenheber auch in der Pampa oder der Sahara etwas taugt. Eine Probeanwendung auf einer schiefen Ebene kann schnell Aufschluss über die Tauglichkeit bringen.

Unterfahrschutz

Unterfahrschutzsysteme werden meist stabil an vorhandenen Befestigungspunkten direkt am Rahmen befestigt. Bei der Auswahl ist auf zusätzliche Befestigungspunkte zur Fahrzeugbergung zu achten. Da es sich beim Rahmen um das stabilste Bauteil handelt, ist es im Hinblick auf die Zuglast sinnvoll, den Schutz gleich mit stabilen Bergeösen auszustatten.

Ob man einen mit kreisrunden Öffnungen wählt, ist schon fast eine Glaubensfrage. Diese Löcher sollen angeblich zur Kühlung von Motor und Getriebe dienen und das Festsaugen im Schlamm verhindern. Zumindest seht fest, dass sie das Gewicht des Unterfahrschutzes reduzieren.

Besser als nur die gelochten Platten ist ein Unterfahrschutz mit Bergeöse.

Der Unterfahrschutz soll Lenkhebel, Lenkschubstange und Panhardstab vor Beschädigungen schützen, ist im Gelände unerlässlich und gehört als Allererstes an Ihren Wagen.

Achsdifferenzialschutz

Der Differenzialschutz schützt die Achsgehäuse von Starrachsen. Er besteht aus Stahl oder aus einer hochfesten Leichtmetall-Legierung, die im gefährdeten Bereich verstärkt ist.

Das Original-Differenzial besteht im vorderen anstoßgefährdeten Bereich nur aus sehr dünnem Blech. Bei einer Kollision mit einem Hindernis etwa in einer Spurrinne kann das Blech schnell durchstoßen werden, und das Differenzialöl läuft aus. Der Verlust wird oft erst spät bemerkt, und der Schaden an der Umwelt ist groß.

Achsdifferenzialschutz

Tipp: Schützen Sie Ihr Differenzial, es kostet nicht viel, und der Nutzen ist groß.

Die Anhängerkupplung

Die Anhängerkupplung – auch „Tiefpflug" genannt – ist meist sehr tief und ungeschützt am Fahrzeugheck befestigt. Das Problem im Gelände ist, dass man ständig mit der Anhängerkupplung aufliegt und die Hinterachse gleichsam aushebelt, weil die Räder kurzfristig den Bodenkontakt verlieren. Die größere Gefahr besteht aber darin, dass sich die Kupplung beim Rückwärtsrangieren in den Untergrund bohrt und die Fahrt stoppt.

Viele Geländewagen besitzen eine festmontierte Anhängerkupplung. Wer sie nicht ständig benötigt, kann sie bei den meisten Fahrzeugtypen zu einer abnehmbaren umbauen. Dafür muss die Steckdose vom Anhängerbock an den Rahmen des Geländewagens verlegt werden. Dort möglichst weit oben angebracht, ist sie am sichersten im Gelände.

Der Anhängerbock selbst ist häufig mit nur vier Schrauben am Rahmen befestigt. Werden die Kontermuttern der vier Schrauben am Rahmen angeschweißt, kann man jetzt durch das Lösen der vier Schrauben sehr schnell die Anhängerkupplung entfernen und gegebenenfalls wieder montieren. Dieses ist die einfachste Art, eine leicht abnehmbare Kupplung herzustellen.

Traktionshilfe oder Achssperre?

Die Traktionshilfe ist eine elektronische Schlupfregelung, die durch automatischen Bremseingriff die Wirkung von Achsdifferenzialsperren imitiert. Schlupfregelungen werden auch als Traktionskontrolle bezeichnet und funktionieren über das ABS-System in Form von Bremseneingriffen auf jenes Rad einer Achse, das aufgrund mangelnder Traktion an Halt verliert und durchdreht. Die Kraft wird dann an das gegenüberliegende Rad mit der besseren Traktion weitergeleitet. Die meisten Geländewagen haben serienmäßig zumindest an der Hinterachse eine Achsdifferenzialsperre. Wenn dieses bei Ihrem Geländewagen nicht der Fall sein sollte, ist eine Nachrüstung in den meisten Fällen möglich.

Es gibt verschiedene Arten, die sich zum nachträglichen Einbau ins Ausgleichsgetriebe eignen. Die Differenzial-Bremse (keine Sperre!), auch bekannt als Limited Slip Differential, reduziert den Schlupf (bekannte Marken sind Trac-Lock, Auburn Gear, Eaton, ZF). Der Wirkungsgrad wird in % angegeben. Beispiel: Eine 40-prozentige Differenzial-Bremse leitet dem Rad, das noch Traktion hat, durch Abbremsen im Differenzial 40 % der Kraft des durchdrehenden zu.

Automatische Sperren zum Einbau ins Achsdifferenzial (Lock-Right, EZ-Locker) oder gleich als Ersatz für den Differenzialkorb (Detroit Locker) sind nicht abschaltbar. Bei Schlupf auf rutschigem Untergrund reagieren sie automatisch durch Sperren. Manuelle Sperren (ARB, OX Locker) sind abschaltbar. Der Fahrer entscheidet, ob er die Sperre einschaltet oder nicht.

Alle manuellen Sperren haben eines gemeinsam: Sie erfordern umfangreiche Umbauten und Installationsarbeiten. Das Original-Achsdifferenzial wird durch das Sperrdifferenzial komplett ersetzt. Außerdem sind Umbauten für den Betätigungsmechanismus nötig. ARB und Locker benötigen Luftleitungen, ARB zusätzlich einen Kompressor, Unterdrucksperren ein Vakuum-Reservoir etwa vom Bremskraftverstärker. Die Sperrwirkung dieser Systeme ist dafür sehr groß (immer 100 %) und ebenso standfest im Dauerbetrieb.

Alle mechanischen Achssperren dürfen nur im Stand zugeschaltet werden. Auch wenn das Handbuch das Zuschalten während der Fahrt erlaubt – tun Sie es nicht. Das Achsdifferenzial wird beim Zuschalten schon bei leichter Verspannung, etwa in einer leichten Verschränkung oder Kurve, sehr schnell beschädigt.

Zum Unterschied zwischen elektronischer Traktionshilfe und manueller Achssperre ein Beispiel: Fährt ein Geländewagen über glatten Untergrund, greift die elektronische Traktionshilfe erst ein, wenn ein Rad mit etwa 5 km/h schneller dreht als das gegenüberliegende. Ein durchdrehendes Rad hat weder Traktion noch Seitenführung. Das Eingreifen der elektronischen Traktionskontrolle wird dann zum Problem, wenn sich der Geländewagen in einer Schräglage befindet und ein oder mehrere Räder die Traktion verlieren. In dieser Situation müssen die Räder mit Traktion fast schlagartig die Seitenführung der anderen Räder mit übernehmen, was aber meist nicht mehr möglich ist. Der Geländewagen wird unweigerlich seitlich abrutschen.

Anders verhält es sich bei mechanischen Achssperren. Sind beide Achsen mechanisch gesperrt, ist verhindert, dass ein Rad schneller dreht als ein anderes. Es können nur alle Räder gleichzeitig durchrutschen, etwa wenn stark beschleunigt wird. In allen anderen Fällen ist es unwahrscheinlich, dass alle Räder gleichzeitig die Traktion und damit die Seitenführung verlieren. So ist ein Geländewagen mit mechanischen Achssperren fahrstabiler und sicherer zu fahren.

Tipp: Wer die Möglichkeit zu wählen hat, sollte sich für die wirkungsvollere manuelle Achsdifferenzialsperre entscheiden. Sie hat keinen Verschleiß, ist dauergebrauchsfest und störungsunempfindlich.

Traktionshilfen arbeiten rein elektronisch mit Hilfe des ABS-Systems, während Achssperren rein mechanisch funktionieren und im Ausgleichsgetriebe der Achsen arbeiten. Das Ausgleichsgetriebe überträgt das Drehmoment des Motors gleichmäßig auf die Antriebsräder einer Achse und gleicht deren unterschiedliche Drehzahlen aus. In einer Linkskurve etwa legt das linke Rad weniger Weg zurück als das rechte, das gleichsam „außen herum" muss.

Soll die Hinterachse gesperrt werden, lässt man das Fahrzeug mit 1 bis 2 km/h im Leerlauf rollen. Die Achssperre darf nur auf gerader Strecke eingelegt werden, niemals in einer Kurve oder auf stark unebenem Grund. Die Räder

einer Achse würden sonst unterschiedlich schnell drehen, und das Differenzial würde beschädigt. Es wird erst dann Gas gegeben, wenn die Kontrolllampe anzeigt, dass die Sperre auch wirklich eingerastet ist.

Man sperrt die Achse nur so lange, wie es unbedingt nötig ist. Wer mit genau gleichschnell drehenden Rädern eine enge Kurve etwa auf Asphalt fährt, zerstört das Differenzial wegen der gewaltigen Verspannungen im Antriebsstrang. Die Sperre entriegelt man am besten während der Fahrt mit geringer Geschwindigkeit und im Leerlauf – auf gar keinen Fall während einer Verschränkung oder im Verlauf einer Kurve. Weder beim Zuschalten der Sperre noch beim Entriegeln darf eine Kraft über den Antriebsstrang geleitet werden.

Traktionshilfe und Achssperre kombinieren?

Übrigens lassen sich beide Systeme auch miteinander kombinieren.

Ein Beispiel ist der Mercedes G. Auch weitere Geländewagen mit serienmäßiger Traktionskontrolle werden teilweise mit manuellen Achssperren nachgerüstet, und auch da funktioniert es. Eigentlich ist es ganz simpel: Traktionskontrollen funktionieren nur achsweise. Nur wenn ein Rad an einer Achse durchdreht, wird es über das ABS-System gebremst. Also wird nur ein Rad, dass schneller als das gegenüberliegende dreht, vom Traktionssystem abgebremst. Daraus folgt: Diese Kombination ist eine perfekte Verbindung.

Mercedes-Benz G mit Achssperren und Traktionskontrolle

Schalter oder Automat?

Unter Geländewagenfahrern gibt es immer wieder Kontroversen zum Thema Automatik- oder Schaltgetriebe. Das wäre in den USA keine Frage. Noch aber stellt sich in Europa diese Frage, obwohl immer mehr Geländewagen in der Luxusklasse nur noch mit Automatikgetriebe ausgeliefert werden.
Ein genereller Nachteil der Automatik ist die längere Übersetzung in den einzelnen Gängen. Ein Nachteil besonders bei steileren Bergabfahrten ist die unzureichende Verzögerungswirkung des Motors, es muss leicht mit der Fußbremse nachgeholfen werden. Beim Bremsen besteht aber generell die Gefahr, dass die Vorderachse „überbremst" und der Geländewagen quer zum Hang rutscht. Modernere Automatikgetriebe mit bis zu neun Schaltstufen sollten dieses Problem jedoch nicht mehr haben.

Probleme können Geländewagen mit Automatik im weichen Sand bekommen. Der kritische Punkt ist die Temperatur des Automatik-Öls durch den dauernden Wandlerbetrieb bei Geschwindigkeiten unter 80 km/h bereits auf der Straße. Erschwert wird das im Anhängerbetrieb und an Steigungen.

Die Lösung kann sein (wenn es möglich ist), die Untersetzung einzulegen und zu versuchen, schneller als 30 km/h zu fahren. Selbst wenn es nur für 10 Sekunden gelingt, in der Untersetzung mit Fahrstufe „D" zu fahren, sinkt die Getriebeöltemperatur von vielleicht 160 auf bis zu 120 °C. Die Automatik kann jetzt wieder greifen. Wird weiter in der Untersetzung gefahren, sinkt die Temperatur schnell auf unter 100 °C. Anhalten und den Motor für 10 Minuten im Leerlauf zu belassen, bringt dagegen meist nichts. Bei den meisten Fahrzeugen wird das Automatik-Öl zur Kühlung durch den Motorkühler geführt. So besteht die Gefahr, dass auch der Motor überhitzt.

Zu beachten ist, dass manche speziellen Ölsorten nicht überall auf der Welt erhältlich sind. Deshalb sollte man für ein Automatikgetriebe immer mindestens einen Liter Automatiköl dabeihaben.

Das Überhitzen des Automatikgetriebes macht sich dadurch bemerkbar, dass das Fahrzeug stehen bleibt, als ob der Motor keine Kraft mehr hätte. Abhilfe kann nur ein größerer Automatikölkühler verschaffen. Sollten Sie eine größere Reise in heiße Regionen unternehmen, erkundigen Sie sich im Internet und bei Off-Road-Clubs. Anfragen in der normalen Werkstatt haben oft keinen Sinn.

Automatik- aber mittlerweile auch viele Schaltwagen lassen sich nur mit betätigter Fußbremse starten. So soll das unbeabsichtigte Losfahren bei einer Fehlbedienung verhindert werden. Diese Sicherheitseinrichtung lässt sich aber bei den meisten Geländewagen in der Fachwerkstatt deaktivieren, was im Gelände von entscheidendem Vorteil ist, wie wir gesehen haben.

Beim Schaltgetriebe gibt es bei längeren Bergaufstrecken immer das Problem, schalten zu müssen, was das sofortige Stehenbleiben am Hang bedeuten kann. Da ist ein Automatikgetriebe eindeutig im Vorteil. Das gleiche Problem gibt es auch in Weichsand-, Schlamm- und Dünenpassagen, also stets, wenn mit Schwung gefahren werden muss und nicht geschaltet werden darf. Auch in Gelände, wo millimetergenaues Fahren erforderlich ist, kommt man mit einem Schaltgetriebe schnell an seine Grenzen, es sei denn, man führe mit schleifender Kupplung. Beim Automatikgetriebe kann in solchen Fällen immer leicht mit der Fußbremse verzögert werden.

Tipp: Ein Automatikgetriebe ist im Gelände sehr zu empfehlen, allen Automatik-Skeptikern wird eine Testfahrt im Gelände empfohlen, besonders in den Dünen. Auch ungeübte Laien können nichts falsch oder kaputt machen. Sobald die beiden Nachteile (lange Übersetzung und Temperatur-Probleme) mit denen die Automatikgetriebe bislang zu kämpfen hatten, der Vergangenheit angehören, gibt es eigentlich keine Alternative zum Automatikgetriebe.

An- und Abschleppen mit Automatikgetriebe

Im Automatikgetriebe übernimmt der Drehmomentwandler die Funktion der Kupplung. Für gewöhnlich erfolgt die Kraftübertragung vom Motor zu den Antriebsrädern per Hydraulikflüssigkeit (ATF-Öl). Das größte Problem beim An- und Abschleppen ist aber, dass die Getriebeölpumpe nur bei laufendem Motor in Betrieb ist. Einige Modelle der G-Klasse von Mercedes-Benz haben eine zweite Pumpe, die von der Hinterachse angetrieben wird. Die Automatik-Ausführungen lassen sich an- und abschleppen.

An- oder Abschleppen mit Automatikgetriebe sollte nach Möglichkeit immer unterbleiben. Besser ist es, den Geländewagen mit Hilfe eines Überbrückungskabels zu starten. Ansonsten konsultieren Sie Ihr Handbuch.

Übrigens: Die alte Formal, nach der ein Automatikwagen in Getriebstellung „N" 50x50 (maximal 50 km/h schnell, maximal 50 km weit) geschleppt werden dürfe, stimmt schon lange nicht mehr.

Tipp: In einer Notsituation kann der Automatik-Geländewagen beim Anschleppen auf 50 km/h beschleunigt werden. Nach 1 bis 2 km sollte sich das Öl auch ohne Pumpe einigermaßen erwärmt und verteilt haben. Dann bei einer Geschwindigkeit von 5 bis 10 km/h den Wählhebel von „N" auf „D" schalten.

Luftfederung

Die Luftfederung hat die gleiche Aufgabe wie Schrauben-, Blatt- und Torsionsfedern: stets den gleichen Abstand zur Straße wahren. Vorteile sind ruhige und komfortable Fahrt sowie variable Fahrzeughöhe. Moderne Luftfedersysteme sind elektronisch gesteuert. So wird über Ventile der Druck in den Gummibälgen (Luftbälgen) so geregelt, dass die Wagenhöhe unabhängig von der Belastung konstant bleibt. Bei Luftmangel senkt sich der Wagen auf mechanische Notlauffedern ab, ein komfortables Abfedern ist dann nicht mehr möglich.

Bei den meisten Geländewagen mit Luftfederung lassen sich außer der normalen Straßenhöhe weitere manuell einzustellende Höhen wählen. Zum Ein- und Aussteigen kann das Fahrzeug ca. 50 mm unter Normalniveau abgesenkt werden, für das Gelände um ca. 55 mm über Straßenniveau angehoben und im Notfall um weitere 15 mm angehoben werden (je nach Modell und Marke unterschiedlich).

Die Luftfederung hat viele Vorteile (die Aufzählung gilt nicht für alle Fahrzeuge) und das nicht nur im Gelände:
▶ Geringes Gewicht
▶ Einstellmöglichkeit von Boden-/Bauchfreiheit
▶ Einfacheres Ankoppeln eines Anhängers durch Absenken der Federung und anschließendes Anheben
▶ Größere Fahrsicherheit durch automatische Niveauregulierung im Hängerbetrieb und/oder mit hoher Zuladung
▶ Größerer Fahrkomfort bei niedrigen Geschwindigkeiten auf Buckelpisten
▶ Dank progressiver Federkennlinie – die Kraft nimmt überproportional mit dem Federn zu – ist Durchschlagen wie mit Schraubenfedern nicht möglich.
▶ Kraftstoffeinsparung durch automatisches Absenken bei bestimmten Geschwindigkeiten
▶ Leichteres Ein- und Aussteigen sowie einfachere Beladung im abgesenkten Modus
▶ Höhere Hindernisse lassen sich über- statt umfahren.
▶ Fahrzeug kann bei der Einfahrt in ein niedriges Parkhaus im „Aussteige-Modus" abgesenkt und fixiert werden.
▶ Zusammenspiel mit Achssperren, Traktionskontrollen usw. über Zentralrechner

Die Luftfederung hat aber auch einige Nachteile:
▶ Im oberstem Niveau können die prall gefüllten Luftbälge bei leichten Beschädigungen platzen,
▶ beschädigte Luftbälge lassen sich nicht einfach reparieren oder flicken,
▶ bei System-/Elektronikschäden kann sich die Karosserie bei einigen Modellen bis auf die Reifen absenken – weiterfahren unmöglich,
▶ schleichender Luftverlust im Alter und
▶ komplizierter Aufbau sowie höhere Defektanfälligkeit im Vergleich zur Stahlfederung – neuerdings aber erheblich bessere Qualität.

Tipp: Befassen Sie sich, bevor Sie ins Gelände fahren, gründlich mit den Möglichkeiten der Luftfederung. Es gibt bei einigen Fahrzeugen eine Technik, um das Fahrwerk bis zum obersten Niveau hochzufahren („Stelzfunktion"). Sie ist teilweise umständlich zu aktivieren.

Die Schwächen des eigenen Geländewagens

Wer die Schwächen seines Geländewagens kennt, kennt auch seine Stärken. Jeder Typ hat seine Achillesferse, und um die sollte man wissen. Informationsquellen sind Off-Road-Treffs, Clubs, das Internet und Fahrer des gleichen Modells.

▶ Nicht vergessen: Nutzen Sie jede Möglichkeit, mit Ihrem Geländewagen zu trainieren. Nur Übung macht den Off-Road-Meister.

Tipp: Der Besuch einer Geländewagen-Fahrschule lohnt sich. Ein guter Fahrlehrer gibt wertvolle Tipps auch zum eigenen Geländewagen.

Handzeichen, Einweisung durch den Beifahrer

Wird es im Gelände sehr eng, ist die Zeit zum Einweisen durch einen erfahrenen Beifahrer gekommen. Die Handzeichen müssen vorab eindeutig geklärt sein, Fantasie sollte woanders benutzt werden.

Gerade beim Rückwärtsfahren im Gelände gilt: nie ohne Einweiser.

Die wichtigsten Regeln sind:

▶ Das Einweisen übernimmt nur eine Person.

▶ Der Einweiser hat sich immer im uneingeschränkten Sichtfeld des Fahrers aufzuhalten. Es gilt: „Kann ich den Fahrer nicht sehen, kann er mich auch nicht sehen."

▶ Beim Einweisen ist auf ausreichenden Sicherheitsabstand vom Fahrzeug zu achten.

▶ Der Einweiser sollte im Gelände niemals rückwärts laufen, es besteht höchste Stolpergefahr. Lieber den Geländewagen stoppen und eine neue Standposition suchen.

▶ Der Fahrer konzentriert sich nur auf den Einweiser und versucht nicht mitzudenken. Jedes eigenmächtige Lenken oder Fahren gefährdet den Einweiser. Dem Fahrer fehlt es in dieser Situation sowieso an Übersicht, sonst brauchte er keinen Einweiser.

Im Bereich „Off-Road" haben sich diese eindeutigen Handzeichen eingebürgert:

| Vorwärts | Rückwärts | Stopp | Rechts | Links |

Tipp: Es ist immer darauf zu achten, dass mit beiden Händen eindeutige Zeichen gegeben werden. Auch wenn es mit einer Hand lässiger aussieht – zeigen Sie immer mit beiden Händen an. Sollte der Einweiser einmal zur Hälfte aus dem Blickfeld verschwinden, ist immer noch eine Hand zu sehen.

Navigation

„Navigation ist, wenn man trotzdem ankommt."

Jeder, der abseits aller Straßen und Wege fährt, sollte ein Grundwissen an Navigation, Kartenkunde und GPS haben. Sich dieses Wissen anzueignen, ist eine sehr komplexe Aufgabe. Deshalb ist das Kapitel Navigation hier nur der Vollständigkeit halber erwähnt. Die Navigation ist ein derart umfangreiches Thema, dass sie allein Bücher füllt. Im Buchhandel gibt es einige sehr gute Bücher, die sich diesem Thema ausführlich widmen. Das Selbststudium ist hier sehr zu empfehlen.

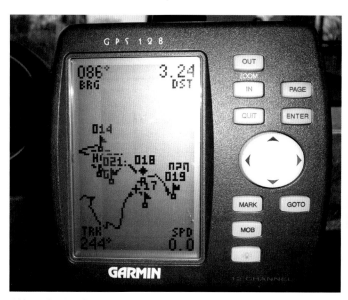

Ebenso zu empfehlen ist die Teilnahme an den häufig angebotenen Wochenend-Road-Book-Touren. Da können die ersten Erfahrungen im Umgang mit GPS, Landkarte und Road-Book gesammelt werden.

Tipp: Wer sich ein Navigationssystem kaufen möchte, sollte sich von einem Fachmann mit Reiseerfahrung beraten lassen. Der kann helfen, für jede gewünschte Anwendung (Straßennavigation, Rallye, Road-Book-Touren oder Expeditionen) das optimale Gerät auszuwählen.

„Wenn Du weißt, wo Du bist, kannst Du sein, wo Du willst."

Wann welchen Gang?

Die Wahl des richtigen Ganges entscheidet über den Erfolg einer jeden Off-Road-Passage. Immer wieder werden im Gelände durch falsche Gangwahl Fahrzeuge beschädigt. Sicherlich sind hier die Erfahrung und das Einschätzen des Untergrundes durch den Fahrer entscheidend. Dennoch soll diese Tabelle als Faustregel bei der Entscheidung helfen.

In welcher Situation welchen Gang?

Gelände	Untersetzung einlegen?	Welcher Gang?
Sand	Ja	3., 4., oder gar 5. Gang
Schlamm	Ja	2. oder 3. Gang
Felsen	Ja	1. Gang
Eis, Schnee, Wiese	Nein	höchster, mindestens 2. Gang
Bergauf	Ja/Nein	höchstmöglicher Gang
Bergab	Ja	1., höchstens 2. Gang
Wasser	Ja	2. Gang

Im Hängerbetrieb muss der Fahrer die Länge des Gespanns im Auge haben und das Rangiern geübt haben.

Fahren mit dem Anhänger

Gespannfahren muss man trainieren

Nicht nur das Rangieren mit dem Anhänger treibt so manchem Autofahrer den Schweiß auf die Stirn. Auch ein im Rückspiegel tanzender Anhänger während der normalen Fahrt kann ausgesprochen nervös machen.

Die Länge des Gespanns kann recht groß sein. Ein Anhänger ist oft länger als das Zugfahrzeug. Die folgenden Tipps können nur Hinweise fürs korrekte Fahren sein, in der Praxis muss jeder für sich die Fahrtechniken üben. Auch hier heißt die Devise: „Nur Übung macht den Meister."

Passt das Zugfahrzeug zum Anhänger?

Die Anhängelast bei einem Pkw darf niemals höher sein als die zulässige Gesamtmasse des ziehenden Kraftfahrzeuges. Zusätzlich gilt ausnahmslos: Die maximale Anhängelast (Hänger samt Ladung) für alle Pkw beträgt 3,5 Tonnen.

Ausnahmen gelten nur für Geländewagen und Sport Utility Vehicles (SUV), die dank stärkerer Motoren und Allradantriebs auch schwerere Anhängelasten sicher ziehen können. Der Geländewagen darf das 1,5-fache seiner zulässigen Gesamtmasse ziehen. Vorrausetzung dafür ist aber, dass der Anhänger eine eigene Bremse besitzt und das Fahrzeug für solche Anhängelasten zugelassen ist. Allerdings reicht für Gesamtmassen über 4,25 Tonnen nicht mehr der B-Führerschein mit Schlüsselzahl 96. Da benötigen Sie bereits eine BE-Fahrerlaubnis.

Welche Eigenschaften ein Auto aufweisen muss, um als Geländewagen zu gelten, wird in der Richtlinie 70/156/EWG definiert:

Fahrzeuge der Klasse N1 mit einer zulässigen Gesamtmasse von nicht mehr als 2 Tonnen und Fahrzeuge der Klasse M1 gelten als Geländefahrzeuge, wenn sie wie folgt ausgestattet sind:

▶ mit mindestens einer Vorderachse und mindestens einer Hinterachse, die so ausgelegt sind, dass sie gleichzeitig angetrieben werden können, wobei der Antrieb einer Achse abschaltbar sein kann;

▶ mit mindestens einer Differenzialsperre oder mindestens einer Einrichtung, die eine ähnliche Wirkung gewährleistet; als Einzelfahrzeug müssen sie eine Steigung von 30 % überwinden können, nachgewiesen durch Berechnung.

Außerdem müssen sie mindestens fünf der folgenden sechs Anforderungen erfüllen:

▶ Der vordere Überhangwinkel muss mindestens 25 Grad betragen.

▶ Der hintere Überhangwinkel muss mindestens 20 Grad betragen.

▶ Der Rampenwinkel muss mindestens 20 Grad betragen.

▶ Die Bodenfreiheit unter der Vorderachse muss mindestens 180 mm betragen.

▶ Die Bodenfreiheit unter der Hinterachse muss mindestens 180 mm betragen.

▶ Die Bodenfreiheit zwischen den Achsen muss mindestens 200 mm betragen.

Tipp: Weil eben nicht die zulässige Gesamtmasse des Anhängers, sondern die tatsächliche Masse für die Anhängelast entscheidend ist, ist es erlaubt, auch einen Anhänger zu ziehen, dessen zulässige Gesamtmasse höher ist als die zulässige Anhängelast des Kraftfahrzeugs. Dann kann man entsprechend weniger Ladung auf dem Anhänger transportieren als maximal erlaubt ist.

Die Stützlast

Die Stützlast, also das Gewicht, mit dem der Anhänger auf die Anhängerkupplung drückt, beeinflusst die Fahrsicherheit entscheidend. Den besten Eindruck gewinnt man bei seitlicher Betrachtung von Zugfahrzeug und Anhänger aus einiger Entfernung. Beide müssen eine gerade Linie bilden. Zeigt sich an der Anhängerkupplung ein Knick nach oben oder unten, kann das Gespann leicht ins Schleudern kommen, und der Bremsweg verlängert sich entscheidend.

Bei Starrdeichselanhängern mit zulässigem Gesamtgewicht von nicht mehr als 3,5 t darf die vom Zugfahrzeug aufzunehmende Mindeststützlast nicht weniger als 4 % des tatsächlichen Gesamtgewichts des Anhängers betragen, sie braucht jedoch nicht mehr als 25 kg zu betragen. Nach oben ist die Stützlast durch die Angaben auf dem Typenschild der Anhängerkupplung oder der Zugdeichsel des Anhängers begrenzt. Weichen die Werte voneinander ab, so gilt immer der niedrigere. Nur wenn die erlaubte Stützlast voll ausgenutzt wird, läuft der Anhänger spurtreu hinterher. Die Straßenlage des Gespanns wird von der richtigen Stützlast beeinflusst.

Tipp: Um zu überprüfen, ob die Stützlast mit den gesetzlichen Vorgaben übereinstimmt, kann eine haushaltsübliche Personenwaage benutzt werden, indem eine Holzlatte in passender Größe unter die Deichselspitze des beladenen Anhängers geklemmt und diese auf die Waage gestellt wird. Nun kann die tatsächliche Stützlast abgelesen werden.

Das richtige Beladen des Anhängers

Anhänger sind so konstruiert, dass bestimmte Grundregeln einzuhalten sind. Ausnahmen sind Spezialanhänger wie Pferdehänger.

Bild 1: Falsch

Ist die Ladung zu weit vorn positioniert, wird die Vorderachse stark entlastet (Stützlast zu hoch) wodurch das Brems- und Lenkverhalten in gefährlicher Weise verschlechtert wird. Bei reinem Frontantrieb kann es zudem noch starke Probleme beim Anfahren geben. Dieser Fehler wird wohl am häufigsten gemacht.

Bild 2: Falsch

Ist die Ladung zu weit hinten positioniert, entlastet das die Hinterachse (negative Stützlast). Da die Hinterachse die wichtigste des Zugfahrzeugs ist, besteht so größte Schleudergefahr fürs Gespann. Nun den Kofferraum als Gegengewicht zu beladen, wäre noch schlimmer: So würde die Auf-und-ab-Bewegung des Fahrzeughecks noch verstärkt und das Zugfahrzeug gerät außer Kontrolle. Durch das Anheben des Fahrzeughecks vergrößert sich auch der Bremsweg um mehr als das Doppelte. Anfahren nur mit Heckantrieb ist nur mit großen Problemen möglich.

Bild 3: Falsch

Auch wenn hier alles richtig erscheint, da die Ladung möglichst weit vorn und hinten platziert wurde und so die Stützlast im erlaubten Bereich liegt, ist auch dieser Beladungszustand falsch! So ist kein Gewicht direkt über der Achse gelagert. Ist der Anhänger nicht spziell für diese Art der Ladung gebaut (verstärkter Rahmen), kann er sich wie einer Blattfeder verhalten. Bei Tempo auf langen Bodenwellen federt der Rahmen unter der Last. Die normale Federung und das Mitfedern der Reifen verstärken den Effekt noch. Der Anhänger fängt an zu springen.

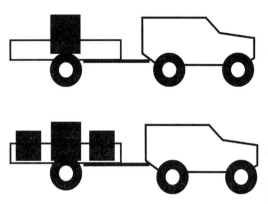

Bild 4: Richtig

Das Hauptgewicht muss auf der Achse liegen. Ist die Ladung jetzt auch noch ordnungsgemäß gesichert, vergrößert sich der Bremsweg nur minimal und die Straßenlage bleibt erhalten.

Bild 5: Richtig

Bei „Flächen-Ladungen", etwa einzelne Kisten oder Schüttgut, soll die Hauptlast im Bereich der Achse konzentriert sein. Im Klartext: Die schwersten Gegenstände kommen in die Mitte. Wird der Anhänger nicht überladen, haben Sie so optimale Straßenlage.

Ladungssicherung

Zum Thema Ladungssicherung ist im Kapitel G bereits viel gesagt. Dennoch gibt es für Anhänger noch einiges zu beachten. Jede Ladung, egal ob Propangasflaschen, Bauschutt oder ungesicherte Möbel, gefährdet bei einer Vollbremsung nicht nur die Gesundheit der Insassen, sondern auch die Unbeteiligter. Bei einer Vollbremsung wird selbst ein leichter Gartenstuhl zum Geschoss.

Zum flexiblen Sichern der Ladung bieten sich „Airline-Schienen" an, die auch nachträglich noch an eine stabile Bordwand oder auf dem Anhängerboden befestigt werden können. Die meisten offenen Anhänger besitzen vom Werk aus Befestigungspunkte an den Seitenwänden, es ist die maximale Last zu beachten. Als einfachste und schnellste Art der Ladungssicherung haben sich eigens für den Anhänger hergestellte Netze oder Planen erwiesen, die an den originalen Befestigungspunkten stabil verankert werden.

Für spezielle Ladungen gibt es auch immer eine spezielle Art der Sicherung, wie etwa für Pferde, die mit einer „Bruststange" gegen das Rutschen nach vorn gesichert werden können. Auch wenn Sie Pferde transportieren, haben Sie keine Angst vor einer Vollbremsung, denn eine Vollbremsung können Pferde sehr gut ausbalancieren. Was wäre die Alternative zur Vollbremsung? Der Aufprall – und den balanciert kein Pferd mehr aus.

Wer häufig verschiedenste Ladungen transportiert, sollte sich rutschhemmendes Material wie Antirutschmatten in der passenden Größe für den Anhängerboden zulegen.

Streng nach den Richtlinien ist die Ladung mit 80 % des Eigengewichtes zu den Seiten und mit 50 % des Eigengewichtes nach hinten zu sichern. Einen Teil dieser Sicherung können Antirutschmatten übernehmen. Zum Beispiel bedeutet ein Gleitreibwert von $\mu=0{,}1$ eine Ladungssicherung von 10 %. Den Rest der Sicherung müssen dann aber immer noch Gurte oder Ähnliches übernehmen.

Hier einige Gleitreibwerte:

Metall auf Holz   µ ca. 0,2   entspricht 20 % Ladungssicherung durch Reibung

Holz auf Holz   µ ca. 0,3   entspricht 30 % Ladungssicherung durch Reibung

Antirutschmatte   µ ca. 0,6   entspricht 60 % Ladungssicherung durch Reibung

Tipp: Ladungssicherungsgurte sollten für mindestens das doppelte Gewicht der zu sichernden Ladung zugelassen sein.

Der Fahrstil mit Anhänger

Die Fahrweise mit Anhänger kann nur defensiv sein. Für die angenehme Fahrt mit dem Hänger gibt es einiges zu beachten: Dass sich der Wendekreis deutlich vergrößert, muss der Fahrer in jeder Kurve berücksichtigen. Jeder, der einmal im Winter auf einer frisch verschneiten Straße abgebogen ist, wird sehen, dass die Hinterachse seines Fahrzeugs einen kleineren Radius durchfährt als die Vorderachse. Dieses Versetzen der Spur ist umso größer, je länger der Radstand des entsprechenden Fahrzeuges ist. Besonders die Achse eines Anhängers durchfährt einen sehr engen Radius. Dieser Radius ist umso enger, je länger der Anhänger, also der Gesamtradstand ist. Deshalb Kurven immer größer ausfahren als solo.

Beim Treibstoffverbrauch ist das Gewicht des Wohnwagens (auf gerader Strecke) nicht das Wichtigste, denn der Verbrauch wird beeinflusst vom Rollwiderstand der Räder und Achsen. Auf gerader Strecke ist hauptsächlich der Luftwiderstand das entscheidende Kriterium. Im Bereich über 80 km/h kommt es darauf an, wie stark die Luft zwischen dem Zugfahrzeug und dem Anhänger verwirbelt wird und ob eventuell gar ein Unterdruck entsteht, der den Luftwiderstand noch vergrößert. Schließlich spielt natürlich die Fahrweise eine große Rolle.

Mit Anhänger halten Sie größeren Abstand zum vorausfahrenden Fahrzeug. Ab etwa 80 km/h verlängert das Gewicht von Anhänger und Ladung den Bremsweg um bis zum Doppelten des normalen. Fahren Sie immer vorausschauend, gerade wenn sie einen großen und hoch bauenden Anhänger ziehen. Vor Brücken, Waldschneisen, Lärmschutzwänden, Bergkuppen und überholenden Lkw kann eine plötzlich auftretende Windböe den Anhänger zum Aufschaukeln oder Pendeln bringen. Bei böigem und stärkerem Wind sollten Sie immer langsamer fahren.

Tipp: Üben Sie das Fahren mit dem Anhänger, fahren Sie erst über gut ausgebaute Bundes- und Landesstraßen, um anschließend auf die schmaleren Kreisstraßen zu fahren. Wenn sie zum Schluss auf einem großen freien Platz das Rangieren und Rückwärtsfahren trainiert haben, kommt die nächste größere Übung: Das Fahren durch die Innenstadt.

Reifendruck für Anhänger

Wie im Kapitel B unter Traglast dargestellt, ist der Reifendruck gerade bei einem Anhänger von enormer Bedeutung. Unabhängig vom Anhängertyp ist bei einer Vollbeladung der Luftdruck aufs maximale Maß anzuheben. Soll der Anhänger anschließend wieder ohne Ladung gefahren werden, ist es wichtig, den Luftdruck wieder zu senken. Ansonsten kann der leere Anhänger mit maximalem Luftdruck wie ein Gummiball hinter dem Zugfahrzeug springen. Die Reifenhersteller geben mit der PSI-Angabe den höchsten Druck an, den der Reifen fahren darf.

Umrechnungstabelle

Von	in	Umrechnung
PSI	Bar	PSI x 0,07 = Bar
Bar	PSI	Bar x 14,29 = PSI

Der PSI-Wert lässt sich an der Reifenflanke ablesen. Steht dort etwa 44 PSI, entspricht das 3,08 Bar. Dieser Wert ist der maximale Luftdruck für diesen Reifen. Werden neue Reifen montiert, ist natürlich der PSI-Wert der neuen Reifen maßgeblich. Er kann trotz identischer Reifengröße deutlich von dem der alten Reifen abweichen.

Tipp: Wird der Anhänger vollgeladen, müssen auch die Reifen fast an den Rand des zulässigen Luftdrucks befüllt werden. Dabei ist immer eine Reserve von etwa 10 % einzuhalten. Ist also der maximale Luftdruck mit 3,08 Bar angegeben, bedeutet das für Ihren Reifen 2,77 oder aufgerundet 2,80 Bar. Das ist wichtig. Im Betrieb erwärmen sich die Reifen und können platzen, wird die 10-%-Regel nicht eingehalten. Ein leerer Anhänger kann mit 25 % weniger Luft als maximal angegeben gefahren werden (Richtwert). Das wären bei einem Maximalwert von 3,08 somit 2,31 Bar, also gerundet 2,30.

Wichtig: Schreiben sie die Luftdrücke für Leerfahrten und für maximale Beladung auf den Kotflügel Ihres Anhängers, so kann auch ein Fahrer, der sich den Anhänger ausleiht, jederzeit den korrekten Luftdruck ablesen und für seine Bedürfnisse einstellen.

Die 100-km/h-Zulassung

Für Fahrzeuge mit Anhänger gilt generell eine Höchstgeschwindigkeit von 80 km/h auf Autobahnen und Kraftfahrstraßen. Unter gewissen Voraussetzungen dürfen Pkw mit Anhängern in Deutschland auf Autobahnen und Kraftfahrstraßen Tempo 100 fahren. Als Zugfahrzeug ist ein mehrspuriges Kraftfahrzeug bis 3,5 t zulässiges Gesamtgewicht oder ein Pkw erlaubt. ABS ist vorgeschrieben. Im Gesetzestext wird, wenn es um das ABS geht, immer von einem „automatischen Blockierverhinderer" (ABV) gesprochen, da der Begriff „ABS" ein geschützter Name ist. Die Reifen des Anhängers dürfen nicht älter als sechs Jahre sein und müssen mindestens Geschwindigkeitskategorie L (120 km/h) haben.

Bei Anhängern ohne Auflaufbremse, also bis 750 kg oder ohne Stoßdämpfer auch über 750 kg, darf das zulässige Gesamtgewicht höchstens das 0,3-fache des Leergewichtes des Zugfahrzeugs betragen, bei Wohnanhängern mit Auflaufbremse und Stoßdämpfern das 0,8-fache, bei anderen Anhängern mit Auflaufbremse und Stoßdämpfern das 1,1-fache. Die Gewichtsangaben stehen im Fahrzeugschein. Entscheidend ist immer: Die zulässige Masse (früher: Gewicht) des Anhängers muss kleiner oder gleich der Leermasse (Leergewicht) des Zugfahrzeugs, multipliziert mit einem x-Faktor, sein.

Dieser x-Faktor gilt in Abhängigkeit der technischen Ausstattung des Anhängers:

Art des Anhängers	Ausstattung	x-Faktor
einachsiger Anhänger	ohne Bremse und ohne hydraulischen Schwingungsdämpfer	0,3
einachsiger Anhänger	mit Bremse ohne hydraulischen Schwingungsdämpfer	0,3
Wohnwagen	mit Bremse und hydraulischem Schwingungsdämpfer	0,8
Wohnwagen	mit Bremse, mit hydraulischem Schwingungsdämpfer und Zugkugelkupplung mit Stabilisierungseinrichtung	1,0
Wohnwagen	mit Bremse, hydraulischem Schwingungsdämpfer und speziellem fahrdynamischem Stabilitätssystem am Zugfahrzeug	1,0
Anderer Anhänger	mit Bremse und hydraulischem Schwingungsdämpfer	1,1*
Anderer Anhänger	mit Bremse, mit hydraulischem Schwingungsdämpfer und Zugkugelkupplung mit Stabilisierungseinrichtung	1,2*
Anderer Anhänger	mit Bremse, hydraulischem Schwingungsdämpfer und speziellem fahrdynamischem Stabilitätssystem am Zugfahrzeug	1,2*

Es gilt immer: Die zulässige Masse des Anhängers muss kleiner oder gleich der Leermasse des Zugfahrzeugs sein – zulässige Anhängelast gemäß Fahrzeugschein des Zugfahrzeugs.

Formel: Zulässige Masse des Anhängers < oder = „x-Faktor" Leermasse des Zugfahrzeugs.

Berechnungsbeispiel:
Wohnwagen mit der zulässigen Gesamtmasse von 1600 kg (mit Bremse und Dämpfer, x=0,8); Zugfahrzeug mit einem Leergewicht von 1800 kg. 1600 kg > 1440 kg (0,8 x 1800 kg) – In diesem Beispiel darf der Anhänger nicht mehr als 1440 kg wiegen. Durch das Nachrüsten des Wohnwagens mit einer Zugkugelkupplung mit Stabilisierungseinrichtung würde der x-Faktor auf 1,0 heraufgesetzt, und das Zugfahrzeug dürfte 1800 kg ziehen.

Die technischen Werte müssen in einem Gutachten von einer anerkannten Überwachungsorganisation bestätigt werden und anschließend vom Straßenverkehrsamt in Brief und Schein respektive in die Zulassungsbescheinigung Teil I und Teil II eingetragen werden. Die Bescheinigungen sind mitzuführen, und eine Tempo-100-Plakette ist hinten am Anhänger anzubringen.

Derart zügig darf der Zug jedoch nur auf Autobahnen und Kraftfahrstraßen fahren. Das heraufgesetzte Tempolimit kann auch für ausländische Gespanne beantragt werden.

Tipp: Erkundigen Sie sich, bevor sie ins Ausland fahren, nach den dortigen Regeln für das Fahren mit Anhängern. In der Schweiz sind außerorts und auf den Autobahnen generell nur 80 km/h für Gespanne erlaubt.

Vorsicht mit der 100-km/h-Zulassung

Achtung: Die 100-km/h-Regelung gilt nur auf Bundesautobahnen und Kraftfahrstraßen. Auf Land- und Bundesstraßen außerhalb geschlossener Ortschaften gilt für Pkw mit Anhänger und Lkw bis 3,5 t Gesamtgewicht mit Anhänger nach wie vor Tempo 80. Für sonstige Kraftfahrzeuge mit Anhänger, etwa Wohnmobile mit Anhänger, gilt 60 km/h.

Das Einstellen der Außenspiegel

Werden zur Fahrt mit einem Anhänger zusätzliche Außenspiegel, so genannte Anhängerspiegel montiert, sollte deren Einstellung wie in Kapitel A dargestellt vorgenommen werden.

Die originalen Rückspiegel sollten so eingestellt werden, dass Sie die Räder Ihres Anhängers in Kurvenfahrt im Blick haben. Achten Sie beim Kauf der zusätzlichen Außenspiegel darauf, dass die Originalspiegel nicht durch die Befestigung komplett verdeckt sind. Nur so können Sie sicherstellen, dass Sie Kurven auch mit den Reifen des Anhängers sicher umrunden können und nicht mit dem Anhänger unerwartet über die hohe Bordsteinkante fahren. Gerade beim Rückwärtsrangieren kann man den Anhänger besser überblicken und exakter fahren.

Tipp: Auch wenn Ihr Anhänger nicht breiter ist als das Zugfahrzeug, sollten Sie aus Sicherheitsgründen zusätzliche Außenspiegel am Fahrzeug befestigten. Rangieren und Kurvenfahrt werden mit korrekter Spiegeleinstellung enorm vereinfacht.

Fahren auf einer feuchten Wiese

Auf einer feuchten Wiese zu fahren oder besser: von dieser wieder herunter zu kommen, ist selbst für einen mit Elektronik vollgestopften Geländewagen recht schwierig. Feuchtes Gras kann so glatt wie Eis sein. Bei Fahrzeugen mit Allradantrieb ist meist das hohe Gewicht des Anhängers das Problem beim Anfahren. Da gibt es jedoch einen einfachen Trick:

Fahren Sie nach Möglichkeit rückwärts und sorgen Sie dafür, dass der Anhänger möglichst im rechten Winkel zum Zugfahrzeug zum Stehen kommt. Jetzt haben Sie beim Anfahren nicht das maximale Gewicht des Anhängers zu ziehen und können eventuell etwas Schwung aufbauen, um von der Wiese herunterzufahren.

Sollte auch das nicht funktionieren, bleibt als letzte Möglichkeit die beherzte Lenkradbewegung nach links und rechts wie beim Fahren im Schlamm. Die Lenkradbewegungen können hier auch etwas länger ausfallen. So wird die Grasnarbe aufgerissen, wodurch die Räder etwas besser greifen können.

Tipp: Die Fahrtechnik funktioniert auch, wenn das Fahrzeug nur über Frontantrieb verfügt. Schließlich bleibt noch das Hilfsmittel Luftablassen.

Anhänger im Gelände

Wer häufiger mit seinem Gespann ins Gelände fährt, etwa zum Holztransport oder auf Reisen, sollte einen stabilen Anhänger haben und einige grundlegende Fahrtechniken beherrschen. Übrigens stimmt es nicht, dass Anhänger im Gelände nichts verloren hätten. Zwar ist richtig, dass ein Anhänger etwa in tiefen Schlammlöchern wie ein Bremsfallschirm wirkt. Aber wo wird mit einem geländegängigen Anhänger denn hauptsächlich gefahren? Wenn es ins extreme Gelände geht, wird sicher jeder Off-Roader seinen Anhänger an einem sicheren Ort abstellen und nicht unbedingt durch jedes Sumpfloch fahren.

Alle Anhänger, und seien sie noch so gut fürs Gelände vorbereitet, kommen irgendwann an ihre Grenzen. Eine davon ist Weichsand, also bleibt der Hänger auf Saharatour daheim. Für die Federung gilt übrigens, dass sie möglichst leicht zu warten sei und somit haltbar. Blattfedern verschleißen kaum, und im Zweifelsfall kann sie der Dorfschmied reparieren. Ähnliches gilt für Schraubenfedern. Gummifedern reiben sich im Sand buchstäblich auf. Drehstabfedern sind ebenfalls anfällig und rosten leicht von innen durch. Bricht dann die Torsionsfeder, ist das nicht so einfach zu reparieren.

Stoßdämpfer sind bei einem Off-Road-Anhänger eigentlich nur für die 100-km/h-Zulassung notwendig. Hat Ihr Anhänger Stoßdämpfer, ist das natürlich vorteilhaft beim schnellen Fahren über Pisten und sehr schlechte Wege. Geht es mit 70 km/h durch ein Schlagloch, ist die Gefahr, dass die Federung bis zum Anschlag durchschlägt und der Anhänger springt, mit Stoßdämpfern deutlich geringer.

Im Gelände sind außerdem die auf die Zugdeichsel wirkenden dynamischen Kräfte wesentlich größer als auf ebener Strecke. Bereits auf einer einfachen Wellblechpiste kann das zu dauerhaften Beschädigungen der Deichsel führen. Deshalb ist als Zugdeichsel nur die V-Form zu wählen. Sie ist schwerer, bietet aber viel größere Stabilität.

Es gibt immer noch Verfechter der „Nato-Kupplung" – die übrigens bei den Streitkräften aus Gründen der internationalen Kompatibilität eingeführt wurde. Es heißt, sie biete wesentlich größere Freiheitsgrade. In den einschlägigen Lkw-Zeitschriften wird sie stets mit Rockinger- oder Ringfeder-Maulkupplung verglichen. Ein direkter Vergleich mit der Kugelkopfkupplung würde mit Sicherheit zeigen, dass sich der Aufpreis für die Nato-Kupplung sparen lässt.

Tipp: Machen Sie eine Testfahrt durchs Gelände, bevor Sie sich für einen Anhänger entscheiden. Testen Sie alle Freiheitsgrade von Hänger und Kupplung. Passt der Anhänger gewichts- und größenmäßig zum Zugfahrzeug, gibt es im Gelände kaum Grenzen.

Hinweis: Verwenden Sie bei Ihrem Off-Road-Anhänger die gleiche Fahrbereifung wie bei Ihrem Geländewagen. Der Vorteil ist, dass Sie nur einen Reservereifen und Reifenflickzeug für beide Fahrzeuge mitnehmen müssen.

Rückwärts rangieren

Grundsätzlich will zu Anfang der Rangierübung das Fahrzeugheck just in die Richtung gelenkt sein, in die der Anhänger eben nicht soll. Heißt im Klartext: Will ich nach links, lenke ich nach rechts, und umgekehrt. Das fällt gerade Anfängern schwer und muss ausgiebig geübt werden.

Fahren Sie mit dem Anhänger eine längere Strecke rückwärts. Schauen Sie abwechselnd in beide Außenspiegel. Lenken Sie genau zu dem Zeitpunkt in die Richtung, in dem der Anhänger beginnt auszubrechen. Weicht der Anhänger nach rechts aus, lenken sie sanft nach rechts, bis der Anhänger wieder in einer Linie mit dem Zugfahrzeug ist. Nach kurzer Zeit gewöhnt man sich daran und kann mit relativ hoher Geschwindigkeit den Anhänger rückwärts bewegen.

Muss der Anhänger rückwärts mit einem Winkel von etwa 90° in eine Parkbucht oder eine Straße hinein, kann die „Drei-Schritt-Regel" helfen.

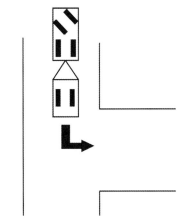 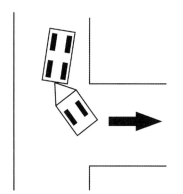 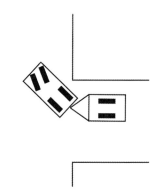

Schritt I: Schlagen Sie das Lenkrad etwa eine halbe Umdrehung entgegen der Richtung, in die Sie abbiegen wollen, ein. Beginnt der Anhänger zu reagieren, folgt Schritt II:

Schritt II: Lenken Sie wieder geradeaus.

Schritt III: Hat der Hänger die richtige Richtung eingeschlagen, folgen Sie ihm mit der Lenkung. Lenken Sie in die Richtung, in die Sie einfahren wollten, nehmen Sie den Lenkradeinschlag, je nach Reaktion des Anhängers, wieder langsam zurück, bis der Anhänger wieder in einer Linie zum Zugfahrzeug steht.

Auch bei dieser leicht zu erlernenden Drei-Schritt-Regel heißt es: immer wieder üben! Gerade am Anfang hat man meistens das Problem, dass der Anhänger übersteuert und zu scharf um die Kurve fährt. In diesem Fall hilft nur, ein Stück nach vorne zu setzen und die Prozedur zu wiederholen.

Generell gilt: Fahren Sie möglichst langsam und mit einem Einweiser, ein Schaden ist schnell entstanden.

Tipp: Wer sich einen Anhänger ausleiht, sollte sich in einer wenig befahrenen Umgebung mit den Fahreigenschaften des Anhängers vertraut machen. Auch das gelegentliche Üben mit dem eigenen Anhänger kann nie schaden. Und immer schön langsam.

Anhänger außer Kontrolle

Jeder Gespannfahrer muss vorausschauend fahren, weich und behutsam lenken, heftige Lenkbewegungen unbedingt vermeiden – jeder hat Angst vor dem Aufpendeln oder Schlingern des Anhängers. Besonders an schweren Wohnwagen und Pferdeanhängern empfiehlt sich der Einsatz von Stabilisatoren. Antischlinger-kupplungen sollen das Aufschaukeln verhindern und sind somit immer eine gute Investition. Jüngere Fahrzeuge haben ESP. Achtung: Noch bevor das Antischleudersystem im Zugfahrzeug bei Störungen eingreift, die über die Kupplung übertragen werden, ist der Anhänger praktisch schon außer Kontrolle.

Sobald Sie merken, dass der Anhänger trotz aller Vorsicht einmal ins Pendeln kommt, treten Sie sofort die Kupplung und lassen das Gespann ausrollen. Das kann sich über 500 Meter oder weiter hinziehen.

Sollte das Zugfahrzeug anfangen zu pendeln oder der Anhänger in einer Kurve sogar aufsteigen, müssen Sie sofort vollbremsen, damit alle Räder blockieren. Bei der Vollbremsung unbedingt das Lenkrad gerade halten, auf keinen Fall gegenlenken, das verstärkt die Pendelbewegung noch. Erst kurz vor dem Stillstand die Bremse wieder lösen. Auch in einer Kurve halten Sie beim vollen Bremsen das Lenkrad gerade, so lange es geht. Kurz vor Erreichen der Außenkante geben Sie leicht Gas und lenken wieder in die Kurve ein. Sobald es geht, das Gespann weiter runterbremsen.

Wichtig: Auf gar keinen Fall dürfen Sie Gas geben! Der alte Tipp gehört in den Bereich Mythen und Märchen. „Den Zug strecken" funktioniert nicht und macht die Situation nur noch gefährlicher.

Was passiert eigentlich beim Aufschaukeln, auch Pendeln genannt? Das Gespann bewegt sich gegenläufig, und Gegenlenken wird unmöglich. Kann das Pendeln nicht gestoppt werden, verliert der Zugwagen die Stabilität und schleudert entgegen der Fahrtrichtung nach hinten, wobei der Anhänger eigentlich immer in Fahrtrichtung bleibt.

Zum Schlingern führen zu hohe Geschwindigkeit und Seitenwind, der vor allem bei der Ausfahrt aus Tunneln, am Ende einer Lärmschutzwand oder auf Brücken lauert. Immer wieder unterschätzt wird der Sog, der entsteht, wenn man von einem Lkw überholt wird oder selber einen überholt. Durch die geschlossene Seitenwand wird der Anhänger kräftig angezogen und nach dem Passieren wieder losgelassen. Ein Trick für den Überholten: Sobald ein Bus oder ein Lkw im Rückspiegel auftaucht, fährt man so weit links auf der eigenen Spur, dass der andere gezwungen ist, ebenfalls weiter links zu fahren. Hat der Lkw Sie erreicht, fahren Sie möglichst weit rechts, schaffen so größeren Abstand und vermeiden den Sog. Sie selbst sollten nach Möglichkeit gar nicht überholen. Die Zeitersparnis wiegt das Risiko bei weitem nicht auf.

Einen Plattfuß am Anhänger werden Sie zunächst kaum bemerken. Der Anhänger wird weder pendeln noch „schwimmen". Sie bemerken die Panne eher am erhöhten Rollwiderstand. Halten Sie das Lenkrad gerade und bremsen Sie gefühlvoll ab.

Tipp: Je schwerer das Zugfahrzeug, desto stabiler das Gespann. Nutzen Sie also auch beim Zugfahrzeug die Zuladungsmöglichkeit aus.

Wie fahrstabil ist Ihr Anhänger?

Wichtig für die Fahrstabilität des Gespanns ist die Schwerpunktlage des Anhängers. Den Schwerpunkt mag man sich als ein bewegliches Kugelkopfgelenk vorstellen, um das der Anhänger alle Bewegungen macht. Daher sollte er dicht bei der Achse liegen, im Idealfall 10 bis 20 cm davor. Dann folgt der Anhänger dem Zugfahrzeug, ohne zu schlingern oder zu schieben. Da der Gesetzgeber eine minimale Stützlast vorschreibt, ist sichergestellt, dass der Schwerpunkt sich immer vor der Achse des Anhängers befindet.

Diese Schwerpunktlage lässt sich nach folgender Formel ermitteln:
S = (St x D) / Ges

S = Schwerpunktlage vor der Achse in cm
St = Stützlast in kg
D = Deichsellänge, von der Achse bis zum Kugelkopf in cm
Ges = Gesamtgewicht des Anhängers in kg

Der Wert „S" sollte zwischen 10 und 20 cm betragen.

Tipp: Berechnen Sie die Lage des Schwerpunktes Ihres Anhängers. Sollte er außerhalb des empfohlenen Bereiches liegen, so lagern Sie die Ladung um. Müssen Sie den Anhänger einmal von Hand bewegen, macht sich die Schwerpunktlage besonders deutlich bemerkbar.

Tipps, Tricks und Hinweise

▶ Das Abreissseil nicht an der Anhängerkupplung oder am Anhängerbock befestigen, sondern immer direkt am Zugfahrzeug, etwa an der Abschleppöse. Das ist besonders bei abnehmbaren Anhängerkupplungen zu beachten!
▶ Der gängige 50-mm-Kugelkopf ist geeignet für den Straßenbetrieb mit Zuglasten bis maximal 3,5 Tonnen.
▶ Anhänger mit einem zulässigen Gesamtgewicht von mehr als 3,5 Tonnen müssen über eine Ringkupplung und durchgehende Bremsen verfügen, die einen entsprechenden Umbau des Fahrzeugs erfordern.
▶ Rückwärtsfahren immer nur mit einem Einweiser
▶ Das Anfahren am Berg ist möglichst zu vermeiden, die Kupplung wird es Ihnen danken.
▶ Vergrößern Sie den Sicherheitsabstand zum vorausfahrenden Fahrzeug.
▶ Lernen Sie das Eigenleben Ihres Anhängers kennen, nur so reagieren Sie im Notfall richtig.
▶ Gerade Fahranfänger sollten ein spezielles Fahrsicherheitstraining mit dem eigenen Fahrzeug und Anhänger absolvieren.
▶ Überprüfen Sie Ihren Führerschein: Ist er für Ihren Anhänger ausreichend (Anhänger-Zusatzberechtigung Klasse E)?

Und wenn man noch so gut vorbereitet ist: Auf die eine oder andere Panne sollte man eingestellt sein.

Kleine Reparaturen im Notfall

Pannenvorsorge

Das wichtigste Mittel gegen Pannen bleibt gute und regelmäßige Wartung. Es lässt sich aber auch weitere Vorsorge betreiben:

Wasserpumpe

Eine Wasserpumpe mit größerer Laufleistung von vielleicht 120.000 km sollte vor einer größeren Tour sicherheitshalber getauscht werden. Sie wird nicht schlagartig den Dienst quittieren, kann aber langsam und unmerklich zum Ausfall des Fahrzeugs führen. Der Austausch kostet nicht die Welt, schützt aber für die nächsten 120.000 km.

Lichtmaschine

Hat die Lichtmaschine noch nie einen Schluck Wasser „genossen", ist plötzlicher Ausfall eher unwahrscheinlich. Ist sie jedoch schon einmal in verschmutztes Wasser eingetaucht worden, wird zurückgebliebener Dreck solange schmirgeln, bis der Generator ausfällt oder gar in Brand gerät. Deshalb gilt nach Wasserkontakt: besser austauschen.

Laptop-Programme

Es ist sinnvoll, alle Motorkennwerte und weitere Programmierungen von der Werkstatt auf den eigenen Laptop überspielen zu lassen. Die Daten können dann mit Hilfe einer entsprechenden Kabelverbindung (OBD II) zum Fahrzeug jederzeit nach einem System-Blackout wiederhergestellt werden. Diese Möglichkeit ist bei den meisten Modellen das Einfachste, wenn die Werkstatt oder der Vertragshändler dieses mitmachen.

Es gibt auch die Möglichkeit, sich ein Original-Steuergerät als Ersatzteil auszuleihen und es nach Ende der Fahrt wieder zurückzugeben. Denn: Stirbt die Steuerelektronik (Zentralrechner), steht jedes moderne Fahrzeug still.

Gummi- oder gummierte Leitungen

Je nach Alter des Fahrzeugs ist es wichtig, alle aus Gummi gefertigten Bauteile wie Bremsleitungen, Bereifung, Öl- und Benzinleitungen genau zu untersuchen. Zeigen sich Risse, Blasen oder Ablösungen, müssen diese Teile schnellstens getauscht werden. Wie jeder Reifen verlieren gummierte Leitungen nach 6 bis 8 Jahren ihre Elastizität. Es wäre nicht das erste Mal, dass eine poröse Kraftstoffleitung einen Fahrzeugbrand auslöst. Gerade in der Hitze Afrikas werden Diesel- und Bremsleitungen schneller porös.

Gleichlaufgelenk (homokinetisches Gelenk)

An allen angetriebenen Achsen, die auch lenkbar sind, etwa der Vorderachse, findet sich das homokinetische oder Gleichlaufgelenk. Es ist gleichsam die Verlängerung der Steckachse im Achskörper. Nur mit seiner Hilfe ist es möglich, die Antriebskraft aufs zu lenkende Rad kontinuierlich zu übertragen. Das homokinetische Gelenk findet sich in einer Achskugel, die mit Fett oder einem Öl-Fettgemisch geschmiert ist und eine Gummidichtung hat.

Eigentlich ist diese Füllung auf die Lebenszeit des Fahrzeugs ausgelegt. Es gibt aber immer wieder das Problem der Austrocknung des Gelenks bei Starrachsen durch Entweichen etwa aufgrund von Schrammen und Rissen in der Achskugel. Ein nicht geschmiertes homokinetisches Gelenk macht sich durch quietschende, schleifende Geräusche bemerkbar. Wird da nicht sofort Schmierstoff ergänzt, kann es zum Bruch kommen, und der Frontantrieb fällt komplett aus.

Da die Schmierung „auf Lebenszeit" eingebracht wurde, ist sie nicht Gegenstand einer normalen Inspektion. Sie sollten sie also unbedingt überprüfen lassen oder es selbst kontrollieren. Das ist nicht weiter aufwändig. Da sich das Fett-Öl-Gemisch beim Rotieren des Rades in der Achskugel verteilt, sollte das Fahrzeug vor dem Check mindesten eine halbe Stunde gestanden haben. Zum Prüfen ist die Schraube am obersten Ende der Achskugel zu öffnen. Führen Sie einen etwa 20 cm langen Peilstab ein. Der sollte nicht aus Holz oder ähnlich Zerbrechlichem bestehen, sonst bleiben womöglich Bruchstücke zurück. Es empfiehlt sich eine dünne Metallstange (etwa ein Zelthering).

Die Räder sind zur Prüfung auf der Fahrerseite ganz nach links und auf der Beifahrerseite ganz nach rechts einzuschlagen. Der Peilstab lässt sich rund 10 cm tief einführen und sollte etwa 5 cm tief eintauchen. Ist es weniger, sollte sofort mit der entsprechenden Fett/Öl-Mischung (auch Homokineten-Fett genannt) aufgefüllt werden. Es kann auch ein Hypoidöl 85W-90 verwendet werden. Im Notfall geht auch Getriebeöl.

Bei Einzelradaufhängung ist die Kontrolle nicht möglich. Es ist davon auszugehen, dass, wenn kein Fett aus Achsmanschette oder Antriebswellenmanschette austritt, auch kein Fettverlust eingetreten ist. Sollte die Achsmanschette ein- oder abreißen, ist sie möglichst umgehend zu ersetzen. Es dringt sonst Schmutz ein und zerstört das homokinetische Gelenk. Als Notreparatur lässt sich eine Plastiktüte möglichst passgenau und mit Überlappung um die defekte Achsmanschette wickeln und mit Kabelbindern fixieren.

Achtung: Die Plastiktüte darf sich nicht um die Bremse oder deren Teile wickeln. Vorsichtige Weiterfahrt ist angebracht.

Achsstummel der Radnabe

Der Achsstummel überträgt die Umdrehung der Achswelle (Steckachse) über die Radnabe auf das Rad. Die Verzahnung der Achswelle ist hinter einer Gummi- oder Metallkappe verborgen, die Sie sehr vorsichtig abhebeln sollten. Reinigen Sie Verzahnung und Achsstummel und achten Sie auf Schäden und zu großes Spiel. Die Verzahnung lässt sich nur im aufgebockten Zustand kontrollieren: Das Rad wird leicht hin- und hergedreht. Ist das Spiel zu groß, wird das in der Verzahnung von Radnabe und Achswelle deutlich sichtbar.

Anschließend alles dick einfetten und immer etwas Fett in die Nabenkappe geben, damit kein Wasser ins Radlager eindringen kann. Diese Kontrolle sollte je nach Schwere der Off-Road-Einsätze alle 20.000 bis 40.000 km gemacht werden. Noch einmal: Achten Sie selbst darauf, zum normalen Inspektionsplan gehört die Kontrolle nicht.

Hier fehlt Fett: Das Radlager und die Verzahnung sind trocken. Links oben ist die Nabenkappe auf dem Bolzen abgelegt.

Ölstand Schaltgetriebe und Verteilergetriebe (Untersetzung)

Zur Kontrolle des Getriebeölstands muss der Motor ausgeschaltet sein. Seitlich am Getriebe findet sich ein Öleinfüllstopfen. Schrauben Sie ihn heraus. Das Öl muss an der Unterkannte der Öffnung stehen, andernfalls muss Öl mit der vorgeschriebenen Viskosität nachgefüllt werden. Im Notfall darf es auch Motoröl möglichst in der Viskosität 10W/40 sein. Das Gleiche gilt für die Kontrolle des Verteilergetriebes (Untersetzung).

Ölstand Automatikgetriebe

Ein Automatikgetriebe mit zu wenig Öl kann nicht korrekt und sauber schalten. Deshalb sollte der Ölstand häufiger kontrolliert werden. Die Kontrolle kann sich von Fahrzeug zu Fahrzeug unterscheiden. Meistens geht es so: Das Fahrzeug warm (nicht heiß) fahren, Wählhebel auf P stellen. Bei laufendem Motor Messstab ziehen und den Stand ablesen. Bei Automatikgetrieben ist das Öl mit größter Vorsicht aufzufüllen, ein Zuviel kann Schäden anrichten. Achten Sie auf größte Sauberkeit.

Hinweis: Die in der Betriebsanleitung angegebene Menge an Automatiköl gilt immer inklusive Wandler. Das Wandleröl wird beim Ölwechsel aber immer separat abgelassen.

Ölstand Motor

Für die korrekte Messung muss der Motor warm sein, das Fahrzeug sollte ein paar Kilometer gefahren sein. Dann den Wagen auf ebener Fläche parken, Motor abstellen und mindestens zwei Minuten warten, damit das Motoröl wieder in der Ölwanne zusammenlaufen kann. Gemessen wird mit dem Peilstab im Motorraum und nicht an einer Anzeige im Cockpit. Der Ölstand sollte an der oberen Ölstandmarkierung sein, also bei „max". Das Motoröl dient auch der Motorkühlung und sollte entsprechend häufig kontrolliert werden.

Es darf keinesfalls zu dünnflüssiges Öl verwendet werden. Es kann sonst an Dichtungen und Ölabstreifringen am Zylinder vorbeigelangen, verbrennen und auf Dauer Schäden am Motor anrichten.

Übung macht den Off-Road-Meister: Passen Warttiefe und Durchfahrtshöhe? Greifen die Reifen noch im Schlamm?

Pannen vermeiden

Defensive Fahrweise und ständige Umsicht helfen ebenfalls, Pannen zu vermeiden.

Schwachpunkte am Auto

Wer die Schwächen seines eigenen Geländewagens kennt, kennt auch seine Stärken. Jeder Geländewagen hat irgendwo seine Achillesferse. Finden Sie die heraus, dann vermeiden Sie Schäden aus schierer Ahnungslosigkeit. Informationsquellen sind Off-Road-Treffs, Clubs, das Internet und weitere Fahrer des gleichen Modells.

Nicht vergessen: Nutzen Sie jede sich bietende Gelegenheit, mit dem Geländewagen zu üben. Nur Übung macht den Off-Road-Meister.

Werkzeug

Eine Grundausrüstung an Werkzeugen ist natürlich wichtig. Für Gelegenheits- oder Notreparatur reicht ein kompletter Werkzeugsatz aus dem Baumarkt, ergänzt durch Fahrzeug-Spezial-Werkzeug und Dinge wie Reifenmontiereisen.

Zusätzliches Material für die große Reise
- ▶ OBD-II-Diagnosegerät (Onboard-Diagnostic-System, erst ab Baujahr 2004)
- ▶ Haftmetall
- ▶ Zwei-Komponenten-Klebstoff
- ▶ Draht verschiedener Stärken
- ▶ große Spritze, möglichst mit langer Spitze
- ▶ Gewindestangen unterschiedlicher Stärken und Muttern
- ▶ Schweißelektroden (2,0 mm), Augen-Schutzglas
- ▶ Hartlötstäbe, Weichlot, Flussmittel und Lötbrenner
- ▶ Schlauchschellen aus Einzelteilen
- ▶ Not-Keilriemen
- ▶ Ersatzteile wie Regler und Reparatursätze für Starter, Wasserpumpe usw.
- ▶ Hitzefestes Dichtmittel
- ▶ ca. 100 Gramm Wuchtgranulat
- ▶ Notreparaturset Kraftstoffleitung mit Rohrverbinder, Benzinschlauch und Schellen

Alles natürlich nur in Kleinmengen und nicht für eine Großwerkstatt.

Mechanische Pannen

Bruch des Achsdifferenzials

Je nach Fahrzeughersteller und Modell können die Achsdifferenziale der Starrachsen grobverzahnt und/oder mit nur zwei Kegelrädern (Pins) versehen sein. Diese Achsen, wie sie der Land-Rover bis etwa 1995 hatte, können unter ungünstigen Umständen brechen.

Ein gebrochenes Achsdifferenzial sollte nach Möglichkeit nur geöffnet werden, wenn man die Ersatzteile hat und einbauen möchte. Wenn die Trümmer des Differenzials das Gehäuse nicht durchschlagen haben, wird das wahrscheinlich auch auf den nächsten Kilometern nicht mehr passieren. Solange das Fahrzeug also noch fährt, lassen Sie das Achsdifferenzial ungeöffnet. Falls möglich, bauen Sie die Kardanwelle zur betroffenen Achse aus. Das defekte Differenzial wird so weniger belastet. Nicht vergessen: Nach Bruch und/oder Ausbau der Kardanwelle sperre man das Mitteldifferenzial, ansonsten gibt es keinen Vortrieb.

Das Schweißen im Notfall

Reißt eine Federhalterung ab, hilft nur Anschweißen. Das geht auch ohne Starkstrom und Schweißgerät – mit einer Autobatterie. Es funktioniert mit 12 Volt, geht aber auch für Anfänger besser mit 24 Volt. Die erreicht man, indem man zwei 12-Volt-Batterien in Reihe schaltet: Dazu wird der Pluspol der einen mit dem Minuspol der anderen Batterie verbunden. An den beiden freien Polen kann dann die Gesamtspannung abgenommen werden. Die Gesamtkapazität (gemessen in Ampèrestunden Ah) bleibt gleich. Also haben zwei Batterien mit jeweils 12 Volt und 95 Ah in Reihe geschaltet 24 Volt und 95 Ah.

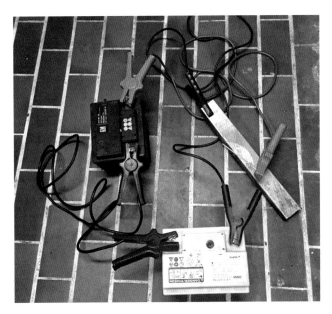

Für eine Werkstatt reicht das natürlich nicht, aber für Reparaturen in der Not ist es ausreichend. Es ist jedoch erforderlich, grundsätzlich etwas vom Schweißen zu verstehen und diese Art des Schweißens daheim einmal zu üben, dann klappt es auch Off-Road. Wird direkt am Fahrzeug geschweißt, ist die Auto-Batterie abzuklemmen.

Der Minuspol wird fest mit dem zu schweißenden Stück verbunden. Wie lange die Batterien das Schweißen mitmachen, hängt hauptsächlich davon ab, wie oft Kurzschlüsse produziert werden. Die passieren auch einem erfahrenen Schweißer, aber dem Laien deutlich häufiger.

So werden zwei Batterien zu einer 24-Volt-Energiequelle verbunden.

Bei Blechen und kleinen Schweißstellen klappt das Batterieschweißen recht gut mit dünnen Elektroden (Durchmesser max. 2 mm). Die Standard-Elektroden für normalen Stahl sind am besten geeignet. Im Internet werden 2-mm-Spezialelektroden angeboten. Die haben eine auf 24 V abgestimmte Umhüllung und Kernmaterial mit großem Nickel-Anteil. So lassen sich alle am Fahrzeug vorkommenden Stähle bei guter Festigkeit schweißen, notfalls sogar Grauguss.

Einkaufstipp: Als Empfehlung gelten die Fox-MSU-Elektroden von Böhler oder Esab 46.00. Sie lassen sich auch von Ungeübten gut verwenden.

Vorsicht: Die Batterien sind vor dem Schweißen auszubauen und mit Plane, Handtuch oder Decke abzudecken. Es besteht immer die Gefahr, dass eine Batterie durch die hohe Belastung explodiert. Was Batteriesäure anrichtet, kann sich wohl jeder vorstellen.

Schweißen mit 24 Volt und Überbrückungskabel: Das Ergebnis ist nicht schön, hält aber.

Tipp: Mit 12 Volt ist eigentlich nur Punktschweißen möglich. Für Nähte bedarf es einer Spannung von 24 Volt. Das Schweißen mit der Autobatterie ist immer nur eine Notmaßnahme und kann ein professionelles Schweißgerät nicht ersetzen.

Loch im Tank

Gegen ein Loch im Tank versagen die üblichen Hilfsmittel wie Korken oder Schrauben. Was eigentlich immer funktioniert, ist Haftmetall. Die Löcher müssen unbedingt metallisch rein sein. Ist das Loch nur stecknadelkopfgroß, muss es mit einem Körner oder Ähnlichem etwas vertieft werden, damit die Haftmetallmischung eine größere Fläche zum Haften hat. Das Haftmetall dann nach Anleitung mischen und verarbeiten. Die Mischung sollte nach etwa einer halben Stunde ausgehärtet sein.

Haftstahl ist vielfältig einsetzbar. Auch Laien gelingt damit
▶ das Füllen von Löchern, Rissen, Ecken, Kanten und undichten Stellen,
▶ das Verbinden von gleichen und ungleichen Werkstoffen wie Metallen, Holz, Guss und Stein sowie
▶ das Dichten von Rohren, Heizkörpern, Öl- und Benzintanks.

Nach dem Aushärten ist die weitere Verarbeitung die von Metallen: Bohren, Feilen, Gewindeschneiden usw. Auch größere Löcher lassen sich problemlos reparieren, als Träger kann eine Poly-Matte verwendet werden.

Bruch einer Blattfeder

In der Regel bricht die Blattfeder durch Materialermüdung, also durch mehr oder weniger starke Belastung über längere Zeit. Ursache kann aber auch sehr hohes Anfahrdrehmoment sein, besonders in Verbindung mit großen Reifen. Die Achse macht beim Anfahren eine recht große Drehbewegung, wobei die Feder, die auch die Achse in Position hält, untypisch belastet wird.

Ist eine Blattfeder gebrochen, liegt die Bruchstelle meist dicht am Federschäkel. Bei der einfachsten Notreparatur wird ein Metallstreifen auf die oberste Blattfeder beidseitig in Längsrichtung geschweißt. Quernähte auf der Original-Blattfeder sind zu vermeiden, sie wird sonst durch den Wärmeeintrag empfindlich geschwächt und kann an der Stelle leicht wieder brechen.

Ist das Federauge selbst gebrochen, lässt sich meist schlicht deshalb nichts mehr schweißen, weil ein Bruchstück mit Sicherheit bereits abgefallen und verloren ist. Nun hat aber auch die Achse keine Längsführung mehr. Eine Notmaßnahme kann das Abspannen der Achse nach vorn und hinten mittels Spanngurten sein. So darf man nur noch mit viel Gefühl fahren und muss die Gurte, vor allem bei Feuchtigkeit, in kurzen Abständen überprüfen.

Bruch einer Schraubenfeder

Es kommt sicher seltener vor, aber auch Schraubenfedern können brechen.

Vorsicht: Die Bruchstelle einer gebrochenen Schraubenfeder ist ein messerscharfer Reifenkiller.

Relativ häufig kommt es vor, dass am unteren Ende der Schraubenfeder Stücke abbrechen. Da lässt sich relativ wenig tun. Es gibt nur die Möglichkeit, ein Stück Holz oder Stahl in die Feder einzuführen und sie somit auszuschalten. Die Feder gehört dabei mit einem Spanngurt so befestigt, dass sie nicht mehr ausfedern kann.

Bricht die Feder in der Mitte, muss sie beidseitig „geschient" werden. Als Schiene kann Metall oder Holz verwendet werden, und mit „Strapsen", also Kabelverbindern, oder – noch besser – Schlauchschellen, werden die beiden gebrochenen Enden an der Schiene befestigt.

Oft kann es gelingen, die Federreste soweit zueinander zu drehen, dass sich Ober- und Unterteil direkt miteinander durch Kabelbinder oder Schlauchschellen verbinden lassen.

Beim Bruch der Schraubenfeder hat sich das Füllen des Schraubenfederinnenraums mit Tennisbällen zur Verhinderung des „Zusammenstürzens" der Feder, besonders wenn noch größere Strecken zurückgelegt werden müssen, als relativ sicher erwiesen. Auch bei der Tennisballfüllung muss ein Spanngurt das Ausfedern begrenzen. Der Spanngurt soll auch verhindern, dass die Bruchstücke durch heftiges Ausfedern aneinander vorbei „wandern".

Riss im Luftfederbalg

Luftfeder-Fahrwerke, meist aus der ersten Generation, bergen das Risiko, dass die Bälge bei Überlastung oder mechanischer Einwirkung Risse bekommen können. Dann kann der Kompressor wegen des Lecks keinen Druck mehr aufbauen, das Fahrzeug hängt einseitig und liegt auf den Endanschlägen auf. Wer dann noch weiterfährt, ruiniert sich das Fahrwerk und lebt gefährlich.

Wer dennoch in unwegsamem Gelände weiterkommen will, muss Abstand zwischen den Endanschlägen schaffen. Das Notfall-Mittel wird ürigens jeder dabeihaben: Socken. Bocken Sie das Fahrzeug mit dem Wagenheber so weit auf, dass der Riss sich leicht öffnet und stopfen Sie dann so viele Socken hinein, wie es

irgendwie geht. Die Socken können die Luftfederung nicht ersetzen, verhindern aber das komplette Zusammendrücken der Bälge und das Aufeinanderschlagen der Endanschläge.

So lässt sich wenigstens langsam und vorsichtig zur nächsten Werkstatt fahren. Sollten Sie keine Ersatzbälge bekommen, tut es für die nächste Etappe zumindest eine gebrauchte Schraubenfeder.

Loch im Kühler

Bei Reparaturen am Kühler ist es unerheblich, ob der Schaden von vorn, also etwa durch Steinschlag, oder von hinten durch einen Ventilatorschaden entstanden ist. Tritt viel Kühlflüssigkeit aus, muss der Kühler auf jedem Fall komplett entleert und ausgebaut werden. Nach dem Ausbau der Kühlerhalterung ist sie oben und unten auf Bruch und Beschädigungen zu kontrollieren. Gegebenenfalls richten und für den Wiedereinbau zur Fixierung mit Spanngurten oder Ähnlichem vorbereiten. Es sollte auf jedem Fall auch der Viscolüfter auf Rundlauf und Beschädigungen überprüft werden. Sollte er beschädigt sein, bauen Sie ihn aus. Lieber ohne weiterfahren als noch mehr Schäden riskieren.

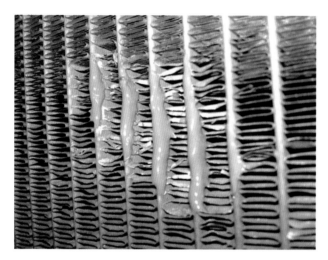

Am einfachsten lässt sich ein lecker Kühler provisorisch mit Zweikomponenten-Klebstoff abdichten. Besonders zu empfehlen und fast am preiswertesten ist der JB WELD Universal-/Alleskleber Power Kaltschweißen.

Er funktioniert am besten bei Kupferkühlern, aber fast genauso gut auch auf solchen aus Alu. Wichtig ist, dass das Loch großflächig entfettet (Bremsenreiniger) und gereinigt wird.

Ein lecker Kühler lässt sich mit Zweikomponenten-Klebstoff provisorisch flicken.

Sollte das Loch etwas größer ausfallen, kann man die defekten Stränge auch zusammenpressen und ein Kühlerdichtmittel einfüllen. Das ist aber nur eine Notlösung für den Weg bis zur nächsten Werkstatt, denn Kühlerdicht kann unter ungünstigen Umständen auch die Kühlleitungen im Motor zusetzen.

Am besten bei großen Löchern ist es aber, wenn der defekte Strang herausgenommen wird. Die Kühlleistung wird dadurch aber auch geringer. Schneiden Sie den defekten Strang mit Messer oder Seitenschneider durch und entfernen Sie im Bereich von 3 bis 4 cm um die Schnittstellen die Lamellen. Die zwei verbliebenen Enden des Strangs werden umgefalzt und mit Seitenschneider oder Zange möglichst stark zusammengequetscht. Die entstandenen Enden reinigen und mit Zweikomponenten-Kleber abdichten.

Hinweis: Die Lamellen zwischen den Kühlsträngen führen kein Kühlwasser. Sie dienen der Oberflächenvergrößerung.

Ist der Schaden am Kühlsystem nicht zu finden oder das Loch zu klein, ist herkömmliches Kühlerdicht zu verwenden.

Technische Pannen

Zylinderkopfdichtung erneuern

Ist die Zylinderkopfdichtung defekt, gibt es eindeutige Anzeichen:

▶ Das häufigste ist Kühlwasser im Motoröl. Es lässt sich leicht an der Farbe des Motoröls (wie Milchkaffee) erkennen.

▶ Öl im Kühlwasser lässt sich erschnuppern, das Kühlmittel wird schmierig und die Menge nimmt zu.

▶ Weitaus gefährlicher sind dann bereits Auspuffgase im Kühlwasser. Sie erhöhen den Druck im Kühlsystem. Die Schläuche sind entsprechend sehr hart, und Kühlwasser kann austreten. Beim Öffnen des Überdruckbehälters sind die Auspuffgase deutlich zu riechen.

▶ Am einfachsten erkennbar und auch am häufigsten auftretend ist weißer Auspuffdampf.

Wer eine defekte Kopfdichtung ignoriert, riskiert einen kapitalen Motorschaden. Es muss also bei den ersten Anzeichen sogleich reapriert werden.

Ist keine Originaldichtung vorhanden, muss in der Not ein Paar Jeans geopfert werden. Als Vorlage dient die alte Dichtung. Die Hosenbeine werden an der Naht aufgetrennt. Legen Sie die alte Dichtung darauf, zeichnen die Konturen mit einem Filzschreiber nach und schneiden die Behelfsdichtung sauber aus. Sie wird dann mit hitzefestem Dichtmittel eingebaut.

Hinweis: Dies ist nur eine Notreparatur, die zum Erreichen einer nahgelegenen Werkstatt dient.

Bremssystem entlüften

Die Bremsanlage wird bei Off-Road-Touren und Rallyes recht häufig beschädigt. Nach jeder Arbeit daran – auch wenn das Fahrzeug mit nur einem Kreis der Zweikreis-Bremsanlage sicher gebremst werden kann – muss das Bremssystem entlüftet werden. Andernfalls kann im schlimmsten Fall die Bremsanlage gänzlich versagen. Beim Nachfüllen ist darauf zu achten, nicht mit der Bremsflüssigkeit in Berührung zu kommen. Sie sollte auch nicht auf den Lack geraten, er würde sonst beschädigt.

Zunächst wird der Vorratsbehälter aufgefüllt. Es darf nur Bremsflüssigkeit mit mindestens Qualitätsstufe DOT 3 verwendet werden. Nach jedem Entlüftungsvorgang den Füllstand des Vorratsbehälters kontrollieren und, wenn erforderlich, erneut auffüllen.

Am Radbremszylinder findet sich eine Entlüftungsschraube. An sie wird ein Schlauch angeschlossen, dessen Ende in einen Behälter zum Auffangen der überlaufenden Bremsflüssigkeit mündet. Fangen Sie stets an der Seite mit der längsten Bremsleitung (Vorratsbehälter zum Radbremszylinder) an. Die Zeremonie der Entlüftung beginnt mit dem Durchtreten des Bremspedals. Halten Sie es getreten, während die Entlüftungsschraube soweit gelöst wird, bis Bremsflüssigkeit austritt. Die Entlüftungsschraube wieder schließen und das Bremspedal wieder loslassen.

Dieser Vorgang wird bei allen Radbremszylindern von der längsten Leitung bis zur kürzesten so lange wiederholt, bis die Bremsflüssigkeit völlig frei von Blasen ist. Die Entlüftungsschrauben gehören mit einem Anzugsmoment von etwa 11 Nm festgezogen.

Taschenlampe als Abblend-/Begrenzungsleuchte

Eine kleine Unaufmerksamkeit im Gelände kann reichen, um das Abblendlicht zu zerstören, etwa, indem Sie es bei bei einer Flussdurchquerung angelassen hatten. Not-Ersatz ist möglich: Dazu bedarf es einer Taschenlampe mit 12 Volt Betriebsspannung. Sie kann zumindest als Begrenzungsleuchte dienen. Dazu nehmen Sie die Leuchteneinheit aus dem Gehäuse, befestigen sie im Bereich des Originalscheinwerfers mit Panzertape und verbinden sie mit den Plus- und Minuskabeln. Einschalten ist dann mit dem normalen Auto-Lichtschalter möglich.

Wenn der Luftfilter „Falschluft" zieht

Manchmal kann schon bei einem kleinen Unfall die Luft-ansaugung abreißen. Dann gerät der von den Vorderrädern aufgewirbelte Staub direkt in den Luftfilter. Problematischer wird es noch, wenn der Luftfilterkasten zerstört wird und der Luftfilter nicht mehr funktionieren kann.

Als Ersatz dienen ein Baumwoll-Hemd, ein T-Shirt oder ein BH. Das Textil wird über das verbliebene Ansaugrohr nach dem Papierluftfilter gestülpt. Die Filterleistung verbessert sich zusätzlich, wenn das Stück Stoff mit Öl benetzt wird.

Wie kommt der Sand in den Luftfilterkasten?

Reifenpannen

Reifendecke von der Felge ziehen

Das Abdrücken des Reifens von der Felge ist meist nicht einfach. Wie stets gilt hier: Je mehr Übung man hat, umso schneller geht es. Es gibt verschiedene Möglichkeiten, den Reifen von der Felge zu bekommen:

▶ Das Rad flach auf den Boden legen. Durch Hüpfen mit beiden Füßen lässt sich der Reifen in die Felge drücken.

▶ Das Rad unter das Fahrzeug legen. Den Wagenheber auf den Reifen stellen und langsam das Fahrzeug anheben.

Die Luft muss bei allen Aktionen komplett aus dem Reifen abgelassen sein. Sollte sich die Decke partout nicht von der Felge lösen, kommt die dritte und sicherste Möglichkeit zum Einsatz. Zum Demontieren kann man in der Not und in der Untersetzung mit dem linkem Vorderrad langsam über die Decke fahren. Beim Rechtslenker nimmt man das rechte Vorderrad – der Fahrer muss das defekte Rad genau im Blick haben, wenn er über die Reifenflanke rollt.

Beim Reifenlösen hilft manchmal nur das Gewicht des Autos.

Tipp: Zur Demontage des Reifens von der Felge wird, nachdem das erste Montiereisen eingebracht wurde, ein zweites Montiereisen benutzt, um den Reifen über den Felgenrand zu hebeln. Dabei verhindert das erste Montiereisen das Zurückrutschen des Reifens ins Felgenbett. Die meisten werden das vom Fahrrad kennen.

Flicken und Einziehen eines Reifenschlauches

Das Flicken funktioniert ebenfalls wie beim Fahrradschlauch: Ist der Autoschlauch ausgebaut, ist er so prall wie möglich aufzublasen. So lässt sich das Loch leichter finden. Sollte das nicht gelingen, streichen Sie den Schlauch mit Seifenwasser (etwas Wasser mit viel Spülmittel) ein. Das Loch verrät sich dann durch Bläschen.

Markieren Sie die Stelle, lassen Sie die Luft wieder heraus und rauen Sie den Bereich großzügig an. Die Klebestelle wird dann mit Vulkanisierflüssigkeit eingestrichen. Die aufgeraute Fläche muss größer sein als der zu verwendende Flicken. Die Fläche antrocknen lassen, dann die Schutzfolie vom Flicken abziehen und ihn so fest wie möglich aufdrücken. Den Flicken gut antrocknen lassen. Danach die Folie von der Oberseite des Flickens abziehen.

Vor der Montage untersuchen Sie den Reifen von außen und innen auf Dornen, Nägel oder Ähnliches. Irgend ewas muss das Loch ja verursacht haben. Bei der Montage üben Sie Vorsicht mit den Montiereisen: Der Schlauch darf nicht eingeklemmt werden.

Der reparierte Schlauch wird mit dem Ventil nach oben auf den Reifen gelegt. Mit den Montiereisen heben Sie die Reifendecke ab und schieben den Schlauch hinein. Das Ventil wird durch das Ventilloch in der Felge gesteckt und angeschraubt. Von der dem Ventil gegenüberliegenden Seite aus wird dann mit den Montiereisen der Schlauch Stück für Stück in die Decke eingeführt. Sitzt er sauber und vollständig im Innern der Decke, wird er aufgepumpt. Der Druck reicht aus, den Reifen wieder sauber in seinen Sitz im Felgenbett zu pressen.

Schlauchlose Reifen

Schlauchlosreifen werden fast genauso repariert wie Schlauchreifen. Anstelle des Schlauches wird der Reifenmantel geflickt. Es gibt vier Arten von Reparaturen mit Pannensatz:

1. Zum Einfüllen über das Reifenventil als Emulsion oder Dichtmittel gibt es hauptsächlich auf Latex basierende Produkte. Besser, da weniger aggressiv und umweltschonender, sind solche mit Fasern. Sie sind wesentlich länger haltbar (acht bis zehn statt vier Jahre).
2. Die von den Fahrradreparaturen bekannten Sprays sind die preisgünstigste Wahl. Großer Nachteil ist das entzündliche Füllgas, die Dosen müssen vor direkter Sonneneinstrahlung und Temperaturen über 50 Grad Celsius geschützt werden. Ein Manometer zur Kontrolle des Fülldrucks ist nicht vorhanden, das Nachregulieren des Drucks ist nicht möglich. Sicher fühlt man sich mit dieser Art der Reparatur nicht.
3. Pannensets, die es mittlerweile serienmäßig bei den meisten Fahrzeugen gibt, haben elektrisch betriebene Kompressoren mit integriertem Manometer. Nach dem Befüllen ist es möglich, mit maximal 80 km/h weiterzufahren. Bei vielen einfachen Modellen muss das Dichtmittel von Hand in den Reifen gequetscht werden.
4. Relativ neu auf dem Markt ist ein Reifenreparatur-Set zum Flicken von Stichverletzungen der Lauffläche von schlauchlosen Diagonal- und Radialreifen. Die Anwendung ist relativ simpel. Zuerst muss der Fremdkörper entfernt werden, dann wird die beschädigte Stelle mit dem mitgelieferten Handbohrer ausgebohrt. Danach wird das Loch mit einer Lösung benetzt. Mit einer Ahle wird ein Kautschukstreifen in der passenden Dicke ins Loch eingebracht. Überstehendes Material wird weggeschnitten und die Stelle versiegelt. Der Reifen ist sofort wieder einsatzbereit.

Schlauchlosreifen können meist nur mit starker Pressluft abgedichtet werden. Ist der Kompressor nicht stark genug, hilft es, einen Ratschengurt über der Lauffläche um den Reifen zu spannen, der, angezogen, den Reifenwulst gegen das Felgenhorn presst

Es gibt auch noch die Möglichkeit Feuerzeugbenzin in den Reifen zu geben und anzuzünden. Das ist natürlich gefährlich. Immerhin sollte es die plötzliche Luftausdehnung schaffen, den Reifen fest auf die Felge zu setzen. Dazu gibt es Videos im Netz. Als Brennstoff für den Behelfs-Druckstoß eignet sich auch das Treibgas aus Dosen für Deo oder Startpilot. Gut geeignet sind etwa Sprühdosen mit Bremsenreiniger.

Der Reifen mit der Felge sollte möglichst hochkant stehen, da bei einem liegenden Rad sich das Gas schneller verflüchtigt. Außerdem gerät so nicht so viel Schmutz zwischen Felgenhorn und Reifen.

Es gelten folgende Regeln:
▶ Ein voluminöses Rad benötigt etwas mehr Treibgas als ein kleineres.
▶ Zu wenig Gas verursacht nur einen lauten Knall, bleibt aber ohne Effekt.
▶ Zu viel Gas drückt den Reifen eventuell von der Felge herunter, und der Reifen kann in Brand geraten.
▶ Im Reifen befindet sich nur eine begrenzte Menge Luft. Wenn die Explosion den Sauerstoff verbraucht hat, erlischt die Flamme sogleich.
▶ Je mehr Bremsenreiniger-Gemisch im Reifen ist, desto weniger Platz bleibt für den Sauerstoff. Also nicht zu viel Bremsenreiniger verwenden: Ohne Sauerstoff ist ein Reifenschwelbrand möglich, aber keine Explosion.
▶ Drehen Sie nicht das Ventil heraus. Durchs Loch strömt weiter Sauerstoff, und der Reifen kann abbrennen.
▶ Üben Sie diese Methode mit einer alten Reifendecke, bevor Sie sich auf der Reise daran wagen.

Es sollte aber auch bei der Verwendung von Schlauchlosreifen immer zur Sicherheit ein Schlauch pro Reifen mitgenommen werden. (Achtung: Ventil- und Lochgröße der Felge beachten).

Tipp: Bei einer Reifenpanne zuerst das Reserverad (das hoffentlich komplett ist) montieren. Aufwändige Reparaturen in der Hitze und bei Sand und Staub sind möglichst zu vermeiden. Reparieren Sie den kaputten Reifen erst am Abend im Camp oder am nächsten Morgen. Das spart Kraft und Nerven.

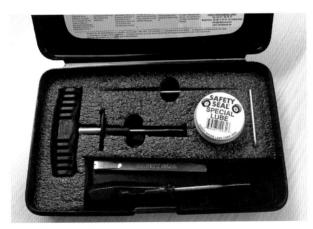

Zum Flicken schlauchloser Reifen unterwegs
taugt so ein spezielles Reparaturset.

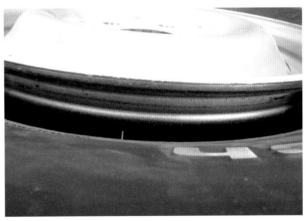

Großer Abstand vom Reifen zum Felgenhorn,
hier ist ein normaler Luftkompressor überfordert.

Das Gas verbrennt explosionsartig und presst bei der Ausdehnung den Reifen ins Felgenhorn

Fremdkörper (Sand) zwischen Reifen und Felge

Erleidet ein Reifen schleichenden Luftverlust, kann das von eingedrungenen Fremdkörpern wie Sand und kleinen Steine zwischen Felge und Reifenwand herrühren. Das lässt sich wiederum mit Seifenwasser testen. Wo sich Bläschen bilden, muss der Reifen von der Felge und die Stelle gereinigt werden.

Reifen auswuchten

Nach der Montage der Reifendecke ist es nicht ganz unwichtig, das Rad auszuwuchten. Auch das geht fern von jeder Auswuchtmaschine. Wuchtperlen, -granulat und -pulver (gummiartiges Material) gibt es von mehreren Herstellern in Körnungen von sehr fein bis grob und als Glasperlen. Wucht-Granulat und Pulver sind nicht immer zuverlässig, Granulat etwa kann mit der Zeit Feuchtigkeit ziehen und verklumpen. Zu empfehlen sind Wuchtperlen aus Glas.

Selbst kleine Unterschiede von wenigen Gramm in der Gewichtsverteilung machen viel aus. Am rotierenden Rad wirken starke bis sehr starke Kräfte, je schneller es dreht, desto größer sind sie. Eine kleine Unwucht von nur 10 Gramm wirkt sich bei Tempo 100 wie zweieinhalb Kilogramm aus – das ist das 250-fache. Auf der Autobahn bei Tempo 200 werden daraus zehn Kilogramm, also das 1000-fache.

Beim Dosieren achte man auf die Reifengröße. Auf dem Geländewagen wird in der Regel ein LT-Reifen (Light Truck, auch LLKW) montiert sein. SUV-Reifen sind in der Tabelle unter P wie Passenger Car (Personenwagen) zu finden. Für die Dosierung gibt es keine Faustformel, aber man kann sich an Folgendem orientieren: 265/75 R16 vertragen mindestens 140g, 255/85-16 mindestens 240g. Es gilt: Ein Zuviel an Wuchtperlen ist weniger tragisch als ein Zuwenig.

Tipp: Bei extrem grobstolligen Reifen (MT) dürfen es auch 300 g sein.

Die Wucht-Perlen sollten bereits vor der Abfahrt in kleine Tüten mit der passenden Menge abgefüllt sein. Sie werden dann aus der Tüte in den drucklosen Reifen gegeben, der dafür natürlich an einer Stelle von der Felge gedrückt gehört. Das Befüllen duchs Ventil ist nicht zu empfehlen und ohne spezielle Hilfsmittel auch praktisch unmöglich.

Vorsicht: Beim Luftablassen von Hand, also etwa im Gelände, können Wucht-Perlen, die sich vor dem oder im Ventil befinden, durch den hohen Reifendruck ins Gesicht geschleudert werden, deshalb sollte beim Luftablassen immer eine Brille getragen werden.

Beim Kontrollieren des Luftdrucks am behelfsmäßig gewuchteten Rad droht die Gefahr, dass sich das Ventil zusetzt und Luft weder abgelassen noch aufgefüllt werden kann. Das liegt daran, dass beim Aufsetzen des Druckprüfers sich zunächst dessen Schlauch bis zum Manometer mit Luft aus dem Reifen füllt. Dabei werden die Wucht-Perlen ins Ventil gesaugt, wo sie sich verkeilen oder verklumpen. Also wird der Schlauchkopf aufs Ventil gesetzt, während man bereits Druck darauf gibt. Außerdem sollte das Rad so stehen, dass das Reifen-ventil oben ist, dann bleibt das Wuchtmaterial sicher im unteren Bereich, und das Ventil sollte frei bleiben. Hilfreich ist auch die Verwendung von Metall-Ventilkappen mit Dichtgummi. Das empfehlen auch Granulat-hersteller.

Das Auswuchten kann misslingen, wenn etwa Fahrwerksbuchsen ausgeschlagen sind, das Rad also nicht einwandfrei rundläuft und Granulat oder Perlen sich nicht an der Reifenflanke ablagern. Das kann auf sehr schlechter Piste passieren, wenn es härtere Schläge auf den Reifen gibt. Wird jedoch die Geschwindigkeit einmal drastisch verringert und anschließend wieder erhöht, müsste die Unwucht wieder beseitig sein.

Hinweis: Trotz aller Bedenken hat sich das Prinzip Wucht-Perlen bewährt, jedenfalls als Notmaßnahme und eben auch für den Laien anwendbar.

Elektronik-Probleme

Löschen von Fehlercodes – Autos ohne OBD II

Ältere Autos ohne „On-Board-Diagnose" haben je nach Hersteller spezifische Schnittstellen, die nur mit passendem Diagnosegerät funktionieren. Mitunter lässt sich der Fehlercode aber auch etwa über Blinksignale ausgeben. Dafür ist die genaue Kenntnis des Fahrzeugs erforderlich. Entweder müssen Kontakte der Diagnose-schnittstelle überbrückt werden, oder die Ausgabe der Fehlercodes wird durch bestimmte Aktionen ausgelöst – etwa gleichzeitiges Betätigen der Fußbremse, des Gaspedals und des Zündschlüssels. So ist es auch möglich, Fehlercodes zu löschen.

Irgendwann ist der Speicher des Motorsteuergerätes mit einfachen Meldungen voll, und das Fahrzeug geht in ein Notprogramm. Es kann auch nur ein einziger Fehler sein, der immer wieder auftritt und den Speicher flutet. Was zur Folge hat, dass vielleicht nur noch mit 5 km/h gefahren werden kann oder der Allradantrieb deaktiviert wird. Oft gelingt das „Reset" des Motorsteuergerätes aber schon durch das Abklemmen der Batterie für mindestens 5 bis 10 Minuten.

Bei Motorlaufproblemen oder nach Änderungen an der Motorhardware lassen sich so die Lernwerte der Motorsteuerung auf die Grundwerte zurücksetzen und neu anlernen. Damit lassen sich unter anderem ruhigerer Motorlauf und geringerer Kraftstoffverbrauch erzielen.

Da es zu viele verschiedene Motorkonfigurationen gibt, um hier vernünftige Tipps geben zu können, müssen Sie sich für Ihr Fahrzeug individuell schlaumachen. Internet-Foren können da oft helfen.

Vorbedingungen für den „Reset":

▶ Kühlmitteltemperatur mindestens 80 °C (Motor warm fahren)
▶ elektrische Verbraucher ausgeschaltet (Lüfter für Kühler darf bei der Prüfung nicht laufen)
▶ Klimaanlage ausgeschaltet
▶ bei Automatikfahrzeugen Wählhebel auf P oder N
▶ Batteriespannung mindestens 12 V

Der Reset erfolgt dann so:

▶ Batterie am Minuspol abklemmen und ca. 5 bis 10 Minuten abgeklemmt lassen. Batterie dann wieder anklemmen
▶ Zündschlüssel auf „Zündung ein" drehen, aber nicht starten. Nun ist von der Drosselklappe respektive vom Stellmotor für kurze Zeit (ca. 20 sec) zu hören, wie diverse Positionen angefahren werden. Solange Zündung auf „ein" lassen
▶ Zündung wieder ausschalten
▶ Fahrzeug starten, aber kein Gas geben. Kurze Zeit (ca. 2–5 min) im Leerlauf drehen lassen
▶ Danach das Fahrzeug über mindestens 20 bis höchstens 50 Kilometer unter wechselnden Lastbedingungen (Stadt, Landstraße, Autobahn) fahren, damit die neuen Werte angelernt werden. Dabei ruhig mal bis zum Drehzahlbegrenzer beschleunigen, auch konstant rollen lassen oder untertourig fahren.

Durch das Abklemmen der Batterie ist bei den meisten der Sicherheitscode (Radio/Navigationssystem) erloschen. Er muss eventuell wieder neu eingegeben werden. Elektrische Fensterheber müssen danach auch wieder auf ihre Tipp-Funktion angelernt werden, indem Sie den Schalter so lange gedrückt halten, bis das Fenster ganz geöffnet ist. Halten Sie den Schalter weitere 5 sec lang gedrückt. Das gleiche Prozedere nehmen Sie beim Schließen vor, und das Verfahren wird auch am elektrischen Schiebedach angewendet, jeweils für Schiebe- und für Hebefunktion.

Löschen von Fehlercodes – Autos mit OBD II

Mit der Einführung von OBD-2 (OBD2, OBD-II oder auch EOBD genannt), der „On-Board-Diagnose" der zweiten Generation, ist das Auslesen von Fehlern wesentlich vereinfacht worden. Der Fehlerspeicher kann ohne Stromversorgung dauerhaft Daten speichern, daher ist er meist als EEPROM oder Flash-Speicher ausgelegt. So lassen sich auch gelegentlich auftretende Fehler auslesen.

Diagnoseanschluss und Belegung sind standardisiert. Es ist daher möglich, an allen Fahrzeugen die wichtigsten Fehlercodes mit einem einzigen Diagnosetester auszulesen und zu löschen. Ein relativ billiges Diagnosegerät sollte vollkommen ausreichen. Mit dem Löschen einzelner oder mehrerer Fehler lässt sich dann meistens auch die Fahrbereitschaft wieder herstellen.

Das größte Problem ist die nicht einheitliche Nummerierung der Fehlernummern. Die sind oft fahrzeugspezifisch und müssen etwa im Reparatur-Handbuch nachgeschlagen werden. Es ist deshalb wichtig, beim Kauf eines Auslesegerätes auf Klartext-Informationen zu achten, damit es nicht zu Verwirrungen bei der Angabe mit Buchstaben- und Zahlencode kommt.

Tipp: Achten Sie darauf, dass sich mit dem Diagnosegerät gespeicherte Fehlercodes auch löschen lassen.

Batterie bei laufendem Motor ausbauen

Warum sollte man so etwas überhaupt machen? Nun, solche Situationen gibt es, etwa wenn ein Havarist mit ausgefallenem Motor mit Hilfe seiner Seilwinde aus einem Loch heraus muss. Seine Batterie wird beim Winschen schnell am Ende sein. Sind weitere Fahrzeuge an Ort und Stelle, können deren Fahrer ihre Akkus ins Loch reichen, bis der Kollege frei ist. Wie aber sollen dann alle wieder starten, wenn die Batterien leer sind? Also kann es sein, dass die Batterie raus, der Motor aber weiterlaufen muss. Das geht leider nicht bei modernen Fahrzeugen.

Eine Drehstromlichtmaschine kann keine sauberere Gleichspannung liefern. Die erzeugte Spannung wird durch unterschiedlich arbeitende Verbraucher immer ungleichmäßig sein, eine Batterie als Puffer kann die Lastspitzen aber glätten. So werden die Sinus-Spitzenspannungen reduziert, also die Spitzen „gekappt" und der Elektronik die Energie ohne die gefährlichen Lastspitzen serviert – unabhängig davon, ob die Batterie voll- oder nur teilgeladen ist. Die Batterie wird auch kaum Schaden nehmen, wohl aber die empfindlichen Steuergeräte in den modernen Geländewagen.

Fazit: Die Batterie möglichst nicht bei laufendem Motor ausbauen, Steuergeräte, Lichtmaschine und Dioden können erheblichen Schaden erleiden.

Ein Bordnetz kann den Kontakt zur Batterie auch verlieren, weil sich eine Polklemme gelöst hat. Auch da drohen Schäden an der mehr oder weniger empfindlichen Elektronik.

Tipp 1: Es ist aber möglich, mit Hilfe eines Überbrückungskabels eine leere Batterie bei laufendem Motor aufzuladen. Die leere Batterie wird mit Hilfe des Überbrückungskabels an die Polklemmen der noch eingebauten Originalbatterie angeschlossen. Die Klemmen werden von der eingebauten Batterie abgezogen und diese lässt sich dann ausbauen – ohne dass die Elektronik den Schutz des puffernden Stromspeichers verliert.

Tipp 2: Soll bei einem Fahrzeug die Batterie ausgebaut werden, ist nach dem Ausschalten des Motors noch mindestens 10 Minuten zu warten. Erst nach dieser Zeit sind wirklich alle Steuergeräte in den Ruhezustand heruntergefahren.

Sonstige Pannen

Festsitzende Bremse

Dass eine Bremse festsitzt, merkt man mitunter erst, wenn Sie bereits derart heiß ist, dass es qualmt und stinkt und die Felge sich erhitzt hat. Löst sich ein festsitzender Belag beim Anfahren, sind vielleicht nur ein leichter Ruck und ein Knack feststellbar. Sollte die Bremse einmal derart festsitzen, dass Losfahren nicht möglich ist, helfen oft nur beherzt geführte Schläge mit einem schweren Hammer gegen die Trommel oder, bei Scheibenbremsen, gegen die Beläge.

Zum Lösen der Beläge kann es helfen, vor und zurück anzufahren, bis ein lauter Schlag den Erfolg signalisiert. Regelmäßig bewegte Fahrzeug leiden darunter eigentlich kaum. Bei Autos, die längere Zeit mit angezogener Handbremse stehen, können aber die Beläge verkleben. Losreißen mit Gewalt birgt die Gefahr der Beschädigung.

Ein Test: Bremsen Sie bei geringem Tempo mit Hand- oder Fußbremse. Bockt das Auto an der Hinterachse hoch, untersuchen Sie, ob sich eins der Räder nicht frei drehen lässt. Falls dem so ist, muss das Rad herunter. Anschließend versuchen Sie (bei Scheibenbremsen) mit großer Vorsicht, einen Schraubenzieher oder einen anderen spitzen Gegenstand zwischen Bremsklötze und -zylinder zu führen und den Bremszylinder zurückzudrücken. Geht das leicht, sitzen wahrscheinlich Klötze (oder Bremsbacken) fest. Das bedeutet: ausbauen, reinigen, schmieren und wieder einbauen.

Abriss einer Kraftstoffleitung

Die Reparatur einer abgerissenen Kraftstoffleitung im offenen Gelände scheitert meist am Fehlen der benötigten Teile. Daher empfiehlt sich die Mitnahme eines kleinen Reparatursatzes, mit dem es möglich ist, fast sämtliche Leitungen, egal ob Benzin mit 8 mm oder Diesel mit 10 mm Durchmesser, zu reparieren. Er besteht aus

▶ einem geraden Rohrverbinder 8 mm,
▶ einem geraden Rohrverbinder 10 mm,
▶ 2 x Benzinschlauch 8 mm, mindestens 50 mm lang,
▶ 2 x Benzinschlauch 10 mm, mindestens 50 mm lang, und
▶ 2 Schlauchschellen.

Der gerade Rohrverbinder wird in die Enden der abgerissenen Leitung eingeschoben und die Enden mit Schlauchschellen möglichst fest verschraubt. Sollte eine Metallleitung abgerissen sein, ist es möglich, Benzinschlauch über die Riss-Enden zu schieben und ihn ebenfalls mit Schlauchschellen zu fixieren.

Entlüftung des Kraftstoffsystems

Wenn Sie bei einem Fahrzeug mit Dieselmotor den Kraftstofftank leergefahren haben, kann es vorkommen, dass der Motor nach dem Tanken nicht sofort wieder anspringt, da Luft in der Kraftstoffanlage ist. Häufige Startversuche können die Batterie recht schnell entladen. Deshalb lassen Sie nach dem Tanken den Schlüssel im Zündschloss für etwa 10 Sekunden auf Stellung 2 („ein").

Der Anlasser sollte nicht länger als 60 Sekunden laufen, bis der Motor ruckfrei läuft. Gelingt das nicht, warten Sie zwei Minuten lang, bevor Sie den Anlasser erneut für höchstens 60 Sekunden ununterbrochen laufen lassen. Ist der Motor immer noch nicht angesprungen, heißt es: Dieselfilter tauschen

Der mit sauberem Diesel gefüllte neue Filter muss sehr rasch eingesetzt werden, sobald der alte ausgebaut ist. Die Leitungen sind vor dem Entnehmen des Filters abzuklemmen, etwa mit Gripzange oder Schlauchklemme, damit kein Kraftstoff austritt und keine Luft ins System kommt. Natürlich müssen die Abklemmhilfen entfernt werden, sobald der gefüllte Dieselfilter eingesetzt ist und das Fahrzeug gestartet wird. Läuft der Motor einmal, lassen Sie ihn zunächst auch eine Weile weiterlaufen, damit sich das System komplett entlüften kann.

Zum Entlüften ist jedoch bei einigen Modellen besonderes Zubehör wie eine Entlüftungspumpe erforderlich. Machen Sie sich vor der Abreise schlau.

Abriss einer Kardanwelle

Dem Abriss einer Kardanwelle geht immer ein eindeutiges Geräusch voraus. Ungleichmäßiges Schleifen und/oder Schlagen deuten auf den bevorstehenden Bruch hin. Vergegenwärtigen wir uns, dass eine Kardanwelle dort benötigt wird, wo Kräfte gleichsam „um die Ecke" geleitet werden. Eine Kardanwelle besteht meistens aus innerem und äußerem Rohr, an den Enden sitzen die Kreuzgelenke. Die Welle leitet die Kraft vom Haupt- an die Achsgetriebe oder zum Verteilergetriebe.

Bei normaler Fahrweise und mit normalen Knickwickeln wird es nicht ohne jede Vorwarnung zum Bruch kommen. Das gilt nicht bei der Verwendung besonders großer Rädern und bei schlecht gemachter Höherlegung des Fahrzeugs. Ungünstigere Knickwickel lassen die Kreuzgelenke stärker verschleißen.

Was ist nach einem Bruch zu machen? Ohne Ersatzteile – nichts! Es bleibt nur die Möglichkeit, die Welle komplett auszubauen, das Mitteldifferenzial zu sperren und nur mit Front- oder Heckantrieb nach Hause zu fahren.

Defekt eines Kupplungsnehmer-/-geberzylinders

Wenn Sie das Kupplungpedal treten, üben Sie via Pedal Druck auf die Flüssigkeit im so genannten Geberzylinder aus. Der Druck wird über Rohr- und Schlauchleitung an den Nehmerzylinder in der Kupplung weitergereicht, der seinerseits die Kupplung betätigt.

Bleibt nun der Pedaldruck wirkungslos, und kommt das Pedal aus seiner Stellung am Bodenblech nicht mehr zurück, kann einer der beiden Hydraulikzylinder defekt sein. Ist Luft ins System geraten oder leckt Flüssigkeit heraus, passiert das Gleiche. Die nächste mögliche Ursache: Die Dämpferfedern in der Mitnehmerscheibe der Kupplung sind ausgeleiert oder gebrochen.

Als erstes sollten Sie den Stand der Kupplungsflüssigkeit im Behälter kontrollieren und gegebenenfalls auffüllen. Ist Luft im System, muss richtig entlüftet werden. Als Test ist nach dem Befüllen des Kupplungsflüssigkeitsbehälters das Kupplungpedal bei laufendem Motor mehrmals kräftig zu treten. Sinkt der Flüssigkeitspegel, ist das System undicht. In fast allen Fällen ist dann der Nehmerzylinder am Getriebe defekt. Suchen Sie im Bereich um den Nehmerzylinder nach Spuren des gelben Kupplungsöls.

Eine Notreparatur ist bei diesem Schaden nicht möglich, es gibt nur die Möglichkeit, den Nehmerzylinder komplett zu tauschen. Zuvor muss der Kupplungsflüssigkeitsstand im Behälter soweit wie möglich abgesenkt werden, mindestens bis unterhalb des Ablaufs für die Kupplung. Nur so kann fast nichts auslaufen. Der Nehmerzylinder wird am Getriebe meist mit zwei Muttern oder Schrauben gehalten. Die Demontage ist in der Regel

sehr einfach. Der defekte Nehmerzylinder ist meist dort gerissen, wo der Dorn zur Trennung der Kupplung herauskommt. Kupplungsschlauch lösen und das defekte Teil tauschen. Vorsicht: aggressive Kupplungsflüssigkeit kann auslaufen.

Hinweis: Sollte der Nehmerzylinder im Getriebe eingebaut sein, muss das Getriebe ausgebaut werden.

Sollte der Geberzylinder defekt sein (selten), wird das Tauschen komplizierter. Der Geberzylinder ist im Allgemeinen mit einem Bolzen an der Verlängerung des Kupplungspedals befestigt und zusätzlich mit zwei Schrauben an einem Halteblech verschraubt. Im Falle defekter Kupplungs-Dämpferfedern kommen Sie um den Austausch der Kupplungsnehmerscheibe nicht herum.

Defekt des Kühlerschlauches

Kühlwasserschläuche besitzen mehrere Lagen. Da in der Mitte dieser Lagen eine Gewebeeinlage sitzt, ist das Flicken mit Dichtungsband nur ein kurzlebiger Notbehelf – das Wasser drückt von innen in die Gewebeeinlage, die dann herausquillt. Also wickeln Sie im Notfall zumindest großflächig und extrem stramm hochwertiges Silikonband um den lecken Schlauch. Dann müssen Sie so bald wie möglich passenden Schlauchersatz finden.

Beschädigung der Spurstange

Spurstangen brechen selten, werden aber gern verbogen, etwa beim Überfahren eines Hindernisses oder beim starken Anprall eines Rades. Dann helfen nur Ausbau und Richten. In die Ausgangsform werden Sie die Stange nicht mehr bekommen, obendrein ist das zweimal gebogene Stahlstück nun geschwächt. Tauschen Sie die Spurstange so bald wie möglich gegen eine neue. Es handelt sich um ein sicherheitsrelevantes Bauteil.

Einstellen und Korrektur der Spur

Nach einem Schaden am Vorderwagen oder dem Tausch einer Spurstange muss die Spur wieder einigermaßen eingestellt werden. Präzise geht das ohne Werkstatt natürlich nicht. Im Notfall kann man sich so behelfen: Bocken Sie das Fahrzeug vorn soweit hoch, dass die Vorderräder freikommen. Lösen Sie die Kontermutter an der Spurstange. Jetzt sollte die Spurstange zu drehen sein. Die Vorderräder werden jetzt auf „geradeaus" gestellt, und mit dem Zollstock messen wir den Abstand der Reifeninnenflanken zueinander, einmal auf der 9-Uhr-, einmal auf der 3-Uhr-Position. Stellen Sie die Spur durch Drehen der Spurstangen so lange nach, bis die Reifen parallel zueinander stehen. Anschließend ziehen Sie die Kontermuttern fest.

Abriss eines Keilriemens

Über den Keilriemen treibt der Motor via Kurbelwellenscheibe Nebenaggregate wie die Lichtmaschine an. Sollte er reißen, weil vielleicht eins der Aggregate blockierte, müssen alle Teile des Riemens, die sich noch im Motorraum finden, beseitigt und gegebenenfalls die Riemenscheiben gereinigt werden.

Hier ist nichts mehr zu reparieren.

Für den Notfall gibt es Universal-, Not- oder SOS-Keilriemen zur Montage ohne Werkzeug. Es handelt sich meistens um einen flexiblen und minimal dehnbaren Plastikschlauch. Er wird mit scharfer Klinge auf Länge geschnitten, und die beiden Enden werden mittels eines speziellen Metallverschlusses miteinander verbunden. Die Spannung des Not-Keilriemens sollte der des Originals entsprechen.

Zum Weiterfahren muss mindestens die Wasserpumpe mit dem Motor verbunden werden. Ohne Klimaanlage und Lichtmaschine kann man fahren, ohne Kühlung jedoch nicht sehr weit.

Leider funktioniert der altbekannte Trick mit der Strumpfhose nur bei Oldtimern. Durch die Vielzahl der Aggregaten wie Lichtmaschine, Klimakompressor usw. werden zu hohe Drehmomente übertragen. Wer es dennoch versucht, riskiert Motorschäden, wenn die Strumpfhose in eins der Aggregate eingezogen wird.

Hinweis: Es sollte immer besser ein Originalkeilriemen als Ersatz an Bord sein oder zumindest ein Notkeilriemen.

Geräusche aus dem Motorraum

Ein Motor besteht aus hunderten von Teilen, und fast alle machen Geräusche. An die Geräuschkulisse hat sich der Fahrer im Allgemeinen gewöhnt. Ertönen ungewohnte Klänge aus dem Motor, muss man ihn, lässt sich die Geräuschquelle nicht leicht lokalisieren, mit dem Stethoskop abhorchen – was natürlich kaum jemand dabeihat. Ignorieren und weiterfahren aber kann unter Umständen einen kapitalen Schaden hervorrufen.

Als Stethoskop-Ersatz kann ein möglichst langer Schraubenzieher dienen. Zum Abhören des Motors wird mit dem Schraubenzieher eine Stelle am Motor berührt. Mit dem Ohr am Griffende lässt sich überrschend gut in den Motor hineinlauschen.

Tipp: Einen möglichst langen Schraubendreher ins Bordwerkzeug legen.

Nach einem Fahrzeugüberschlag

Nach dem Umfallen oder dem Überschlag wieder fahrfähig werden

Was ist nach dem Umfallen oder Überschlagen mit dem Geländewagen alles zu überprüfen oder zu kontrollieren? Auch wenn der Motor bei der Havarie reaktionsschnell ausgeschaltet wurde, müssen dennoch folgende Punkte überprüft werden: Der Geländewagen sollte, nachdem er wieder auf den Rädern steht, zu einer ebenen Fläche geschoben oder geschleppt werden. Der Motorraum muss auf ausgelaufene Flüssigkeiten hin untersucht werden.

Anschließend sind Motoröl, Brems- und Kupplungsflüssigkeit zu kontrollieren. Grundsätzlich sollte der Luftfilter zur genaueren Untersuchung demontiert werden; in ihm darf sich kein Motoröl finden. Andernfalls oder wenn der Motorölstand auffällig niedrig ist, ist mit hoher Wahrscheinlichkeit Öl auf die Zylinder gelangt. Dann kann auch der Turbolader betroffen sein. Als erstes müssen Sie das Öl von den Zylindern entfernen. Dafür sind jetzt alle Glüh- oder Zündkerzen auszubauen. Am Turbolader sind meistens zwei Schläuche montiert, der am tiefsten liegende muss demontiert werden. Das im Turbolader vorhandene Öl sollte jetzt ablaufen können, das Auffangen in einem ölresistenten Behälter sollte nicht vergessen werden.

Jetzt das Wichtigste: Der Motor muss manuell, eventuell mit Hilfe eines Schraubenschlüssels, zweimal durchgedreht werden. Während dieser Prozedur sollten vorsichtig die Kerzenbohrungen beobachtet werden. Falls Öl ausgeworfen wird, muss der Motor weitergedreht werden, bis der Auswurf deutlich weniger wird. Anschließend kann der Motor gestartet werden – wieder mit den Bohrungen im Blick. Es wird Kraftstoff austreten, weil die Förderpumpe arbeitet. Man könnte zur Vermeidung die Sicherung der Pumpe herausnehmen.

Nach dem Wiedereinsetzen von Zünd- oder Glühkerzen und dem Anschließen der Turboladerschläuche muss noch der Motorölstand korrigiert werden. Beim ersten Startversuch kein Gas geben! Der Motor wird anfangs unrund laufen und stark rußen. Nach einiger Zeit sollte er sich aber wieder normal verhalten. Das Anfahren muss mit größter Vorsicht erfolgen. Bei hydraulischen Kupplungssystemen kann Hydraulikflüssigkeit auf die Kupplung geraten sein, so dass sie rutscht. Der nächstgelegene Parkplatz oder Weg sollte mit Leerlaufdrehzahl angefahren werden. Von dort lassen Sie das Fahrzeug bergen und zur nächsten Werkstatt bringen. Das komplette Kraftstoff-, Öl- und Kühlsystem sollte einer eingehenden Überprüfung unterzogen werden.

Systematische Fehlersuche beim Dieselmotor

Dieselmotoren gelten als haltbar und zuverlässig. Aber auch Selbstzünder erleiden technische Defekte. Typische Störungen an Dieselmotoren betreffen oft das Kraftstoffsystem. Die Fehlerdiagnostik ist sehr komplex, diese Auflistung soll daher eine kleine Hilfestellung geben.

Die wichtigsten Kontrollen am Motor
Manchmal ist die Lösung ganz einfach. Die erste Kontrolle sollte dem Luftfilter gelten. Er gehört gereinigt oder gleich ausgetauscht, das hilft schon in vielen Fällen. Genauso simpel: Ist eigentlich genügend Kraftstoff vorhanden, meldet die Tankanzeige falsche Werte? Zudem kann der Dieselkraftstoff durch Benzin, Paraffin (bildet sich bei Temperaturen um 0 Grad), Wasser oder andere Fremdstoffe verunreinigt sein. Kontrollieren Sie den Wasserabscheider am Kraftstofffilter (haben heute nicht mehr alle Fahrzeuge) und lassen Sie bei Bedarf das Wasser ab.

Der Motor gibt keinen Ton von sich
Mögliche Ursache: Batteriekabel korrodiert, abgerissen oder lose
Prüfen und reparieren: Alle Kabelverbindungen zwischen Batterie und Starter prüfen, auch das Massekabel zur Karosserie. Notfalls befestigen oder reparieren

Mögliche Ursache: Batterie entladen
Prüfen und reparieren: Alter der Batterie und Batterieleistung prüfen, notfalls tauschen. Überprüfung der Lichtmaschine und der Keilriemen. Falls erforderlich, Lichtmaschine reparieren und Keilriemen nachspannen

Mögliche Ursache: Anlasser funktioniert nicht
Prüfen und reparieren: Die Batteriespannung an der Starterklemme kontrollieren. Falls okay, Anlasssystem komplett überprüfen

Motor springt nicht an

Die Mindestanlassdrehzahl sollte je nach Fahrzeug beim kalten Motor zwischen 100 und 110/min. betragen, beim warmen Motor mindestens 150/min. Liegen die Werte darunter, springt der Motor nicht an.

Mögliche Ursache: Falsches Motorenöl
Prüfen und reparieren: Öl prüfen. Bei Verwendung der falschen Viskosität (zu hohe), z. B. durch Verwechslung mit Getriebeöl, ablassen und durch neues, dünneres, den Herstellerangaben entsprechendes Motoröl ersetzen.

Mögliche Ursache: Die Kraftstoffzufuhr der Einspritzdüsen ist unterbrochen
Prüfen und reparieren: Von einer Einspritzleitung die Überwurfmutter abschrauben. Jetzt den Motor starten, dabei die Einspritzdüse beobachten, ob Kraftstoff herausspritzt. Sollte kein Kraftstoff zu sehen sein, ist wahrscheinlich die Kraftstoffversorgung der Einspritzpumpe defekt. Also sollten der Kraftstofffilter und als nächstes die Leitung zwischen Tank und Filter getestet werden. Findet sich dort kein Problem, ist die Kraftstoffpumpe defekt.

Motor läuft bei Normaltemperatur unrund

Mögliche Ursache: Leerlaufdrehzahl zu niedrig
Prüfen und reparieren: Die normale Leerlaufdrehzahl liegt je nach Modell zwischen 600 und 850/min. Falls der Motor langsamer dreht, Leerlaufdrehzahl auf Normalwert einstellen

Mögliches Ursache: falscher Einspritzzeitpunkt
Prüfen und reparieren: Motor raucht. Einspritzzeitpunkt muss durch Fachwerkstatt eingestellt werden.

Motor startet normal, stirbt dann plötzlich ab und startet nicht mehr

Mögliche Ursache: Das Gaspedalpotenziometer liefert falsche Werte.
Prüfen und reparieren: Das Gaspedal bis zum Bodenblech durchtreten und wieder starten.

Mögliche Ursache: Wegfahrsperre blockiert das Motorsteuergerät
Prüfen und reparieren: Kabel und Steckverbindungen an der Wegfahrsperre kontrollieren. Zündschlüssel tauschen (Transponder defekt oder Batterie schwach).

Motor ohne Leistung, zeitweise oder ständig

Als erstes überprüfen Sie, ob der Luftfilter verstopft ist – reinigen oder austauschen. Auf die Höhe über Normalnull achten, Motoren verlieren ab etwa 2000 m einiges an Leistung.

Mögliche Ursache: Ladedruckregler oder Turbolader defekt
Prüfen und reparieren: Alle Schläuche zum Turbolader auf festen Sitz, Scheuerstellen und Knicke prüfen, ansonsten ist der Turbolader defekt – tauschen.

Motor ohne Leistung bei hohen Drehzahlen

Es sollte auf Klappergeräusche im Bereich des Auspuffs geachtet werden.

Mögliche Ursache: Auspuffquerschnitt verengt, etwa durch Aufsetzen im Gelände, oder zerbrochener Katalysator (dieser macht Geräusche)
Prüfen und reparieren: Auspuff auf Quetschungen untersuchen. Klopfprobe am Auspuff besonders im Bereich des Katalysators

Motor fällt bei hoher Geschwindigkeit ins Notlaufprogramm

Mögliche Ursache: Ein Luftschlauch vom Turbolader hat einen feinen Riss oder ein Loch.
Prüfen und reparieren: Geht bei mehr als etwa 100 km/h und bei einer Drehzahl von 2500 bis 3500/min das Fahrzeug ins Notlaufprogramm, deutet das auf einen geschwindigkeits- oder drehzahlabhängigen Fehler hin. Zum Testen den Motor ausschalten und nach ca. 2 Minuten wieder starten. Sollte der Motor wieder Gas annehmen, ist es höchstwahrscheinlich ein Turboladerschlauch. Eindeutig ist die Diagnose, wenn der Fehler immer wieder bei fast identischer Geschwindigkeit auftritt und der Motor sich anschließend wieder starten lässt.

Motor raucht auffallend

Auch da kommt als erstes ein verstopfter Luftfilter in Frage. Prüfen. Achten Sie auch auf überhöhten Motorölverbrauch.
Mögliche Ursache: Abgasrückführungsventil (AGR) schließt nicht.
Prüfen und reparieren: Das AGR gängig machen und die Unterdruckdose überprüfen.

Mögliche Ursache: Dieselfilter verstopft durch Ablagerung oder Wasser
Prüfen und reparieren: Gerade bei höheren Drehzahlen kommt es bei einem verstopften Kraftstofffilter zu Rauch im Abgas. Kraftstofffilter tauschen, bei wiederkehrender Verstopfung liegt im Tank eine bakterielle Verkeimung vor, die sich durch Hinzufügen eines Biozids (Tankstelle) bekämpfen lässt.

Mögliche Ursache: Zylinderkopfdichtung defekt
Prüfen und reparieren: Zu merken ist das besonders beim Beschleunigen mit kaltem Motor an der Rauchentwicklung im Abgas. Abhilfe: Zylinderkopfdichtung tauschen

Überhöhter Kraftstoffverbrauch

Fahrzeuge mit Dachträger, Dachzelt und Aufbauten verbrauchen mehr Kraftstoff. Die Zuladung spielt eine Rolle, aber auch der zu befahrende Untergrund.

Mögliche Ursache: Lecks in Kraftstoffleitungen
Prüfen und reparieren: Die Schlauchverbindung vom Tank zum Einspritzsystem überprüfen. Dann den Motor kontrollieren: Ist dort alles dicht, Motor anlassen und den Bereich um die Einspritzpumpe sowie das Kraftstoffsystem auf Dichtigkeit überprüfen

Geräusche und Vibrationen beim Beschleunigen des betriebswarmen Motors

Mögliche Ursache: Thermostat defekt

Prüfen und reparieren: Mit Hilfe eines Thermometers die Temperatur des Kühlmittels messen. Ist sie zu niedrig, ist der Thermostat im Kühler defekt und muss getauscht werden.

Mögliche Ursache: Zweimassenschwungrad defekt

Prüfen und reparieren: Fahrzeug auf Ebene stellen, bei abgestelltem Motor den höchsten Gang einlegen und das Fahrzeug vor- und zurückschieben. Ist das Schwungrad intakt, fühlt es sich an, als ob man das Fahrzeug gegen eine Feder schiebt, bevor der Motor dreht. Ein defektes Zweimassenschwungrad macht beim Schieben mit Geräuschen auf sich aufmerksam. Bei Zweifeln bei einem zweiten Fahrzeug gleicher Bauart dasselbe unternehmen und vergleichen.

Motor läuft beim Gaswegnehmen mit hoher Drehzahl weiter

Mögliche Ursache: verklemmter Gaszug

Prüfen und reparieren: Prüfen, ob der Regelhebel an der Einspritzpumpe die Pedalbewegung mitmacht. Falls nicht, ist wahrscheinlich der Gaszug verklemmt und muss mit einem Pflege- oder Fettspray wieder gangbar gemacht werden. Sollte der Motor immer noch nicht in die Leerlaufdrehzahl zurück gehen, ist wahrscheinlich die Einspritzpumpe defekt.

Zündschlüssel in der Hand, Motor läuft

Sollte nach dem Abziehen des Zündschlüssels der Motor in Leerlauf-Drehzahl weiterlaufen, kann mit der Fehlersuche bei laufendem Motor begonnen werden. Dreht der Motor immer höher, muss versucht werden, den Motor mit Gewalt (solange es noch geht) abzuwürgen.

Mögliche Ursache: defektes elektromagnetisches Abstellventil

Prüfen und reparieren: Stecker vom elektromagnetischen Abstellventil abziehen. Läuft der Motor weiter, ist es höchstwahrscheinlich defekt und muss repariert oder ausgetauscht werden. Der Versuch lohnt, aufs Ventil zu klopfen. Das kann Metallspäne lösen, die den Stößel blockieren. Trotzdem möglichst schnell tauschen. Geht der Motor bei dem Test aus, ist wahrscheinlich der Startschalter defekt – reparieren oder tauschen.

Mögliche Ursache: Turboladerschaden

Prüfen und reparieren: Bei einem Turboladerschaden kann der Motor Abgase ins Öl drücken. So steigt der Öldruck derart an, dass Öl in den Motor gepresst wird und verbrennt. Aufgrund der Selbstzündung des Dieselmotors stoppt die Verbrennung erst, wenn der Druck abgebaut ist. Das kann einige Minuten (bis zu 10) dauern. Es muss versucht werden, den Motor durch Abwürgen (im 4. oder 5. Gang Kupplung kommen lassen und stark bremsen) am Weiterlaufen zu hindern. Bei einem Automatik-Fahrzeug muss die Luftzufuhr zum Motor unterbrochen werden. Notfalls einen CO_2-Feuerlöscher in den Ansaugtrakt entleeren oder den Luftschlauch zum Luftfilter abdichten – kein Sauerstoff, keine Verbrennung.

Angekommen: Das Reisen mit dem Geländewagen sollte nicht nur Herausforderung, sondern auch Genuss sein.

Extra-Infos
– Interessantes rund ums Hobby Geländewagen

Reiseveranstalter

Wer ein Land entspannt bereisen und die Erfahrung anderer nutzen möchte, bucht seine Reise bei einem der vielen Off-Road-Reiseveranstalter.

Die Off-Road-Reisewelt ist ausgesprochen vielfältig.

Damit die Suche nach einem guten Reiseveranstalter nicht zum Glücksspiel wird, sollte man sich gründlich informieren. Als erstes lohnt der Blick auf den Internetauftritt der Kandidaten. Geht es auf der Homepage vor allem um Selbstdarstellung, ist größte Vorsicht geboten. Der bloße Verweis auf ein Team reicht nicht. Wer ist das, welche Erfahrung haben die Mitglieder, sind sie namentlich genannt – und wenn nicht, warum nicht? Wie sieht es mit Referenzen aus, wie viele Veranstaltungen wurden bereits ausgerichtet? Kann man mit Teilnehmern vergangener Touren sprechen?

Sollte die Reise länger dauern und anspruchsvoll sein, sollte auch der Reiseveranstalter seinem Teamfahrzeug ein zweites zur Seite stellen. Auch das Auto des Veranstalters kann ausfallen. Zwei erfahrene Fahrzeugführer sind für das Vorankommen in schweren Geländeabschnitten von Vorteil. Einer kann vorausfahren und die Strecke „legen", während der andere sich um die Nachzügler kümmert. Bei Off-Road-Schulungen während der Reise lässt sich die Gruppe teilen und so schneller schulen.

Sicher reisen, mehr erleben: mit einem seriösen Reiseveranstalter kein Problem

Tipp: Wer bei einem Reiseveranstalter buchen möchte, sollte sich schon im Vorhinein so schlau wie möglich machen. Holen Sie an möglichst vielen Stellen Informationen ein, die meisten Veranstalter sind dabei sehr hilfsbereit. Im Idealfall findet sich einer in Ihrer Nähe, so dass Sie sich persönlich einen Eindruck verschaffen können.

Off-Road-Fahrschulen

Geländewagen-Fahrschulen, Off-Road-Fahrschulen und Off-Road-Trainings gibt es mittlerweile reichlich. Auf fast jedem Fahrgelände werden Fahrschulen angeboten. Qualität und Preise sind sehr unterschiedlich. Einen guten Fahrlehrer erkennt man außer an der Lizenz (etwa vom ACE oder dem Deutschen Allradverband) an seiner Off-Road-Erfahrung. Nimmt er regelmäßig an Off-Road-Wettbewerben, Expeditionen, Off-Road-Rallyes teil?

Zu jeder Off-Road-Fahrschule gehört auch der theoretische Unterricht.

Die Auswahl einer guten Fahrschule oder eines Geländewagen-Trainings ist nicht ganz einfach. Falls Sie jemanden kennen, der so etwas schon einmal absolviert hat, lauten die wichtigsten Fragen: Ist der Trainer auf jeden Teilnehmer und seinen Geländewagen individuell eingegangen? Ist er bei einzelnen Übungen als Beifahrer mitgefahren oder war er zumindest am Fahrzeug, um bei den Übungen jedem Teilnehmer individuell zu helfen? Sind womöglich Fahrzeuge in den Übungen beschädigt worden? Beschädigungen sind Off-Road niemals auszuschließen, sollten aber gerade in einem Grundkurs die absolute Ausnahme sein. Wer freilich einen Aufbaukurs wählt, hat auch mit höherem Risiko zu rechnen, weil auch größere Anforderungen gestellt werden. Ein erfahrener Trainer wird jedoch auch dort das Risiko zu minimieren wissen.

Tipp: Wer sich für ein Geländewagentraining interessiert, sollte beim Ausrichter anrufen, sich genau nach den Trainingsmöglichkeiten erkundigen und nach den Erfahrungen und Qualifikationen des Trainers.

Off-Road fahren – wo ist das erlaubt?

Die Möglichkeiten, in Deutschland Off-Road zu fahren, sind in den vergangenen Jahren stark eingeschränkt worden. Fast alle Wald-, Feld- und Wiesenwege sind durch Verbotsschilder oder Schranken gesperrt. In manchen Bundesländern ist es im Herbst möglich, einige dieser Wege legal zu befahren, wenn die Holzernte in vollem Gange ist. Um eine Flut von Ausnahmegenehmigungen bei den örtlichen Behörden zu vermeiden, werden dann einige Verbotsschilder entfernt.

Ein Ausweg ist das künstlich geschaffene Fahrgelände.

Ansonsten gibt es im Land etwa anderthalb Dutzend öffentliche Fahrgelände. Dort kann jedermann sein fahrerisches Können überprüfen und verbessern. Meist gibt es auch Geländewagen-Fahrschulen. So ist fast immer ein Off-Road-Profi für Fragen zu erreichen. Dort gibt es das kurze Abenteuer „mit Netz und doppeltem Boden" für Ihre Sicherheit.

Bei Off-Road-Fahrten ins Ausland sind immer die örtlichen Regeln zu beachten. Nicht immer ist das Verlassen der Straßen erlaubt oder geduldet.

Verhalten im Off-Road-Gelände

Wer zum ersten Mal ein Off-Road-Gelände ansteuert, muss zunächst lernen, wie er sich dort verhält. Die Betreiber stellen selten Regeln auf. Hier und dort gilt einfach eine Einbahnstraßenregelung, die eine gewisse Sicherheit schafft.

Auf Off-Road-Gelände, wo das „freie Fahren" gilt, sollten Sie darauf achten, dass ein paar Grundregeln gelten:

▶ rechts vor links
▶ Bergauffahren vor Bergabfahren
▶ Auch wer bergauf fährt, muss sich vergewissern, dass kein Fahrzeug entgegenkommt. Notfalls den Beifahrer aussteigen und die Strecke kontrollieren lassen
▶ Das Fenster auf der Fahrerseite soweit öffnen, dass der Fahrer in unübersichtlichen Geländeverhältnissen seitlich am Fahrzeug vorbeisehen kann
▶ Das besser manövrierfähige Fahrzeug sollte ausweichen.
▶ Englische Fahrweise: Bei Gegenverkehr links fahren (wichtig: nur nach Absprache), um den Fahrern den Blick zum Fahrbahnrand oder zur Abbruchkante zu ermöglichen
▶ Nicht rasen! Wer rast, hat keine Kontrolle über seinen Geländewagen und handelt grob fahrlässig. Er hat im Gelände nichts verloren.
▶ Wenn ein CB-Funkgerät vorhanden ist, sollte es auch eingeschaltet sein. Üblich ist in den meisten Gelände Kanal 16 FM. Über diesen Kanal kann man sich an schwierigen Passagen absprechen und in einer Notsituation Hilfe holen.

Tipp: Mit der Einhaltung dieser Grundregeln auf den Off-Road-Geländen sollten Kollisionen vermieden werden. Aber gehen Sie nicht davon aus, dass alle Fahrer im Off-Road-Gelände diese Verhaltensregeln auch kennen.

Geländewagen und Umweltschutz

Jeder Geländewagenfahrer sollte sorgsam mit der Natur umgehen und nur dort fahren, wo es erlaubt ist. Verbotsschilder und Schranken dürfen nicht umfahren werden, ebenso sind Naturschutzgebiete zu meiden. Es sollte für jeden Geländewagenfahrer eine Selbstverständlichkeit sein, dass sein Fahrzeug keine Flüssigkeiten verliert. Solche Autos dürfen auch nicht aufs freigegebene Off-Road-Gelände.

Auch wenn die Versuchung noch so groß ist: Nutzen Sie die vorhandenen Straßen und Wege. So schonen Sie die Natur und vermeiden das „Anlegen" neuer Wege durchs unkontrollierte Querfeldeinfahren.

Beim Bergen eines havarierten Geländewagens mittels Winde oder Greifzug ist darauf zu achten, dass ein Baum als Haltepunkt gewählt wird, der auch ausreichend dick ist und nicht durch die auf ihn einwirkende Last umgerissen wird. Bei Bäumen ist grundsätzlich ein Baumgurt zu verwenden, um die Rinde nicht zu beschädigen.

Fahren Sie im Gelände immer vorausschauend. Nur so lassen sich in den meisten Fällen Probleme und Havarien vermeiden.

Nur wenn die Geländewagenfahrer verantwortungsvoll mit der Umwelt umgehen, werden nicht alle Wege und Off-Road-Plätze geschlossen.

Gefahren können auch auf Nebenstrecken lauern.

Die 15 Gebote des Off-Road

Hier zusammengefasst die wichtigsten Gebote für das sichere Fahren abseits aller Straßen:

1 Fahren Sie nur dort, wo es auch erlaubt ist! Keine verbotenen Strecken.

2 Lernen Sie die Technik Ihres Geländewagens kennen! Wie arbeitet die Elektronik, wie legen Sie die Untersetzung ein?

3 Nehmen Sie die Bergeausrüstung mit: Bergeseil, Schäkel, Schaufel, Wagenheber und Reserverad.

4 Immer nur zu zweit ins Gelände! Was hilft der beste Bergegurt, wenn kein zweites Fahrzeug zum Bergen da ist?

5 Ladung sichern. Verstauen Sie Gepäck und Ausrüstung mit Verstand.

6 Prüfen Sie Ihren Wagen vor der Einfahrt ins Gelände: Öl, Bremsflüssigkeit, Dichtigkeit, Tank mindestens halbvoll.

7 Stellen Sie Sitz, Kopfstützen und Sicherheitsgurt richtig ein.

8 Im Gelände vorausschauend fahren. Legen Sie Untersetzung und Differenzial-sperren rechtzeitig ein, und fahren Sie langsam.

9 Fahren Sie nicht durch ein Loch, wenn es sich mit geringem Aufwand auch umfahren lässt.

10 Wählen Sie den passenden Gang. Schalten Sie nicht in schwierigen Gelände-abschnitten.

11 Befahren Sie Hänge stets in der Falllinie, niemals quer zum Hang.

12 Nehmen Sie Hindernisse nie zwischen die Räder. Überfahren Sie sie mit einer Fahrzeugseite.

13 Fuß weg von der Kupplung! Nirgendwo sonst wird die Kupplung so schnell ruiniert wie im Gelände.

14 Prüfen Sie Ihren Geländewagen nach der Ausfahrt aus dem Gelände. Checken Sie Öl, Bremsflüssigkeit, Ölverlust, Unterboden und Reifen.

15 Denken Sie an die StVO. Reinigen Sie, bevor Sie wieder auf die Straße fahren, die Scheinwerfer, Rücklichter, Kennzeichen und besonders das Profil der Reifen.

Bildernachweis

Bilder von Elke Christians sowie von:

Frank Doberenz: 24, 92, 94, 174, 187

Tim B. Frank: 16, 25, 27, 40, 45, 46, 48, 57, 59, 62, 64, 68, 75, 80/81, 108 unten, 147, 156, 159, 160, 161, 166/167, 188, 202/203, 212/213, 228/229

Nina Germer Photography: 153, 155

Philipp Mainzer: 240

Marathonrally.com: 135

Mercedes-Benz Werksfoto: 99

Schreck Sport: 162 oben

Gabi und Thomas Voss: 124, 168

Heinrich Wangler, Mercedes-Benz G Club: 141, 142, 144

Wangler Automobil-Events: 41 oben, 193, 231, 232, 233

Alexander Wohlfarth: 15, 28, 41 unten, 66/67, 90/91, 137, 194

Illustrationen unter Verwendung von Motiven von: Flavijus Piliponis, Double Brain, longquattro (alle Fotolia)

Zum Dank verpflichtet an …

besonders meine Frau Elke. Sie hatte nicht nur die Idee zu diesem Buch, sondern durfte jedes Kapitel und jeden Titel nach jeder Änderung mit viel Geduld und Verständnis auch mehrfach lesen.

Ich möchte allen danken, die mich bei diesem Buch unterstützt haben, einschließlich aller, die meine unfertigen Entwürfe gelesen haben, Klaas Hambach insbesondere für die Illustrationen, Ute und Manfred Patschek sowie allen, deren Bilder ich in diesem Buch veröffentlichen durfte.

Meinen herzlichen Dank dafür
Arnold Christians

Eine Frage des Schwerpunkts: Nur wer das Verhalten seines Geländewagens gut kennt, kann sich auch allerhand zutrauen.

Off-Road-Training: Nutzen Sie jede Gelegenheit, ihre Geländefähigkeiten zu üben.

• Offroad-Reisen
• Gelände-Fahrschule
• Offroad-Training

Lup-offroad.eu

WILLKOMMEN IN DER FREIHEIT

Offroad Intensiv Training

Unser Partner Red Rock Adventures bietet im Offroadgelände einen intensiven Offroad-Workshop an.

DAS GELÄNDE

Offroad Fahrgelände für Geländewagen, SUV, Pickup, ATV, Quads, Buggys und LKW.

Auf dem ehemaligen Gelände der DDR-Grenztruppen bieten wir Dir auf 34 Hektar abseits der befestigten Straßen jede Menge Offroad-Spass.

Hier kannst du das ultimative Offroad-Erlebnis genießen und den Tag gemütlich am Lagerfeuer ausklingen lassen.

Der Sandboden ist immer für Überraschungen gut und unser Bagger sorgt für den richtigen „Kick".

Egal ob blutiger Anfänger oder Vollprofi: es gibt Strecken aller Schwierigkeitsgrade.

UNSERE MIETFAHRZEUGE

Du hast keinen Geländewagen? Kein Problem – Du kannst bei uns einfach ein Fahrzeug mieten und dich ausprobieren!

Für alle, die das Besondere möchten: Fahre unseren russischen URAL-LKW nach einer ausführlichen Einweisung selbst im Gelände.

ÜBERNACHTUNG

Suche dir deinen Lieblingsplatz im Campingbereich aus!

Oder übernachte komfortabel im Offroad Hotel.

Offroad Gelände Wurzelsepp Peckfitz **www.wurzelsepp-peckfitz.de**

Waldsiedlung, 39649 Gardelegen OT Peckfitz

AB INS GELÄNDE ...

CAMPING KOCHBUCH
Carsten Bothe
Über 100 leckere Rezepte für unterwegs

192 Seiten, zahlreiche Farbfotos, 140 x 210 mm
Paperback, ISBN 978-3-95843-048-8
EUR 19,99

DRAUSSEN BACKEN
CARSTEN BOTHE
SANDRA THEN (FOTOS)
DAS PETROMAX OUTDOOR-BACKBUCH

144 Seiten, 203 x 254 mm, Softcover,
ISBN 978-3-95843-626-8
EUR 19,99

DRAUSSEN KOCHEN
CARSTEN BOTHE
DAS PETROMAX OUTDOOR-KOCHBUCH

144 Seiten, 203 x 254 mm, Softcover
ISBN 978-3-95843-227-7
EUR 19,99

DAS VW CAMPER KOCHBUCH
Martin Dorey
Rezepte von Sarah Randell
THE SOUL KITCHEN

288 Seiten, 220 x 260 mm, gebunden,
ISBN 978-3-86852-817-6
EUR 29,95

UNSERE BÜCHER ERHALTEN SIE IN IHRER BUCH

ABENTEUER ERLEBEN

248 Seiten, gebunden mit Schutzumschlag,
245 x 290 mm, ISBN 978-3-95843-302-1
EUR 39,95

128 Seiten, 215 x 302 mm, gebunden,
ISBN 978-3-86852-903-6
EUR 24,99

192 Seiten, ca. 280 farbige Abbildungen,
gebunden mit Schutzumschlag,
245 x 290 mm, ISBN 978-3-86852-471-0
EUR 39,95

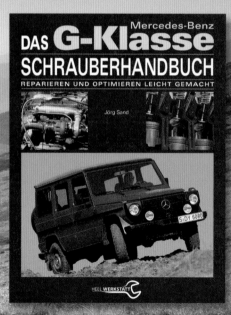

220 Seiten, ca. 700 farbige Abbildungen,
213 x 275 mm, gebunden,
ISBN 978-3-89880-718-0
EUR 35,00

HANDLUNG ODER UNTER WWW.HEEL-VERLAG.DE